LES NEUF VIES
DE DEWEY

DES MÊMES AUTEURS :

Dewey (Jean-Claude Gawsewitch Éditeur, 2008)

Titre original : *Dewey's Nine Lives*

Jean-Claude Gawsewitch Éditeur
130, rue de Rivoli
75001 Paris
www.jcgawsewitch.com

ISBN : 978-2-35013-241-9

Vicki Myron
avec la collaboration de Bret Witter

LES NEUF VIES DE DEWEY

Traduit de l'anglais (États-Unis)
par Daniel Garcia

Jean-Claude Gawsewitch Éditeur

À Glenn,
pour son amour et son soutien sans faille

Sommaire

Prologue
Dewey

« Merci, Vicki, et merci, Dewey… Je ne crois pas aux anges, mais Dewey est ce qui s'en rapproche le plus. »

Christine B., Tampa (Floride)

Je ne suis pas d'accord avec l'auteure de cette lettre, car j'ai la ferme conviction que des anges vivent parmi nous et nous aident à être meilleurs. Je crois également qu'il existe des moments propices à l'apprentissage – ces occasions qui nous sont données d'apprendre des choses fondamentales sur l'existence, dès lors que nos yeux et nos cœurs sont ouverts au monde qui nous environne. Ces « anges d'opportunités », tels que j'aime les définir, peuvent se manifester sous de multiples apparences. Souvent, ils ne sont autres que les personnes les plus importantes de notre entourage. Mais ils peuvent aussi revêtir les traits de parfaits inconnus, rencontrés de manière fortuite. Je suis convaincue que Dewey Readmore Books – pour citer son nom au complet –, le célèbre chat de la bibliothèque de Spencer, dans l'Iowa, fut l'un de ces anges. Il nous a enseigné tant de choses et il a touché tant de gens que son influence ne peut pas se réduire à une simple question de chance ni de coïncidence.

Toutefois, je comprends ce que veut dire cette jeune femme. Elle considère que Dewey, par ses actions et par son exemple, a transformé sa vie. Et, faute de mots pour qualifier ce prodige, car c'en est un et elle le sait, elle parle d'ange.

J'avais coutume d'appeler cela : la « magie Dewey ». Je recourais à cette expression chaque fois que je voyais Dewey modifier le regard que les gens portaient sur eux-mêmes. Et personne n'était mieux placé que moi pour voir opérer cette magie, car je connaissais Dewey mieux que quiconque et j'avais été la première à être touchée par sa grâce. Pourtant, à la base, je ne suis qu'une femme ordinaire de l'Iowa, qui fut directrice, pendant de longues années, d'une très modeste bibliothèque municipale, sise à moins de vingt kilomètres de la ferme où je suis née et où j'ai grandi. Mais, pendant dix-neuf ans, j'ai eu le privilège de partager mes journées avec Dewey. Et Dewey était… spécial. Il influait sur la vie des gens. Sa présence a marqué toute une ville. Et il est devenu célèbre dans le monde entier, décrochant d'innombrables couvertures de journaux et de magazines. Ses mémoires, qu'en tant que sa maman j'eus l'honneur d'écrire, décrochèrent la première place de la liste des best-sellers du *New York Times*. C'était ça, la « magie Dewey ». Ce n'était qu'un chat, mais il avait une façon particulière de nous rendre meilleurs. Et tout le monde l'aimait. Quiconque l'avait rencontré, ne serait-ce qu'une fois, ne pouvait plus jamais oublier Dewey Readmore Books.

Son histoire avait commencé durant un week-end glacial de janvier 1988. Le thermomètre était descendu au-dessous des – 15 °C, le genre de froid qui vous brûle les poumons et vous arrache la peau du visage (du moins le ressentez-vous ainsi). Et, dans l'Iowa, pareil froid s'accompagne souvent d'un vent féroce. C'est l'un des pires désagréments des grandes plaines. Vous apprenez à l'endurer, mais vous ne vous y faites jamais. Et quand le vent et le froid se conjuguent, le plus raisonnable est de ne pas sortir de chez soi.

Pourtant, en dépit de la bise mordante, quelqu'un s'était aventuré ce dimanche-là en plein centre de Spencer, et ce quelqu'un avait glissé un chaton dans la boîte aux lettres de la bibliothèque, destinée aux retours, à l'arrière du bâtiment. Je suppose que ce quelqu'un avait agi par compassion. Il avait aperçu un malheureux petit chat de huit semaines frissonnant sous la neige et il avait cherché à le protéger du froid. Mais son geste aurait pu être fatal. Car la boîte en question n'était rien d'autre qu'un cube de métal glacé et hermétiquement fermé, dépourvu de tout confort. Autrement dit, une sorte de réfrigérateur. Durant dix ou douze heures, et peut-être même beaucoup plus, le petit Dewey était resté enfermé dans l'obscurité et le froid, sans rien pour le réconforter, sinon des livres.

Ce n'est que le lundi matin, en pénétrant dans la réserve pour ouvrir la boîte des retours, que je découvris le chaton qui s'y trouvait. À peine eut-il levé les yeux vers moi que mon cœur s'arrêta de battre. Il était si mignon… et si désemparé. Je le pris dans mes mains et le blottis contre moi jusqu'à ce qu'il cesse de trembler. Puis je lui donnai un bain chaud dans le lavabo des toilettes et le séchai avec le séchoir qui nous servait habituellement pour les modelages des enfants. Après quoi, Dewey commença sa première tournée d'inspection de la bibliothèque, trottinant tant bien que mal sur ses coussinets gelés, pour se porter au-devant de tous les employés et les saluer en frottant son petit museau contre eux.

Je décidai, dès ce premier jour, que la bibliothèque se devait de l'adopter. Et pas seulement parce que j'étais tombée amoureuse de Dewey à l'instant où il avait levé vers moi ses ravissants petits yeux ambrés. J'avais l'intuition, en voyant sa détermination à remercier tout le monde de l'avoir sauvé, qu'il m'aiderait dans mon projet de redonner un peu de chaleur à cette bibliothèque de

Spencer, qui en manquait cruellement. Dewey possédait une personnalité si sociable et aimante qu'elle rejaillirait sur tous les usagers du lieu et leur redonnerait du baume au cœur.

Or, c'était *précisément* ce dont Spencer avait, à l'époque, le plus besoin. La région était frappée de plein fouet par une crise agricole d'une rare violence. Près des trois quarts des magasins du centre-ville étaient sinistrés et, dans les environs, les fermes en faillite se comptaient par douzaines. Il nous fallait une belle histoire à raconter, et surtout une leçon de courage, d'espoir et d'amour à partager. Si quelqu'un avait pu jeter un chaton dans une boîte métallique glacée, et si ce chaton avait pu en réchapper sans que sa capacité à aimer en soit affectée, alors nous serions tous capables de surmonter les épreuves que nous subissions.

Mais attention : Dewey n'était pas une mascotte. C'était un compagnon de chair et de sang, un petit animal aimant, toujours à l'affût des nouveaux visiteurs qui franchissaient la porte de la bibliothèque. Il leur réchauffait le cœur, un par un, et, ce qui est plus important, il avait le don de sentir qui avait le plus besoin de lui.

Je me souviens notamment de ces personnes à la retraite qui passaient chaque matin lire les journaux. Après l'arrivée de Dewey, beaucoup d'entre elles prirent l'habitude de rester plus longtemps et de parler plus souvent au personnel de la bibliothèque.

Je me souviens de Crystal, une jeune lycéenne gravement handicapée, qui ne faisait jamais rien d'autre que de contempler le plancher, jusqu'à ce que Dewey, la remarquant, ne saute sur son fauteuil roulant un jour qu'elle se dirigeait vers la sortie. De ce moment, Crystal commença à s'intéresser au monde qui l'entourait. Et, chaque fois qu'elle revenait à la bibliothèque et que Dewey sautait sur son fauteuil roulant, un grand sourire jaillissait de son cœur.

Je me souviens de la nouvelle assistante-bibliothécaire du rayon enfants, qui venait d'emménager à Spencer pour s'occuper de sa mère malade. Dewey s'asseyait près d'elle chaque après-midi. Un jour, je la surpris essuyant une larme, et je réalisai brusquement combien elle souffrait, et aussi qu'il n'y avait que Dewey pour la consoler.

Je me souviens de cette femme timide qui ne parvenait pas à se faire d'amis. Je me souviens de ce jeune homme frustré de ne pas trouver d'emploi. Je me souviens de ce SDF qui ne parlait jamais à personne mais qui juchait Dewey sur son épaule (l'épaule droite : Dewey ne s'installait que sur votre épaule droite), et déambulait avec lui dans les rayonnages pendant près d'un quart d'heure. Il lui murmurait des choses et Dewey l'écoutait. Et c'est en écoutant les uns et les autres, en étant présent auprès de chacun qu'il aidait ainsi tout le monde.

Mais, par-dessus tout, je me souviens des enfants. Dewey entretenait une relation toute particulière avec les enfants de Spencer. Il adorait les bébés. Il sautait dans leur poussette et se blottissait près d'eux, avec un air de pur ravissement, même lorsqu'ils lui tiraient les oreilles. Il s'était lié d'amitié avec un petit garçon allergique, qui était au désespoir de ne pouvoir posséder d'animal domestique. Et il passait des après-midi entières avec les écoliers qui venaient travailler à la bibliothèque, jouant avec leurs crayons ou se cachant dans les manches de leurs blousons. Le mercredi, il saluait chaque participant de notre Heure du conte hebdomadaire, avant de choisir de se pelotonner sur les genoux de l'un d'eux – mais, à chaque fois, il optait pour des genoux différents. Pour le reste, Dewey se comportait comme tous les chats. Il dormait beaucoup. Il aimait batailler avec les touches des machines à écrire ou les claviers d'ordinateur. Il se prélassait sur la photocopieuse, parce qu'elle lui soufflait de l'air chaud dans la fourrure. Il aimait grimper en hauteur. Et on ne pouvait pas ouvrir un tiroir ou une boîte sans qu'il surgisse soudain de nulle part pour sauter dedans. Mais, encore une fois, sa plus grande qualité – comme beaucoup de chats, bien sûr, quoique avec une dimension plus profonde chez lui –, c'était d'ouvrir le cœur des gens à l'amour et à la beauté du monde.

C'est en cela que la magie Dewey opéra de manière magistrale dans notre petite ville perdue au beau milieu des immenses plaines de l'Iowa.

Pourtant, cela n'aurait pas suffi à le rendre célèbre. Son charisme fit le reste. Certes, je me débrouillai de mon côté pour que tout le monde, à Spencer, le connaisse. Je comptais sur lui pour m'aider à changer l'image de la bibliothèque, pour en faire un lieu de rencontre, et pas seulement un entrepôt de livres. Mais la réputation de Dewey ne tarda pas à dépasser les frontières de l'Iowa. Les journalistes, attirés par cette histoire incroyable d'un chat qui avait métamorphosé une ville, accoururent les premiers. De Des Moines – la capitale de l'Iowa – et de beaucoup plus loin : de Boston, d'Angleterre, du Japon. Puis les touristes commencèrent d'affluer. Un couple de retraités new-yorkais qui traversaient le pays en voiture et qui, après avoir rendu visite à Dewey, lui envoyèrent fidèlement de l'argent pour Noël et chacun de ses anniversaires, jusqu'à sa mort. Une famille de Rhode Island venue à Minneapolis (distante de quatre heures de route de Spencer) pour un mariage. Une petite fille malade originaire du Texas qui, j'en suis sûre, avait demandé à ses parents ce cadeau exceptionnel. C'était stupéfiant de voir éclore cette soudaine célébrité. À peine les gens avaient-ils rencontré Dewey que le charme opérait déjà et qu'ils tombaient amoureux de lui. Ils rentraient chez eux, parlaient de Dewey autour d'eux, et d'autres venaient lui rendre visite, et ainsi de suite, jusqu'à toucher la Californie ou l'Australie.

Aussi, quand Dewey mourut paisiblement, à l'âge de dix-neuf ans, après avoir servi avec un enthousiasme constant notre petite communauté de Spencer et sa bibliothèque, je ne fus pas surprise de voir son avis de décès publié dans plus de 275 journaux différents. Ni de recevoir à la bibliothèque des milliers de lettres du monde entier. À Spencer même, ils furent des centaines à faire la queue pour signer son registre de condoléances. Pendant deux mois, nous fûmes assaillis de journalistes et d'admirateurs qui voulaient nous entendre encore et encore parler de Dewey. Puis l'agitation finit par retomber. Les caméras s'éteignirent et Spencer redevint la petite ville tranquille qu'elle avait toujours été. Et par un froid matin de décembre, aidée de l'assistante-bibliothécaire, j'enterrai les cendres de Dewey sous les fenêtres de cette section Enfants qu'il avait tant aimée. Je suis sûre que c'était ce qu'il aurait voulu.

Mais si Dewey n'était plus là, sa présence se faisait encore sentir parmi nous. Il m'avait changée. Comme il avait changé les membres du personnel. Et Crystal, et le SDF, et les enfants qui venaient assister à l'Heure du conte – dont certains, profitant de la longévité de Dewey, eurent même la chance de le faire connaître à leurs propres enfants. Et toutes sortes de gens continuaient de m'appeler pour me parler de lui.

Cependant, j'étais sincèrement convaincue que Dewey ne resterait vraiment vivant que dans la mémoire de ceux qui l'avaient côtoyé au quotidien.

C'est alors qu'il se passa quelque chose d'extraordinaire. J'écrivis un livre sur Dewey, qui rencontra un écho stupéfiant dans le monde entier. Dans mon esprit, ce livre était un hommage à mon ami, en remerciement des services qu'il m'avait rendus, et qu'il avait rendus à Spencer. Je savais que Dewey comptait encore beaucoup de fans et je pensais qu'ils aimeraient lire la véritable histoire de sa vie. Mais je ne m'attendais pas du tout à l'enthousiasme passionné qui accueillit la sortie de mon livre. Chaque fois que je me rendais à une séance de dédicaces, je rencontrais des lecteurs qui avaient été profondément touchés par son histoire. Je me souviens notamment d'une femme de Sioux City qui fondit en larmes devant moi en m'expliquant que, lorsqu'elle était petite, sa mère, ancienne organiste et professeure de piano à Spencer, l'emmenait tous les samedis voir Dewey. Puis sa mère développa la maladie d'Alzheimer, et elle oublia progressivement son mari, ses enfants et jusqu'à sa propre identité. Sa fille faisait deux heures de route, depuis Sioux City, pour venir la voir une fois par semaine, et elle amenait toujours son chat avec elle. C'était un chat noir et blanc, qu'on ne pouvait donc pas confondre avec Dewey, dont la fourrure était cuivrée, et cependant, chaque fois sa mère souriait et disait : « Oh, c'est Dewey. Merci de m'avoir apporté Dewey. » Sa pauvre fille pleurait tellement en me rapportant ces mots qu'ils furent hachés par ses sanglots.

« J'ai regagné le parking aussitôt après vous avoir rencontrée », me raconta-t-elle quelque temps plus tard. « Et j'ai pleuré un bon quart d'heure dans ma voiture. Mes larmes ne s'arrêtaient plus. Ma mère était morte depuis douze ans, mais c'était la première fois que je pleurais vraiment pour elle. Je crois que d'avoir évoqué Dewey et de m'être souvenue combien ma mère l'aimait m'a aidée à clore mon processus de deuil. »

Le plus étrange, dans l'histoire, c'est que je ne connaissais pas cette fille, Margo Chesebro, ni même sa mère, Grace Barlow-Chesebro (mais, si je dois en croire sa fille qui me la décrivit comme une femme intelligente, autonome, ayant du caractère et croyant à la magie des animaux, je suis persuadée que je l'aurais appréciée). Pourtant, l'une et l'autre avaient connu et aimé Dewey. Et il avait été assez important pour que Grace, malgré sa maladie, se souvînt encore de lui alors qu'elle avait oublié le nom de ses enfants, et qu'elle s'était persuadée que son mari était en fait son frère, disparu depuis longtemps. Cette anecdote me fit comprendre que je ne pourrais jamais mesurer exactement l'influence que Dewey avait exercée autour de lui, et encore moins le nombre de personnes qu'il avait touchées.

Mais il y avait aussi ceux qui ne l'avaient pas connu, qui apprirent son histoire à travers mon livre et qui, touchés à leur tour, tinrent à m'écrire pour m'en parler. Les premières lettres arrivèrent quelques jours seulement après la publication du livre. « Je n'avais encore jamais écrit à un auteur, mais j'ai été si bouleversée par l'histoire de Dewey… ». Ou : « Dewey était un ange. Merci de l'avoir partagé avec tout le monde. »

Au fil des semaines, alors que mon livre s'installait en tête des meilleures ventes, le courrier s'intensifia. Les lettres arrivaient quotidiennement par dizaines. Au bout d'un an, j'avais reçu plus de trois mille lettres, e-mails et colis, la plupart envoyés par des gens qui n'avaient jamais entendu parler de Dewey avant d'avoir lu mon livre. Je reçus ainsi un coussin brodé à l'effigie de Dewey, tel qu'il apparaissait sur la couverture de l'ouvrage. Et plusieurs portraits de lui. Un ancien habitant de Spencer, qui avait déménagé depuis mais qui ne l'avait pas oublié, réalisa une sculpture de Dewey pour la bibliothèque. Et je ne saurais même pas dénombrer tous les dessins ou bibelots en forme de chats qui m'ont été envoyés par des fans : un placard entier, chez moi, ne suffit pas à les contenir.

Quelqu'un m'envoya même vingt dollars afin d'acheter des roses pour Dewey. Un autre me fit parvenir cinq dollars, pour que je fasse pousser de l'herbe à chat sur sa tombe. Un troisième m'adressa la photo du vase dans lequel il collectionnait sa menue monnaie : il était orné d'une photo de Dewey. Et désormais, cet homme réservait sa menue monnaie pour en faire don au secours animal.

J'ai lu scrupuleusement toutes les lettres, cartes et emails. J'aurais voulu répondre à chacun, mais c'était bien sûr impossible, à cause de la quantité, et aussi parce que j'étais souvent sur les routes, pour aller à la rencontre des admirateurs de Dewey. (Mais je vous rassure : j'ai acheté les roses ainsi que l'herbe à chat destinées à la tombe de Dewey.) Les sentiments exprimés à travers cette correspondance m'ont beaucoup émue, et sans doute plus que ne se l'imaginent les fans de Dewey.

Un jeune homme meurtri par un divorce et une régression dans sa carrière, qui l'avaient rendu aigri et amer, m'écrivit pour me dire que l'histoire de Dewey lui avait « ouvert le cœur ».

Une femme atteinte de sclérose en plaques m'expliqua qu'après avoir lu *Dewey*, elle se laissa glisser sur le plancher, pour embrasser le chien qui vivait avec elle, dans sa maison d'accueil spécialisée. Elle fut incapable de remonter toute seule sur son fauteuil roulant, mais elle était quand même heureuse de l'avoir fait, car le chien mourut une semaine plus tard.

Un Anglais m'écrivit qu'il avait perdu sa femme quelques années plus tôt. Mais ce n'est qu'après avoir lu *Dewey* qu'il prit conscience que les deux chats qu'elle avait laissés derrière elle, et dont il avait eu à s'occuper, l'avaient empêché de sombrer dans une grave dépression.

Mais, tout compte fait, c'est la lettre de cette jeune femme de Floride, que j'évoquais au début de ce chapitre, qui m'apparaît comme particulièrement représentative de tout le courrier qui m'arrivait. Juste avant de lire *Dewey*, elle avait mis fin à une relation destructrice avec un alcoolique qui lui avait gâché l'existence et l'avait endettée jusqu'à la moelle. « Je ressentais une pénible sensation d'échec, m'écrivait-elle. Et puis, j'ai lu votre livre. Et, maintenant, je suis heureuse de vous annoncer que je reprends les cours lundi prochain. Je suis fermement résolue à ne pas me laisser gangrener par le passé. Votre livre m'a redonné de la force. Surtout, il m'a fait comprendre que ma vie n'était pas finie. Alors, merci Vicki. Et merci Dewey… je ne crois pas aux anges, mais Dewey est ce qui s'en rapproche le plus. Même mort, il continue, à travers votre récit, de toucher des gens – comme moi. Vous avez eu beaucoup de chance de le connaître, mais je suppose que je n'ai pas besoin de vous le dire. Et je considère que j'ai moi-même beaucoup de chance d'avoir croisé Dewey dans ma vie, même si je ne l'ai jamais rencontré en chair et en os. »

Cette lettre me rendit très fière. J'avais l'impression de pouvoir aider les gens à tirer le meilleur parti de leur existence. Et cela, je le devais bien sûr à Dewey.

La publication de mon livre m'a aussi permis de renouer avec des amis ou des parents perdus de vue au fil des années. Ou m'a fait rencontrer des gens formidables – mon coauteur, mes éditeurs, mon agent – qui sont tous devenus des amis. (L'illustrateur du livre racontant la vie de Dewey aux enfants s'appelle Steven James, comme mon frère, qui mourut à trente-trois ans d'un cancer : n'est-ce pas encore là l'une des manifestations de la Magie Dewey ?) Je reçus même des nouvelles de mon ancien mari. C'était un brave garçon, intelligent, mais il était lui aussi alcoolique, et il m'a fait plus de mal – ainsi qu'à lui-même – que n'importe qui d'autre. Bien que nous ayons eu une fille ensemble, j'ignorais totalement ce qu'il était devenu, jusqu'à ce qu'il se décide à m'écrire après avoir lu mon livre. Il avait cessé de boire depuis dix ans. Il s'était remarié avec son amour de jeunesse et ils vivaient en Arizona. Quelques photos accompagnaient sa lettre. Je lui trouvais bonne figure. Il avait l'air heureux. Sa femme également. Il m'avait aussi envoyé un tee-shirt sur lequel était écrit « Fais gaffe, ou je parlerai de toi dans mon roman » – il avait toujours aimé plaisanter. En réalité, il ne m'en voulait pas de l'avoir évoqué dans mon livre. D'autant que tout était vrai. « Je suis désolé », s'excusait-il. Il terminait sa lettre en m'assurant qu'il était « fier de moi ». Et moi, je suis fière de lui.

J'ai aussi reçu des témoignages de bibliothécaires, de fils de fermiers ou autres natifs de l'Iowa, de mamans solos et de toutes sortes de gens dont l'un des proches s'était suicidé (dans mon cas, il s'agissait d'un frère), ou qui avaient survécu à un cancer du sein. Ou encore des témoignages de femmes qui avaient subi comme moi une hystérectomie injustifiée dans les années 1970 – dont une lectrice de Fort Dodge, dans l'Iowa, qui avait été opérée quasiment en même temps que moi, et par le même chirurgien. « Il a bien failli me tuer, me confia-t-elle lors d'une séance de dédicaces. Je suis restée une semaine dans le coma, et ma santé, par la suite, n'a plus jamais été aussi bonne. » Nous nous étreignîmes chaleureusement. Elle pleurait. Cette histoire me fit mesurer à quel point il est parfois vital de ne pas se sentir seul.

Nous avons un mot, en Amérique, pour définir cela : la *communauté*. Et je crois très fermement à l'importance de la communauté, qu'il s'agisse d'une petite ville, de l'adhésion à une religion ou de l'amour partagé des chats. Je suis également convaincue que si *Dewey* a eu autant de succès, c'est parce qu'il parlait de gens ordinaires, menant des vies ordinaires, mais qui n'étaient pas dénuées d'une certaine épaisseur. Mes lecteurs ont aimé ce que représentaient Spencer et ses habitants : la simplicité, le travail à l'ancienne, mais aussi l'engagement et la compassion. Les valeurs exprimées dans mon livre – « Sachez trouver votre bonne place. Soyez heureux avec ce que vous possédez. Ouvrez-vous aux autres, et délaissez les choses matérielles pour le véritable amour. » – ont rencontré un écho quasi universel. L'histoire de Dewey a été un best-seller dans des pays aussi divers que l'Angleterre, le Brésil, le Portugal, la Chine ou la Corée. J'ai été invitée jusqu'en Turquie. Et un Italien (de Milan) vint spécialement à Spencer juste pour voir à quoi ressemblait la petite ville où avait vécu Dewey. D'autres lecteurs, de différents pays, m'ont assuré qu'ils rêvaient également de venir à Spencer. Mais, surtout, ils avaient l'intention de garder précieusement mon livre pour le transmettre à leurs enfants et petits-enfants, comme un héritage familial. Bien sûr, ma personne, en elle-même, importe peu. L'essentiel, c'est évidemment le message d'amour qui était contenu dans les pages de ce récit.

Comme je l'ai dit dès le début, rien de tout cela ne serait arrivé sans Dewey. Sans lui, il n'y aurait pas eu de livre. Même si, ainsi que l'écrivait ma lectrice de Floride, il n'était pas nécessaire d'avoir connu Dewey pour être touché par sa magie.

Ainsi donc, Dewey continue d'influer sur nos vies ! Bien qu'il nous ait quittés, son souvenir reste un exemple de ce qui est bon et juste dans le monde. Mais j'ai aussi compris, en lisant toute cette correspondance, que Dewey vit dans tous les animaux qui partagent sa tendresse, sa compassion et son attention aux autres. Et j'ai été très touchée de voir qu'un tiers, environ, des lettres qui m'étaient adressées étaient écrites par des hommes – dont deux shérifs ! Le plus drôle, c'est que la plupart commençaient par « Je suis sûr qu'aucun homme ne vous a encore écrit... » Ne vous inquiétez pas !

Les vrais hommes aiment aussi les chats ! Et ce qui est essentiel, c'est que beaucoup de mes correspondants, hommes ou femmes, m'expliquaient que Dewey les avait touchés parce qu'il leur rappelait leur propre animal de compagnie.

Si mon livre a servi au moins à une chose, c'est bien celle-ci : tous ces gens avaient désormais un prétexte pour avouer – fût-ce à une inconnue comme moi : « J'ai aimé mon chat. C'était mon ami. Et sa disparition m'a terriblement affecté. » Je pense notamment à la lettre de ce jeune homme, brisé par un divorce orageux, et qui n'avait plus que ses deux chats pour lui donner un peu d'espoir :

« Au début, je me suis demandé comment je pouvais aimer autant deux animaux ? Quelque chose clochait forcément dans ma vie. C'était la preuve que mon existence était trop vide. Je reconnais que j'avais honte de m'avouer à quel point ces deux chats étaient devenus importants pour moi. Et puis j'ai lu votre livre, et j'ai compris qu'il n'y avait rien de mal à aimer très fort un animal. En fait, votre livre m'a fait aimer encore plus mes chats !

Merci. »

Beaucoup de gens jugent pathétiques les relations passionnelles entre un humain et un chat. Mais j'ai aimé passionnément mon chat. Et je n'étais pas la seule. Dewey est devenu en quelque sorte le symbole du lien particulier qui unit tant d'hommes et de femmes à l'animal qui partage leur existence.

Dans ce deuxième ouvrage, *Les Neuf Vies de Dewey*, vous découvrirez neuf histoires de chats extraordinaires et de leurs maîtres aimants. Trois de ces histoires se passent à Spencer ou dans les environs et mettent en scène Dewey dans des épisodes qui n'ont pas figuré au premier livre – tout simplement parce que je les ignorais à l'époque. Les six autres histoires m'ont été inspirées par des gens qui m'ont écrit après avoir lu *Dewey*.

Ai-je sélectionné les meilleures histoires, parmi les trois mille que j'ai reçues ? Je serais bien incapable de l'assurer. Après tout, je ne réagissais souvent qu'à une phrase ou deux.

« Nous hébergeons chez nous des chats errants ou maltraités ailleurs… »

« Il a survécu à l'agression d'un coyote et au coup de patte d'un ours et il a fait plus de trente kilomètres pour me retrouver, après qu'une femme vindicative l'eut expédié au milieu de nulle part, uniquement pour me faire du mal. »

« Personne ne m'a autant aimée, pas même ma fille ni mes parents, comme m'a aimée ma Cookie. »

Chaque fois qu'avec mon coauteur nous cherchions à prolonger une lettre par un coup de téléphone, nous entendions des histoires de chats et d'humains totalement inattendues. Certaines se terminaient bien, d'autres mal, mais toutes étaient sincères. Après *Dewey*, on m'a demandé d'écrire les histoires d'autres chats célèbres, comme le chat trouvé dans un canapé donné à

Goodwill [1], ou le chat borgne et à l'oreille coupée qui a passé toute sa vie dans un bar à bière de Chicago. Mais je me demandais toujours : à quoi bon ? Quel rapport avec Dewey ? Ces histoires sont étonnantes, bien sûr, mais où est l'amour, là-dedans ? Si je devais raconter d'autres histoires de chats, je voulais qu'elles fussent basées sur le même principe que pour *Dewey :* le lien particulier unissant un chat à une personne, ou une communauté de personnes. Et je voulais parler de gens dont la vie avait été changée grâce à leur amour pour un chat.

Les personnages de ce deuxième livre ne se considèrent pas comme des héros. Ils n'ont rien fait qui justifierait qu'on les invite au *Today Show* ou dans n'importe quel autre talk-show. Ce sont, je le répète, des gens ordinaires, menant des vies ordinaires, avec des chats ordinaires. Mais je les aime tous. C'est auprès de gens comme eux que j'ai vécu à Spencer. Des gens dont, spontanément, j'ai envie qu'ils deviennent mes amis. Avec leurs chats, ils incarnent les valeurs que Dewey incarnait lui-même : la gentillesse, la persévérance, la moralité…

Pour autant, je ne peux pas vous promettre que vous aimerez tout ce qui est raconté ici. Je désapprouve moi-même certaines actions rapportées dans ces pages. Par exemple, malgré toute ma bonne volonté, je ne pardonnerai jamais à Mary

1. Organisation caritative qui recueille les dons de particuliers (mobilier, vêtements, matériel électronique…), qui sont ensuite revendus dans des entrepôts où travaillent des gens déshérités. Un peu comme Emmaüs en France. *(Toutes les notes sont du traducteur.)*

Nan Evans de ne pas avoir stérilisé sa chatte plus tôt. J'ai également conscience qu'on peut trouver certains des chats évoqués dans ce livre trop gâtés, ou trop anthropomorphisés. J'avais d'ailleurs déjà reçu des mails d'insulte pour avoir laissé Dewey, les derniers mois, manger les sandwiches à la viande d'Arby. J'ai aimé ce chat de tout mon cœur, je lui ai tout donné. Il a vécu dix-neuf merveilleuses années – dix-neuf ! – et cependant, il s'est trouvé des lecteurs pour me traiter d'assassin, uniquement parce qu'à la toute fin de sa vie, et bien que ce geste m'ait arraché le cœur, j'ai préféré l'endormir pour toujours.

Avant de critiquer, soyez gentils de réfléchir à ceci : tous les protagonistes de ce livre ont sincèrement et profondément aimé leur chat. Et chacun d'eux n'a eu à cœur que l'intérêt de son animal. S'ils ont pris des décisions qui vous heurtent, n'y voyez pas pour autant une indication de leur personnalité. Ils sont simplement différents de vous, ou vivent dans un contexte différent du vôtre – quand ce n'est pas les deux à la fois. Mais sachez aussi qu'aucune de ces histoires n'a été altérée, ni enjolivée. Ceci n'est pas un livre de contes de fées, c'est un recueil d'histoires vraies, qui témoigne de la façon dont les humains vivent avec les chats.

En d'autres termes, ce livre n'est pas *Dewey, la suite*. Cela n'a jamais été mon intention. Il n'existera jamais qu'un seul *Dewey* (le livre), de même qu'il n'a existé qu'un seul Dewey (mon merveilleux chat). Mais beaucoup d'autres chats que lui possèdent le même pouvoir, pour peu que l'occasion leur en soit donnée, de modifier des vies. Et c'est à la rencontre de quelques-uns d'entre eux que je vous propose d'aller.

L'une des leçons que j'ai apprises, grâce à Dewey, et sans doute la plus importante, c'est que les anges peuvent revêtir toutes les formes. Et que l'amour peut surgir de partout et de nulle part. Un seul animal est capable de changer votre vie, mais aussi la vie d'une ville. Et au-delà, pourquoi pas, de changer le monde.

C'est vrai aussi pour vous.

1
Dewey et Tobi

« C'était une chatte très tranquille. Elle était gentille et elle n'aurait jamais voulu faire de mal à personne. Elle désirait simplement vivre. Je suis sûre que vous comprenez ce que je veux dire. »

Aux yeux de beaucoup, mon cher Spencer, avec ses dix mille habitants, est une petite ville. Les rues, numérotées en fonction d'un quadrillage qui n'excède pas vingt-neuf blocs d'habitations du nord au sud (avec la rivière au milieu), et vingt-cinq blocs d'est en ouest, sont faciles à parcourir. Les boutiques, pour l'essentiel regroupées sur Grand Avenue, l'artère principale, suffisent à nos besoins, sans excès. Et la bibliothèque qui se dresse au coin de Grand Avenue et de la Troisième Rue est assez modeste, par ses dimensions, pour prodiguer à ses usagers un accueil intime.

Mais la taille est une notion toute relative. Surtout dans un état comme l'Iowa, dont la population n'atteint pas le sixième de celle de la Floride, mais qui compte un beaucoup plus grand nombre d'agglomérations. La plupart des habitants de l'Iowa vivent dans des bourgades encore plus petites que Spencer. Comme Moneta, par exemple, que je considère comme mon village natal, même si j'ai grandi dans une ferme qui en était distante de trois kilomètres. Au sommet de sa gloire, Moneta n'a jamais dépassé les deux cents habitants – c'est-à-dire moins que le nombre d'usagers qui poussent chaque jour la porte de la bibliothèque de Spencer.

C'est pourquoi, à l'aune des bourgades de l'Iowa, Spencer passe facilement pour une grande ville. Le genre d'agglomération où tout le monde croise tout le monde, mais sans pour autant être capable de nommer untel ou untel. Le genre de ville où chacun est également au courant de tout. Que nous descendions d'une lignée de fermiers ou que nous appartenions à la communauté hispanique plus récemment installée dans la région, nous partageons tous la même vision du monde, le même courage face aux épreuves, et nous aspirons tous au même avenir.

Cependant, nous sommes loin de tous nous connaître. J'avais eu l'occasion de le constater en étant directrice de la bibliothèque. Je pouvais traverser les locaux, à n'importe quelle heure du jour, et identifier aussitôt les visiteurs réguliers. Je connaissais même la plupart par leur nom. Souvent, j'avais grandi avec eux, et je connaissais également leurs familles. C'est ainsi qu'un jour, m'apercevant que l'un d'eux, un ancien camarade de lycée, était visiblement retombé dans la drogue, j'avais prévenu son frère, un ami, pour qu'il puisse s'occuper de lui. C'est l'avantage des petites villes comme Spencer : il suffit souvent d'un coup de fil pour débrouiller une situation.

Mais la bibliothèque drainait des usagers sur neuf comtés à la ronde. Quand j'ai pris ma retraite, le fichier recensait dix-huit mille cartes de membre – près de deux fois la population de Spencer ! –, il était donc impossible que je puisse connaître tout le monde. L'une des visiteuses régulières, que j'étais capable d'identifier sans plus, s'appelait Yvonne Barry. Comme elle avait quinze ans de moins que moi, je n'avais pas pu aller à l'école avec elle. Et comme elle n'était pas originaire du comté de Clay (où se trouve Spencer), je ne connaissais pas ses parents. Si le personnel faisait très attention au SDF qui venait chaque matin rendre visite à Dewey pour s'assurer qu'il allait bien, en revanche, Yvonne étant toujours pimpante et bien habillée, nous n'avions aucune raison de nous inquiéter à son sujet. En outre, elle était très réservée et ne cherchait jamais à engager la conversation. Si vous lui disiez « bonjour, Yvonne », tout au plus pouviez-vous espérer en retour un « bonjour » murmuré du bout des lèvres. Yvonne aimait surtout les magazines, mais elle s'intéressait également aux livres. Je ne savais rien d'autre d'elle, sinon qu'elle adorait Dewey. Je l'avais compris en voyant son visage s'éclairer d'un grand sourire dès qu'il s'approchait d'elle.

Tout le monde pensait entretenir une relation particulière avec Dewey. Combien de fois un usager n'est-il pas venu me chuchoter à l'oreille, sur le ton de la confidence : « Ne le dites à personne, pour ne pas faire de jaloux, mais Dewey et moi, nous avons tissé un lien unique. » Je souriais, en hochant la tête, et j'attendais que quelqu'un d'autre, un peu plus tard, me rapporte exactement les mêmes propos. Dewey était si généreux pour prodiguer son affection qu'ils en profitaient tous.

C'est pourquoi j'ai longtemps pensé qu'Yvonne n'était qu'une parmi d'autres. Elle passait beaucoup de temps avec Dewey, mais ils ne se ruaient jamais l'un vers l'autre. Et je ne me souviens pas avoir vu Dewey l'attendre. Par contre, à chaque visite d'Yvonne, il y avait toujours un moment où ils finissaient par être ensemble.

Ce n'est qu'après la mort de Dewey qu'Yvonne commença de se confier. Oh, très peu. Un jour de février, alors que Dewey nous avait quittés depuis déjà plusieurs semaines et que nous avions tous fini par comprendre qu'il ne reviendrait plus jamais, Yvonne s'est approchée de moi, avec une certaine nervosité, et elle s'est mise à me parler de lui. Elle me raconta combien elle avait été impatiente de le voir lors de ses visites à la bibliothèque. À quel point lui seul avait su la comprendre. Et l'émotion particulière qu'elle avait ressentie la fois où il avait sauté sur ses genoux pour une petite sieste.

« C'est gentil, lui dis-je. Merci. »

J'appréciais sincèrement sa démarche, car je savais qu'il était très difficile, pour elle, de converser avec les gens. Mais j'étais occupée, ce jour-là, et je n'ai pas cherché à creuser davantage. D'ailleurs, pourquoi l'aurais-je fait ? Dewey s'asseyait sur les genoux de tout le monde.

Après deux ou trois autres embryons de conversation, Yvonne se mura de nouveau dans le silence et je ne fis plus attention à elle. Ce n'est que deux ans plus tard, quand elle me parla de sa joie d'avoir lu *Dewey*, que j'eus une autre conversation avec elle. Beaucoup plus longue, cette fois. Cependant, j'avais déjà recueilli tellement de témoignages d'usagers de la bibliothèque à propos de leur relation avec Dewey que je doutais fort que celui-ci pût être différent.

Je me trompais. L'histoire d'Yvonne était réellement différente. Et même après l'avoir écrite, je m'aperçois, en me relisant, que cette femme restera toujours plus ou moins un mystère pour moi.

Cette histoire m'aura tout de même appris une chose : c'est qu'aucune vie ne ressemble à une autre, même si nous nous côtoyons les uns les autres. Et aussi qu'il est très facile de lâcher prise et de se retrouver seul, même dans une petite ville comme Spencer.

Et cette histoire, c'est encore à Dewey que je la dois.

Yvonne a grandi à Sutherland, une bourgade de l'Iowa forte d'environ huit cents habitants, à une cinquantaine de kilomètres au sud-ouest de Spencer. Son père était une sorte de touche-à-tout. Il exploitait une petite ferme qu'il louait, au bord de la route M12, travaillait pour l'administration du comté et possédait un petit camion-citerne qu'il remplissait d'eau à un puits de sa ferme pour aller ensuite la vendre dans les parcs d'engraissement à bétail des environs. J'ai connu beaucoup de types dans son genre : des gars tranquilles, un tantinet désordonnés, qui se fondent dans le paysage et attendent désespérément le coup de chance qui ne viendra jamais. Un beau jour, il abandonna la ferme en location, installa toute sa petite famille dans une maison de Sutherland et alla travailler en usine. Yvonne avait cinq ans, à l'époque. Elle était la plus jeune des cinq enfants, et elle se chargea de prendre soin des chats qui rôdaient dans le jardin de leur nouvelle maison.

J'ai vécu la même enfance rurale qu'elle, avec ces saisons qui semblent ne jamais finir, et les journées entières passées à jouer avec mes frères dans la cour, pendant que nos parents travaillaient dur à la ferme. Je me rappelle aussi, comme si c'était hier, le jour où mon père rapporta Snowball à la maison, le premier animal qu'il m'ait été donné d'aimer. C'était une chaude après-midi d'été. J'étais dans la cour quand je vis mon père arriver. Il transpirait sous son chapeau, et des gouttes de sueur semblables à des larmes coulaient sur son visage. Je le suivis à l'intérieur de la maison. J'avais remarqué qu'il tenait quelque chose dans ses mains, mais je n'avais pas pu voir quoi.

« Il a dû naître dans les champs », expliqua-t-il à ma mère, lui tendant un chaton ensanglanté. « La mère et les autres petits ont été tués par le soc de la charrue. Et celui-ci a les pattes de derrière coupées. »

La plupart des fermiers auraient abandonné le chaton blessé à son sort, sous prétexte de laisser faire la nature. Mais constatant que le chaton vivait encore, mon père s'était empressé de le recueillir. Ma mère, qui aimait autant les animaux que lui, prit soin du chaton, le nourrissant pendant un mois entier avec du lait en bouteille. La nuit, il dormait dans une couverture bien chaude, et la journée, il était autorisé à rester dans la cuisine, avec elle. Je me souviens d'avoir été stupéfaite par la cicatrisation rapide de ses moignons. Beaucoup de gens traitent les chats de paresseux, mais s'ils avaient vu les efforts que faisait Snowball ! Sa détermination ! En l'espace de quelques semaines, elle apprit à marcher et même à se déplacer par petits bonds, avec ses seules pattes de devant. Je l'adorais. Pendant tout l'été, je jouai avec elle, courant dans la cour, tandis qu'elle s'efforçait de me rattraper, son train arrière ballottant au rythme de ses sautillements. À l'automne, les vacances terminées, je bondissais tous les soirs du bus scolaire, lançais mon sac à la volée et je courais la retrouver. Elle ne vécut pas très longtemps et, quand elle mourut, je restai longtemps inconsolable, mais je n'oublierai jamais comment

Snowball mettait de la grâce dans tous ses déplacements, malgré son handicap.

L'enfance d'Yvonne fut-elle très différente de la mienne ? Je n'en sais rien. De même que j'ignore si elle avait choisi la compagnie des chats pour combattre sa solitude, ou par amour naturel des animaux. Je sais en revanche que ses parents, à l'instar de nombreux fermiers, étaient indifférents aux chats et ne l'aidaient pas à s'occuper de ceux qui se montraient dans leur jardin. « Les chats mouraient ou disparaissaient », me raconta Yvonne. « J'en avais le cœur brisé à chaque fois. Mais mes parents refusaient de leur acheter de la nourriture, malgré mes supplications. Ils disaient que nous n'avions pas les moyens. »

Mon souvenir d'enfance le plus marquant est cette image de mon père revenant à la maison en tenant le chaton blessé dans ses mains. Pour Yvonne, c'est une photographie. Elle avait six ans. Sa mère voulait un portrait de ses enfants avec leurs chats préférés. Yvonne fut incapable de retrouver son chat préféré, un petit chaton noir et blanc, qui s'appelait justement Noir et Blanc. Sa mère lui demanda de renoncer à ses recherches pour rejoindre son frère et sa sœur, qui se tenaient déjà devant l'objectif, chacun tenant un chat dans les bras.

« Allez, viens et souris, lui ordonna sa mère.

– Mais je ne retrouve pas mon chat !

– Ça ne fait rien. Souris. »

Après la séance de photos, Yvonne chercha partout dans les environs. Sans succès. De retour à la maison, elle demanda à sa mère s'il était possible de prendre une nouvelle photo d'elle, avec un autre chat.

« Non, répondit sa mère. Je n'ai plus de pellicule. »

« J'avais envie de pleurer, m'expliqua Yvonne. Mais je me suis retenue. Je savais qu'ils se seraient tous moqués de moi. »

Dix ans plus tard, alors qu'Yvonne avait seize ans, son père décrocha un emploi à l'usine Witco, et toute la famille vint emménager à Spencer. Je garde des souvenirs atroces de mes déambulations d'adolescente, quand, vivant alors à Hartley, une ville proche, il m'arrivait de me rendre à Spencer. Les lycéennes de Spencer, toujours habillées à la dernière mode et conversant librement avec les garçons dans la rue, me semblaient tellement supérieures ! J'avais même l'impression qu'elles étaient plus grandes et plus solides que nous autres, filles de la campagne, et qu'elles auraient pu nous envoyer à terre d'une pichenette si elles l'avaient voulu. Et encore étais-je avantagée : ma grand-mère habitait en ville, c'est pourquoi j'en connaissais les rues et les magasins. J'étais inscrite au lycée de Hartley, l'un des plus grands de la région. J'étais une jeune fille qui sortait et avait beaucoup d'amis, et je ne me suis presque jamais sentie à l'écart ou écrasée. J'imagine donc le choc que ce dût être pour une jeune fille timide comme Yvonne, qui n'avait encore jamais mis les pieds à Spencer et qui n'était pas douée pour l'école ni pour les relations sociales, même à Sutherland. Et j'ai compris ce qu'elle voulait dire quand elle m'expliqua que l'année et demie passée au lycée de Spencer lui fit l'effet d'une torture.

Pour distraire sa solitude, ses parents lui avaient offert un chat. Quelques jours avant le déménagement pour Spencer, la chatte de May – la tante d'Yvonne – avait mis bas une portée de demi-siamois. Dès qu'Yvonne les vit, elle en tomba amoureuse. Et elle réussit à convaincre ses parents de la laisser en adopter un. Quand elle arriva pour l'adoption, la portée, déjà très alerte, jouait à se chamailler dans la poussière de la cour. Yvonne, perplexe, se demanda lequel choisir.

Et puis un petit chaton qui avait dû se cacher s'approcha et leva vers elle de grands yeux timides et implorants, avec une expression qui semblait vouloir dire « bonjour ».

« Bon, c'est d'accord, répondit Yvonne, je te prends. »

C'était une petite chatte, qu'elle appela Tobi. Elle était plus ronde qu'un siamois pure race, et sa fourrure était marron foncé, mais son poil avait le soyeux des siamois, et ses yeux étaient d'un bleu parfait. Très douce de caractère, elle manquait totalement d'intrépidité. Au point qu'elle se cachait quand quelqu'un pénétrait dans une pièce, ou filait se réfugier sous les draps d'Yvonne dès qu'elle entendait des pas dans l'escalier. Elle ne mit qu'une seule fois les pieds dehors, échappant à la vigilance d'Yvonne un jour que celle-ci se tenait sur le seuil, la porte grande ouverte. Tobi s'enfuit par la droite et tourna à l'angle de la maison. Yvonne eut le bon réflexe de partir sur la gauche : elle récupéra Tobi dans la cour de derrière. La pauvre chatte, affolée par sa propre audace, sauta d'elle-même dans ses bras.

« Ne recommence jamais cela », lui dit Yvonne, mais il aurait été impossible de dire laquelle des deux était la plus effrayée.

« Tobi était toujours en manque d'affection, me résuma Yvonne. Elle dormait dans mon lit toutes les nuits.

– J'imagine que cela vous faisait plaisir ?

– Oui, c'était parfait », me répondit-elle. Elle me regardait, attendant tranquillement ma question suivante.

Au sortir du lycée, Yvonne rejoignit son père chez Witco. L'usine produisait de petites pompes hydrauliques destinées au graissage des moteurs et de toutes sortes de machines. Après l'épreuve du lycée, travailler à la chaîne lui parut presque un soulagement. Les cadences étaient soutenues et le travail fatigant physiquement, mais Yvonne était alors jeune et forte. Elle allait aussi vite que ses collègues.

« Oh, ce n'était pas le meilleur emploi du monde, me confia-t-elle, mais, au moins, je gagnais ma vie. »

Yvonne n'avait pratiquement aucune vie sociale en dehors de l'usine. Mais, dès qu'elle avait terminé sa journée, elle était au moins sûre d'une chose : Tobi l'attendait chez elle. Sa chatte aimait les endroits surélevés. Elle épiait quelquefois Yvonne depuis le dessus de la bibliothèque ou, le plus souvent, le haut de l'escalier. En fait, Yvonne ne tarda pas à réaliser que sa chatte passait le plus clair de son temps dans son lit, sous les couvertures, à attendre le seul humain dont elle n'avait pas peur, et même dont elle appréciait la compagnie. Et bien que cette notion fût demeurée à l'état inconscient chez elle, c'était exactement ce qu'Yvonne désirait : avoir une amie toujours disponible pour elle.

À l'approche de ses vingt-cinq ans, Yvonne quitta la maison de ses parents pour partager un appartement avec sa sœur aînée. Mais elle continua de travailler à la chaîne. Depuis bientôt dix ans qu'elle y vivait, Spencer l'intimidait toujours autant, et tous ceux qu'elle croisait lui faisaient l'effet d'étrangers. Mais elle finit peu à peu par se familiariser avec la ville et par reconnaître les visages qui l'entouraient. Elle faisait ses courses sur Grand Avenue ou au nouveau centre commercial ouvert au sud de la ville. Elle achetait la nourriture préférée de Tobi, les Tender Vittles, dans une petite animalerie locale. Une fois, pour Halloween, elle fit l'acquisition d'un masque terrifiant, et l'enfila en montant l'escalier. Puis, poussant la porte de sa chambre, elle imita le gémissement lugubre de quelque bête féroce. Aussitôt, les beaux yeux bleus de Tobi jaillirent de leurs orbites. Voyant que sa chatte était terrorisée, Yvonne, prise de remords, ôta immédiatement son masque.

« Mais Tobi, dit-elle, ce n'est que moi ! »

Tobi la regarda quelques instants, avant de détourner la tête d'un air blasé, comme pour dire « je le savais ».

Le lendemain, Yvonne décida d'effrayer encore Tobi. Elle remit le masque, et s'approcha à pas lourds de la chambre. Tobi lui jeta un bref regard, avant de détourner la tête en faisant la moue, comme pour dire, cette fois, « s'il te plaît, je sais que c'est toi ».

Yvonne éclata de rire et serra sa chatte dans ses bras. Leur vie était simple mais heureuse. Yvonne Barry avait trouvé son bonheur. À Noël, elle comblait Tobi de présents. « Je pensais qu'elle était unique. Tobi adorait le sapin de Noël. Mais j'ai découvert plus tard que beaucoup d'autres chats étaient comme elle. »

Le soir, dans leur chambre, elle installait Tobi sur un fauteuil pivotant, qu'elle faisait tourner, et la petite chatte lançait une patte dans sa direction chaque fois qu'elle passait devant sa maîtresse. Des années plus tard, Yvonne souriait encore à ce souvenir. Tobi s'amusait comme une folle sur ce fauteuil pivotant. Et puisque Tobi aimait ce jeu, Yvonne l'aimait également.

Lorsque l'économie locale commença à décliner, au milieu des années 1980, Yvonne vit ses horaires de travail réduits, et elle retourna vivre chez ses parents. J'ignore ce qu'elle ressentit alors car elle ne se confia pas sur ce sujet, mais je suppose que sa vie ne changea pas beaucoup. « Je n'avais plus les moyens de payer mon loyer », m'expliqua-t-elle seulement. « J'ai demandé à mes parents si je pouvais revenir, et ils ont été d'accord. »

« Parfois, mon père agitait son doigt sous son journal, me raconta-t-elle encore. Tobi essayait de s'en emparer, et papa riait. Nous appelions cela le jeu du journal. Mais la plupart du temps, Tobi restait sagement sur sa chaise, à regarder par la fenêtre, pendant que mon père lisait son journal. »

Que penser de telles anecdotes ? La vie était-elle plus plaisante et drôle, dans cette maison, que je ne me l'imagine ? Tobi avait-elle réussi à fendre la carapace du père d'Yvonne ? Ou ce jeu du journal n'était-il qu'une parenthèse de légèreté dans un univers pesant et poussiéreux ? J'aimerais croire que c'était une maison où l'on riait souvent, mais j'ai peur au contraire – à en juger par les intonations d'Yvonne – que les heures, les semaines et les mois s'y enchaînaient, semblables dans leur monotonie. Les frères et sœurs d'Yvonne étaient tous partis, et la plupart des pièces étaient vides. La mère d'Yvonne dévorait des romans sentimentaux dans sa chambre. Son père, quand il ne lisait pas le journal, regardait des matches de base-ball à la télévision. Et Yvonne et Tobi restaient dans leur coin, à ne pas faire de bruit.

Mais, à quelques pâtés de maisons de là, il y avait Dewey.

Une bibliothèque est bien plus qu'un entrepôt de livres. D'ailleurs, dans l'esprit de tous les bibliothécaires avertis que je connais, sa fonction principale ne concerne pas les livres. À leurs yeux, comme aux miens, une bibliothèque est d'abord un lieu d'ouverture et de disponibilité. Dans un monde où tant de gens n'arrivent pas à trouver leur place dans la société, une bibliothèque est un espace de liberté susceptible de tous les accueillir. Combien de fois avez-vous entendu une personne, qui, ayant eu une enfance misérable, a tout de même réussi dans la vie, dire qu'elle avait été sauvée par une bibliothèque ? Certes, les livres (et maintenant les ordinateurs) et le savoir qu'ils contenaient ont joué leur rôle. Mais il n'y a pas que cela. Si ses parents se disputaient à la maison, cette personne savait pouvoir trouver la tranquillité à la bibliothèque. Si elle se sentait négligée, elle savait aussi qu'elle y trouverait de la chaleur humaine. Et cela sans même qu'il soit nécessaire de parler.

Quand je fus nommée directrice de la bibliothèque de Spencer, ma priorité fut d'ouvrir davantage l'établissement sur la ville, de le rendre plus accessible, et même amical. Je décidai donc un réaménagement des rayons et j'engageai une politique plus large d'acquisition de documents. Mais je voulais aussi changer les attitudes : je souhaitais que les usagers se sentent à leur aise dans notre espace, comme s'ils étaient les membres d'une même communauté, et pas seulement les visiteurs d'un bâtiment municipal. Je fis repeindre les murs avec des couleurs vives et troquai le mobilier austère pour des chaises et des tables plus confortables. Je créai également une caisse commune, destinée à l'achat d'œuvres d'art pour orner les murs, ainsi que de quelques sculptures. Et j'engageai le personnel à sourire le plus souvent possible. Quand Dewey apparut miraculeusement dans la boîte des retours, six mois seulement après ma nomination, je compris immédiatement qu'il s'inscrirait à merveille dans ce projet. C'était un chaton très calme, je savais qu'il ne causerait pas d'ennuis. Mais j'imaginais qu'il se fondrait vite dans le décor, aidant simplement les visiteurs à se sentir chez eux, au même titre que les peintures et les sculptures.

C'était compter sans le caractère de Dewey, qui n'avait aucune intention d'être ravalé au rang du mobilier. Dès que ses pattes furent guéries de leurs engelures et qu'il put déambuler à son aise dans la bibliothèque, il n'eut de cesse de se mettre en avant. Le paradoxe du bibliothécaire, s'il veut que son établissement fonctionne correctement, c'est qu'il ne doit pas se montrer *trop* amical. Vous désirez que vos usagers se sentent à leur aise, mais avec quand même des limites. Une bibliothèque n'est pas une foire. On y entre à toute heure, mais c'est ensuite à chacun de décider de quelle manière il va s'investir dans les lieux. Ceux qui souhaitent parler peuvent le faire pendant des heures, mais ceux qui préfèrent la tranquillité doivent avoir droit à l'anonymat et au silence. C'est d'ailleurs pour cela que les personnes marginalisées socialement, ou très timides, aiment tant les bibliothèques : parce qu'elles offrent un mélange rare, sous un même toit, d'intimité et d'espace public. Et qu'on peut y être entouré de gens sans être obligé d'avoir des relations avec eux.

Ce qui peut parfois poser d'épineux problèmes aux bibliothécaires, comme ce fut le cas avec Bill Mullenberg. Pendant des années et des années, Bill fut le proviseur du lycée de Spencer, une fonction qui lui valait non seulement le respect des habitants, mais qui l'obligeait à converser chaque semaine avec des centaines de gens. Son départ à la retraite fut délicat : outre qu'il est toujours difficile d'abandonner derrière soi une vie de travail, Bill dut en outre affronter la soudaine disparition de sa femme.

Devenu veuf, il se mit à fréquenter la bibliothèque tous les matins, pour y lire les journaux – et je savais bien que ce n'était pas parce qu'il n'avait pas les moyens de les acheter. Bill avait besoin d'un endroit où aller, pour échapper à la solitude de sa demeure. Comment devait réagir le personnel avec lui ? Chacun lui disait bonjour, mais engager la conversation de force avec Bill aurait été enfreindre l'éthique de la bibliothèque. De toute façon, nous étions tous très occupés. La municipalité ne nous payait pas pour jouer les amis ou les thérapeutes. Chacun travaillait au moins quarante heures par semaine, rien que pour faire tourner la boutique.

Et puis Dewey est entré en piste. Dans sa tête de chat, il n'était pas freiné par les mêmes contraintes de sociabilité qu'un bibliothécaire. Et il n'était pas obligé de travailler des heures dans les réserves, ou assis derrière un bureau. Dewey avait tout son temps pour aller au-devant des visiteurs, et sauter sur leurs genoux. S'ils le repoussaient, il revenait à la charge deux ou trois fois, jusqu'à ce qu'il comprenne bien qu'il n'était pas désiré. Il s'éloignait alors, sans la moindre vexation. Mais Bill accepta tout de suite que Dewey s'installe sur ses genoux. Et au bout d'un mois de ce régime, son attitude commença à changer. Pour commencer, Bill retrouva le sourire – qu'il avait perdu depuis la mort de sa femme. Désormais, il souriait de nouveau tous les jours, comme au bon vieux temps, lorsqu'il était le proviseur du lycée. Et il s'attardait davantage chaque jour, pour discuter avec le personnel. C'est en observant Bill que je compris que Dewey ne serait pas seulement un meuble de plus.

Après l'arrivée de Dewey, la fréquentation de la bibliothèque ne cessa de croître, dans des proportions stupéfiantes. Je n'irais pas jusqu'à dire que c'était lui qui attirait tous les nouveaux visiteurs, mais je pense qu'il les incitait à revenir. Yvonne, par exemple, ne vint pour la première fois à la bibliothèque que lorsque Dewey avait quatre ou cinq mois. Elle avait appris son existence par l'article du *Spencer Daily Reporter*, qui avait rapporté son sauvetage miraculeux, mais elle attendit l'été pour se décider à faire sa connaissance. Entretemps, Dewey avait bien grandi et, avec sa belle fourrure fauve lustrée, il avait déjà toutes les apparences du roi de la bibliothèque. Ce qu'il était, du reste. La première fois qu'Yvonne le vit, il déambulait dans les allées comme s'il était le propriétaire des lieux.

Quel chat magnifique, se dit-elle aussitôt.

J'ignore comment ils se sont rencontrés. Je suppose que Dewey tenta une manœuvre d'approche avec Yvonne – puisqu'il le faisait avec pratiquement tous les visiteurs –, mais il n'est pas impossible qu'Yvonne se soit sentie attirée par lui. Quoi qu'il en soit, ce n'est que lorsque leur relation fut bien établie que je finis par m'apercevoir que Dewey se trouvait souvent en sa compagnie. Il se frottait contre ses jambes, reniflait sa main lorsqu'elle le caressait et il écoutait tout ce qu'elle lui chuchotait. Dès qu'elle lançait une feuille de papier froissée en boule, il courrait l'attraper pour jouer avec.

Elle lui achetait également des jouets, comme pour Tobi. Et elle s'amusait à les brandir à différentes hauteurs, pour que Dewey les attrape. Un jour, elle tint le jouet à hauteur de sa tête, c'est-à-dire à plus d'un mètre cinquante du sol. « Allez, Dewey, l'encouragea-t-elle. Tu peux le faire. »

Dewey regarda le jouet puis baissa les yeux. *Il ne peut pas le faire*, pensa Yvonne. Mais, alors qu'elle allait baisser son bras, Dewey décolla comme une fusée – littéralement *comme une fusée* –, et s'empara du jouet, qu'il lui arracha des mains. Revenue de sa surprise, Yvonne éclata de rire. « Tu m'as bien eue, Dewey ! lui dit-elle. Tu m'as bien eue. »

En novembre, elle assista à la petite fête donnée pour le premier anniversaire de Dewey. Elle n'apparaît pas sur la vidéo, mais ça ne m'a pas surprise. Yvonne est le genre de personne qui se tient à côté de vous pendant plus d'une heure avant que vous ne remarquiez sa présence et que vous vous exclamiez : « Oh, je n'avais pas vu que vous étiez là. » C'est l'employée besogneuse qui ne sort jamais de son bureau ; la voisine que vous n'apercevez pratiquement jamais ; la femme dans le bus qui ne lève jamais les yeux de son livre. Mais on aurait tort de trouver cela triste ou pathétique, car qui sommes-nous pour nous permettre de juger la vie privée des autres ? Les voisins d'Emily Dickinson la prenaient pour une vieille fille moisie qui n'avait jamais quitté la maison de ses parents, alors qu'en réalité elle était déjà considérée, de son vivant, comme l'une des plus grandes poétesses de langue anglaise et qu'elle correspondait régulièrement avec tous les écrivains célèbres de son temps. La timidité n'est pas un défaut, c'est un trait de caractère.

Dewey, bien sûr, était tout sauf timide. Quand je repasse la vidéo de son premier anniversaire, j'ai l'impression de voir un cabotin à l'œuvre. Les enfants se pressaient autour de lui, à son plus grand ravissement, comme s'il aimait se savoir le centre de l'attention. Et on le voit mordre avec délectation dans son gâteau d'anniversaire en forme de souris. Mais je parie qu'une fois la vidéo terminée, il fit quelque chose de magique : il se dirigea vers Yvonne – ou à tout le moins, croisa son regard – pour la remercier d'être venue.

Quelques mois plus tard, j'organisai une autre fête, à l'occasion de la réouverture de la bibliothèque, qui avait dû brièvement fermer le temps de procéder aux nouveaux aménagements. Yvonne était encore là, en marge des invités, et probablement devait-elle se sentir aussi mal à l'aise que pendant ses années de lycée. L'anonymat, dans une bibliothèque, est souvent une bénédiction. Mais au milieu d'une fête, c'est terrible. Son désarroi cessa d'un coup quand elle vit Dewey s'approcher d'elle. Pour une fois, personne ne prêtait attention à lui, ce qui le vexait terriblement. Yvonne le prit dans ses bras et le serra contre son cœur. Dewey abandonna sa tête contre son épaule, et se mit à ronronner.

« Quelqu'un a pris une photo de nous deux, me répéta plusieurs fois Yvonne, lors de nos conversations. J'ignore qui c'était, mais il y a une photo. Je ne suis que de dos et on ne voit que la tête de Dewey, mais la photo nous montre ensemble. »

Loin de moi l'idée de vouloir magnifier la relation d'Yvonne et de Dewey. Je ne voudrais pas non plus insinuer que toute l'existence d'Yvonne tournait désormais autour de la bibliothèque. Même si Yvonne Barry n'était pas Emily Dickinson, elle ne montrait pas tout de sa vie. Comme beaucoup de gens, elle entretenait un rapport ambigu avec son travail : elle aimait ce qu'elle faisait, mais elle était frustrée de ne pas avoir pu ou su décrocher un emploi mieux payé. Toutefois, son quotidien ne s'arrêtait pas à son travail, ni même à ses relations avec ses parents. Je sais, par exemple, qu'elle correspondait régulièrement avec des amis, quoi qu'elle m'en parlât très peu.

Je pense que Dewey, parce qu'il était si différent d'elle, l'aidait à vivre en société. Mais sa véritable amie, celle qu'elle aimait de tout son cœur, c'était

Tobi. Et Tobi le lui rendait bien. Tobi et Yvonne s'accordaient parfaitement ensemble. Quand Yvonne me disait : « C'était une gentille chatte, très calme, qui ne voulait causer d'ennuis à personne et qui n'aspirait qu'à vivre tranquillement », j'avais toujours l'impression qu'elle me parlait d'elle-même.

Elles s'étaient vouées l'une à l'autre. « Je n'ai jamais fait un seul voyage qui m'aurait obligée à découcher ne serait-ce qu'une nuit, m'expliquait Yvonne, parce que je n'aurais pas supporté de laisser Tobi toute seule. » Une fois, en revanche, elles partirent ensemble rendre visite à la sœur d'Yvonne, Dorothy, qui habitait Minneapolis. Durant les vingt ou trente premiers kilomètres, Tobi ne cessa de crier et de se débattre avec les barreaux de sa cage. Mais, une fois dépassé Milford, elle comprit qu'elle n'allait pas chez le vétérinaire et elle se calma. Pendant encore quelques kilomètres, elle miaula en direction d'Yvonne, comme si elle espérait une explication. Mais comment un chat pourrait-il comprendre un concept tel que le Minnesota ? Finalement, Tobi se coucha dans sa cage, et resta allongée… cinq heures. Une fois à Minneapolis, elle grimpa tout droit dans la chambre d'amis de Dorothy, utilisa sa litière, dévora sa boîte de Tender Vittles et se cacha sous le couvre-lit jusqu'à ce qu'Yvonne la rejoigne pour la nuit. Alors, Tobi lui fit la fête, pour la remercier d'être revenue. « Je t'aime, Tobi », lui murmura Yvonne. Et il en fut de même le lendemain. À part le trajet d'aller et celui de retour, ce week-end ressembla à n'importe quel week-end qu'elles passaient à Spencer.

Il serait tentant de s'imaginer que si Yvonne aimait tellement Tobi, c'est parce qu'elle était le seul repère fixe de son existence. En réalité, tout était fixe dans la vie d'Yvonne. Le même travail, sur la même chaîne d'assemblage. Les mêmes itinéraires. Les mêmes repas. Les mêmes soirées silencieuses en compagnie de ses parents. Même les moments qu'elle passait avec Dewey avaient quelque chose de familier car elle savait, en franchissant la porte de la bibliothèque, qu'il serait là pour l'accueillir. La vie de Tobi et d'Yvonne n'était peut-être pas très excitante, mais la routine n'était pas pour leur déplaire. Et ils s'avaient l'un l'autre. C'était le principal.

Mais il y a une chose à laquelle chacun doit se préparer avec les chats. La plupart du temps, nous vivons plus longtemps qu'eux. Treize ans d'amour réciproque, c'était une petite tranche de vie pour Yvonne, mais c'était toute une existence pour Tobi. À partir de 1990, sa chatte commença à décliner. Son arthrite la faisait souffrir pour monter et descendre l'escalier. Sa fourrure se clairsemait. Et, de plus en plus souvent, Tobi ne se réveillait même plus quand Yvonne rentrait à la maison.

À peu près à la même époque, Yvonne découvrit la Bible. Elle m'expliqua que les préparatifs de la première guerre du Golfe agirent sur elle comme un catalyseur. Les bruits de bottes la rendaient anxieuse et inquiète pour l'avenir. Tout à coup, elle ne se sentit plus aucune joie de vivre. Je ne songe pas un instant à mettre en doute son explication, mais je pense que ce n'était pas le seul facteur. Sa frustration grandissante au travail, ses supérieurs lui refusant toute promotion, dut également jouer un rôle. Ainsi que la santé chancelante de sa mère. Et bien sûr, le déclin inexorable de sa chère Tobi.

À mesure que la guerre se rapprochait et que Tobi s'affaiblissait toujours davantage, les lectures religieuses d'Yvonne s'intensifièrent. Au début, elle avait été attirée par les prophéties bibliques relatives à la guerre et à la destruction, mais, petit à petit, elle se mit à espérer le réconfort du Seigneur. Six mois après avoir ouvert la Bible pour la première fois de sa vie, et alors que les premiers bombardements illuminaient le ciel de Bagdad, Yvonne s'agenouilla devant son lit et demanda à Jésus d'entrer dans son cœur.

« J'ai eu l'impression de mettre mon doigt dans une prise de courant, me confia-t-elle plus tard. Mais je me suis sentie si différente, après, que j'ai connu la meilleure nuit de ma vie. Je savais que quelque chose avait changé en moi. »

Yvonne lisait désormais la Bible au moins une heure par jour. Et elle se rendait à l'église tous les dimanches pour la messe, et le jeudi pour la prière collective. Elle s'inscrivit également aux activités de groupes. Et le soir, toute seule chez elle, c'était encore dans la Bible qu'elle puisait un réconfort. Tobi s'installait quelques fois près d'elle, mais la plupart du temps sa chatte dormait maintenant dans un petit panier qu'Yvonne avait rempli de lainages, pour lui tenir plus chaud. Ayant entendu dire que les boîtes de Fancy Feast aidaient les chats à vivre plus vieux, elle abandonna les Tender Vitlles pour du Fancy Feast, bien qu'elle ne disposât pas vraiment du budget pour acheter une nourriture aussi onéreuse. Mais elle adorait Tobi, et elle ne désirait que son bien.

Environ un an après qu'Yvonne fut devenue une fervente chrétienne, Tobi commença à tituber. Un soir d'été, elle s'écroula sur le plancher de la chambre et urina sur elle, avant de lever sur Yvonne des yeux terrorisés. Yvonne la conduisit chez le docteur Esterly, qui ne put que lui annoncer la mauvaise nouvelle : la fin était proche. Le vétérinaire pouvait encore maintenir Tobi en vie quelques jours, mais elle souffrirait beaucoup.

Yvonne baissa les yeux. « Je ne veux pas qu'elle souffre », murmura-t-elle.

Elle prit Tobi dans ses bras et la caressa pendant que le docteur Esterly préparait l'injection. Tobi ferma les yeux, comme si elle se sentait parfaitement en sécurité dans les bras de son amie. Quand elle sentit l'aiguille lui pénétrer la peau, elle poussa un miaulement terrible, mais elle ne bougea pas. Elle rouvrit simplement les yeux et leva vers Yvonne un regard apeuré et interrogateur. Puis sa tête bascula et tout fut terminé. Avec l'aide de son père, Yvonne l'enterra dans un coin de leur jardin.

Elle gardait d'innombrables souvenirs de ces treize années. L'arbre de Noël. Le fauteuil pivotant. Leurs nuits ensemble, sous les draps. Mais ce dernier miaulement, elle savait qu'elle ne pourrait jamais l'oublier. Il résonnait encore dans sa tête, et lui donnait des remords. Tobi avait dédié son existence à Yvonne, mais à la fin de sa vie, alors qu'elle aurait eu le plus besoin de sa maîtresse, Yvonne avait le sentiment de s'être détournée de sa chatte. Elle avait cessé de la faire jouer sur le fauteuil pivotant, elle ne lui avait plus offert autant de cadeaux pour Noël, et surtout, elle n'avait pas remarqué combien elle souffrait.

Ce soir-là, les yeux rouges d'avoir beaucoup pleuré, elle se rendit à la prière collective.

« Ça ne va pas, Yvonne ? lui demandèrent les autres fidèles.

– Ma chatte est morte aujourd'hui, leur apprit-elle.

– Oh, je suis désolé », lui répéta chacun, en lui tapotant affectueusement le bras. Mais comme ils ne voyaient rien à ajouter, ils s'éloignaient aussitôt. Yvonne savait que c'étaient de braves gens. Simplement, ils ne comprenaient pas. Pour eux, ce n'était qu'un chat.

Le lendemain, Yvonne vint à la bibliothèque. Elle se sentait encore plus désemparée. Plus coupable. Plus solitaire que jamais. Elle n'avait aucun désir particulier, pas même celui d'ouvrir un livre. Elle se laissa choir sur une chaise, et pensa à Tobi.

Une minute ou deux plus tard, Dewey s'approcha d'elle. Depuis des années, un rituel s'était instauré entre eux. Dès qu'il apercevait Yvonne, Dewey miaulait et se précipitait vers la porte des toilettes des dames. Yvonne lui ouvrait la porte, Dewey bondissait sur le rebord du lavabo, et

Yvonne ouvrait le robinet. Après avoir contemplé la colonne liquide pendant quelques secondes, Dewey mettait sa patte dessous, la retirait en sursaut et recommençait. Et encore. Et encore. C'était leur jeu. Et jamais Dewey n'y avait dérogé.

Mais pas cette fois. Ce jour-là, Dewey s'immobilisa, pencha la tête de côté et regarda Yvonne. Puis il sauta sur ses genoux, frotta gentiment son museau contre elle et se lova dans ses bras. Elle le caressa, laissant échapper une larme de temps à autre, et bientôt Dewey s'endormit.

Yvonne continua à le caresser doucement. Au bout d'un moment, le poids de son chagrin lui parut plus supportable, et elle finit même par avoir l'impression qu'il s'ôtait complètement de ses épaules. Ce n'était pas seulement parce que Dewey avait compris qu'elle souffrait. En le regardant dormir, toute sa culpabilité s'évanouit. Elle était certaine, à présent, d'avoir fait de son mieux pour Tobi. Elle avait adoré sa petite chatte, mais cet amour n'avait pas besoin d'être prouvé à chaque instant. Après tout, Yvonne avait bien le droit d'avoir sa propre vie. Il était grand temps, pour leur bien à toutes les deux, de laisser Tobi dans le passé.

Mon ami Bret Witter, qui m'a aidé à écrire *Dewey* et ce deuxième livre, déteste qu'on lui demande « mais alors, qu'avait donc ce Dewey de si spécial ? ».

« Vicki a consacré deux cent quatre-vingt-huit pages pour tenter de l'expliquer, leur répond-il. Si je pouvais vous le résumer d'une phrase, elle se serait contentée d'écrire une carte postale. »

Mais à force d'être récurrente, cette question a fini par lui rappeler un épisode de sa jeunesse. Un épisode où il n'était pourtant pas question de chat, ni de bibliothèque, ni même d'Iowa, puisque cela s'était passé à Huntsville, sa ville natale, dans l'Alabama. Le personnage principal de cette histoire était un jeune garçon handicapé moteur et mental. Il était depuis l'école primaire le condisciple de Bret. Quand l'incident survint, l'année de leur quatrième, cela faisait donc sept ans qu'ils passaient ensemble six jours par semaine, neuf mois de l'année sur douze. Et pendant tout ce temps, le pauvre garçon, qui était trop handicapé pour parler, n'avait jamais exprimé la moindre émotion, et jamais non plus attiré l'attention sur lui de quelque manière que ce soit.

Et puis, un jour, en plein cours, il s'est mis à crier, il a renversé sa chaise, et s'emparant d'une boîte de crayons, il a commencé à les lancer violemment à travers la salle. Les autres élèves le regardaient faire, médusés. Leur professeur donna de la voix, pour ordonner au garçon de se rasseoir, de se calmer, et de ne plus perturber la classe. Mais le garçon ne se calmait pas. Le professeur s'apprêtait à l'éjecter de la pièce, quand soudain un élève nommé Tim se leva de table, enlaça le garçon, « comme s'il était authentiquement un être humain », précisait Bret, et lui dit : « Tout va bien, Kyle. Tout va bien. »

Kyle se calma aussitôt. Il cessa de s'agiter, lâcha la boîte de crayons, et se mit à pleurer doucement. Et Bret se dit : *J'aurais aimé avoir fait cela. J'aurais aimé comprendre ce dont Kyle avait besoin.*

Eh bien, c'était tout Dewey. Il semblait comprendre toutes les situations et semblait toujours savoir quoi faire. Il possédait un don exceptionnel d'empathie. Et c'était cela, notamment, qui le rendait si spécial.

Ce don, beaucoup de personnes peuvent l'avoir. Mais ce n'est pas toujours facile de l'exprimer. La plupart du temps, nous sommes si occupés par le quotidien que nous laissons passer les occasions à notre portée. Maintenant que j'y repense, Yvonne et Dewey avaient initié un premier rituel, avant celui du lavabo. Celui de l'herbe à chat. Tous les jours, Yvonne coupait de l'herbe à chat toute fraîche dans son jardin, et la déposait sur le sol de la bibliothèque. Dewey se précipitait pour la renifler. Puis il se roulait dedans, tout en la mâchonnant avec délectation.

Agenouillée à ses côtés, Yvonne riait et lui disait : « Tu aimes ça, hein, Dewey ? »

Mais un jour, Yvonne leva les yeux et s'aperçut que je la regardais. Je ne dis rien sur l'instant, mais quelques jours plus tard, je l'arrêtai dans une allée : « Yvonne, s'il vous plaît, n'apportez pas trop d'herbe à chat à Dewey. Je sais qu'il aime ça, mais ce n'est pas très bon pour lui. »

Elle ne répondit pas. Elle se contenta de baisser les yeux et de s'éloigner. Mon intention n'était pas de lui interdire totalement de donner de l'herbe à chat à Dewey. Elle aurait pu se contenter de lui en donner une fois par semaine. Mais elle n'en apporta plus jamais.

Sur le coup, je pensais avoir agi correctement, car cette herbe à chat épuisait Dewey. Elle le rendait dingue pendant vingt minutes, puis Yvonne s'en allait et Dewey disparaissait pendant des heures. Ce chat était catatonique. Ça ne semblait pas juste. Yvonne appréciait la compagnie de Dewey, mais ses autres amis n'en avaient plus l'occasion.

Rétrospectivement, j'ai conscience que j'aurais dû me montrer plus diplomate dans cette affaire. J'aurais dû notamment comprendre qu'il ne s'agissait pas seulement, pour Yvonne, d'une habitude, mais que cela constituait un moment important de sa journée. Au lieu de m'intéresser à la source de son comportement, je ne me suis focalisée que sur ses conséquences et je lui ai demandé de cesser. Au lieu d'enlacer Yvonne et de la consoler, je l'ai congédiée.

Dewey, lui, ne faisait jamais cela. En toutes sortes d'occasions, il était toujours là lorsque les gens avaient besoin de lui. Ce qu'il faisait pour Yvonne, ou pour Bill Mullenberg, il le faisait pour des dizaines de personnes, dont la plupart ne m'en ont même jamais parlé. Et il agissait avec elles exactement comme Tim s'était comporté avec Kyle, dans la classe de Bret. Bien sûr, il n'était pas capable de comprendre pourquoi telle ou telle personne n'allait pas bien, mais il sentait que quelque chose clochait, et il réagissait en conséquence. À sa manière, Dewey avait pris Yvonne dans ses bras, et lui avait murmuré *Tout va bien. Tu es avec nous. Ça va aller.*

Attention, je n'essaie pas de vous dire que Dewey a changé la vie d'Yvonne. En revanche, je suis convaincue qu'il a adouci son chagrin – mais il n'a pas réussi à le supprimer. Un mois après la disparition de Tobi, Yvonne piqua soudain un coup de sang sur sa chaîne d'assemblage, et elle fut congédiée sur-le-champ. Je sais qu'elle en voulait depuis longtemps à sa direction, mais je ne peux pas m'empêcher de penser que la mort de Tobi lui porta le coup de grâce.

Ses épreuves ne s'arrêtèrent pas là. L'année suivante, sa mère mourut d'un cancer du colon. Deux ans plus tard, Yvonne se vit diagnostiquer un cancer de l'utérus. Pendant six mois, elle fit régulièrement le trajet entre Spencer et Iowa City (six heures de route, aller et retour) pour suivre sa chimio. Quand elle parvint enfin à vaincre son cancer, ses jambes la lâchèrent. Elle était restée pendant des années debout huit heures par jour devant son poste de travail, et ses genoux n'étaient plus capables de la supporter.

Cependant, elle gardait la foi. Et elle pouvait toujours compter sur Dewey. Il survécut quinze ans à Tobi, et durant toutes ces années, Yvonne Barry se rendit fidèlement à la bibliothèque plusieurs fois par semaine, pour le voir. Si vous m'aviez posé la question à l'époque, je n'aurais rien trouvé de spécial à leur relation. Tant de gens fréquentaient la bibliothèque chaque jour, et ils étaient si nombreux à s'intéresser à Dewey ! Comment aurais-je pu opérer la différence entre ceux qui trouvaient simplement Dewey trop mignon et ceux qui avaient désespérément besoin de sa présence et de son amour ?

Après la petite cérémonie funèbre organisée pour le départ de Dewey, Yvonne me raconta ce jour où il avait sauté sur ses genoux pour la réconforter de la perte de Tobi. Quinze ans après, elle y pensait encore avec émotion. Je fus moi-même bouleversée. Jusqu'à cette confidence, j'ignorais qu'Yvonne avait eu un chat. Son histoire (le jour où je pris le temps de l'écouter) me confirma que de simples petits moments d'attention peuvent compter énormément dans une vie. Et Dewey était très fort pour cela.

Je ne m'aperçus pas immédiatement qu'Yvonne avait cessé de venir à la bibliothèque. J'avais simplement remarqué qu'après la mort de Dewey ses visites se firent moins fréquentes. Mais elle disparut finalement de notre décor comme elle y était apparue : à la manière d'une ombre, sans faire le moindre bruit.

Quand je me décidai à lui rendre visite, deux ans après la mort de Dewey, elle vivait dans une maison de rééducation, et portait un appareil orthopédique à la jambe droite. Les médecins n'étaient pas sûrs qu'elle puisse remarcher normalement un jour. Et même à supposer qu'elle y parvienne, elle n'avait plus d'endroit où aller. Son père était dans la maison de retraite du même établissement hospitalier, et la maison familiale avait été vendue. « Ne creusez pas dans ce coin du jardin, avait prévenu Yvonne à l'intention des nouveaux propriétaires, car c'est là que j'ai enterré ma petite Tobi. »

« Tobi est toujours là-bas, me dit-elle. Du moins, ce qu'il reste de son corps. »

Une Bible trônait sur sa table de chevet et quelques versets étaient encadrés aux murs. Son père, lorsque je vins la voir, se trouvait là, un frêle vieillard tassé dans un fauteuil roulant. Il n'entendait plus et ne voyait plus. Yvonne fit cependant les présentations, mais toute son attention semblait focalisée sur une petite figurine représentant un chat siamois posée non loin de son lit. C'était un cadeau de sa tante Marge, en l'honneur de Tobi. Non, elle n'avait pas de photographies de Tobi à me montrer. Sa sœur avait enfermé toutes les affaires d'Yvonne dans un garde-meubles dont elle ne possédait pas la clé.

Je lui parlai ensuite de Dewey et elle sourit. Elle me raconta le rituel du lavabo, la fête pour son anniversaire et, pour finir, cet après-midi qu'il avait passé sur ses genoux. Puis elle baissa les yeux et secoua tristement la tête.

« Je suis retournée plusieurs fois à la bibliothèque pour voir sa tombe, me dit-elle. Mais l'endroit n'était plus le même sans lui. Alors j'ai préféré ne plus revenir. Vous comprenez, je savais, avant, que Dewey était toujours là. Même s'il se cachait dans un coin, je savais qu'il était là. Mais c'est fini. À présent, la bibliothèque n'est plus qu'un bâtiment avec des livres. »

J'aurais voulu lui poser d'autres questions la concernant car elle donnait l'impression, avec toute cette solitude, de ne pas même être présente dans sa propre histoire. Mais Yvonne se renferma dans le silence, un sourire aux lèvres. Pensait-elle encore à ce moment où Dewey avait sauté sur ses genoux ? Ou à autre chose, de plus profond, qu'elle ne partagerait jamais avec quelqu'un et qu'elle serait la seule à comprendre ?

« C'était mon petit Dewey, se contenta-t-elle d'ajouter. Mon petit Dew. »

2
Sir Bob Kittens
(alias Ninja, alias M. Cuisses de Potiron)

« Je tenais à vous remercier d'avoir si bien su exprimer ce que nous ressentons chaque jour, nous tous qui aimons un chat, ou tout autre animal de compagnie. Ils font partie de notre famille. Nous les aimons comme tels et c'est pourquoi ils nous manquent autant lorsqu'ils nous quittent. »

J'ai connu beaucoup de chats dans ma vie, assez pour savoir qu'ils sont tous différents. Il y a les tendres. Il y a les survivants. Il y a ceux qui remplissent auprès de vous le rôle dont vous aviez exactement besoin – un ami, une compagnie, une distraction. Et puis, il y a les fous.

Ainsi de sir Bob Kittens, anciennement connu sous le nom de Ninja, qui vit dans un pavillon de banlieue du Michigan, avec ses maîtres, James et Barbara Lajiness, et leur fille Amanda. M. Kittens n'est pas un chat caressant. En revanche, c'est un chat original, habitué à n'en faire qu'à sa tête, et dont les actions échappent le plus souvent à la compréhension des mortels. C'est sans doute la raison pour laquelle il fut le dernier adopté de sa portée, dans le refuge animalier d'Ann Arbor, dans le Michigan. Ou alors, c'était à cause de l'écriteau suspendu à sa cage. Au-dessous de son nom, Ninja, on pouvait lire : « Ne s'entend pas avec les autres chats, ni avec les chiens ».

Quand Barbara Lajiness fit sa connaissance, ce ne fut pas le coup de foudre au premier coup d'œil, loin de là. Pourtant, il était magnifique, avec ses yeux ambrés, sa fourrure d'un orange incandescent et les plus grandes moustaches qu'elle ait jamais vues chez un chaton. En outre, il semblait intelligent. Mais il manquait apparemment d'énergie : il ne grimpait pas aux barreaux de sa cage et ne réclamait pas l'attention des visiteurs, comme les autres chatons du foyer. En fait, il ne faisait… rien. Il se contentait de rester allongé au milieu de sa cage, et c'est à peine s'il prêtait attention aux personnes qui défilaient devant.

« Il est très gentil avec les humains, assura un bénévole, en voyant que Barbara regardait Ninja.

C'est juste avec les autres animaux qu'il a des problèmes. »

Le mari de Barbara et leur fille voulaient Ninja. Ils avaient senti quelque chose de particulier derrière ce comportement léthargique. Quand Barbara le prit dans ses bras, elle le ressentit également. Il semblait posséder une énergie interne qui ne demandait qu'à s'exprimer. Cependant, après avoir reposé Ninja, elle répondit à Amanda qu'elle ne se sentait pas prête pour une nouvelle adoption. Ils avaient perdu leur chat seulement un mois plus tôt. Barbara n'osait pas le dire à sa fille, mais elle était terrifiée à l'idée de s'investir émotionnellement avec un autre chat, qui finirait lui aussi par mourir dans ses bras.

Mais Ninja était si beau, son poil si soyeux ! Et son mari et sa fille insistaient tellement ! De plus, chaque fois qu'elle revenait au refuge animalier – ce dont elle ne pouvait pas s'empêcher –, Barbara voyait bien que Ninja ne serait jamais adopté. En tout cas pas avec cet écriteau apposé sur sa cage. « Ce n'était pas un petit amour ronronnant, se souvient Barbara. Mais il n'en méritait pas moins d'avoir un foyer. Et c'était triste de voir que personne n'avait de place à lui accorder dans sa vie. » Barbara avait toujours été émue par les animaux en détresse, et ce chaton avait manifestement besoin d'être sauvé. Or elle pouvait se charger de lui donner l'amour qu'il réclamait. Et, grâce à l'éducation reçue par sa mère, Barbara Lajiness ne s'était jamais détournée de quelqu'un dans le besoin.

« Pourquoi l'avez-vous appelé Ninja ? demanda-t-elle au bénévole, tandis qu'elle remplissait les papiers d'adoption.

– Ne vous inquiétez pas, lui répondit celui-ci. Vous le comprendrez bientôt ».

Les parents de Barbara avaient divorcé en 1976. Elle n'avait que huit ans, alors, et cependant elle avait vu venir leur séparation. Le quotidien, à la maison, était très tendu. Sa mère ne se consacrait qu'à sa famille. Son père, au contraire, voulait s'amuser : sortir boire avec ses amis, jusque tard dans la nuit, sans se soucier des enfants, et voyager. Chaque fois qu'il rentrait chez lui, la frustration le saisissait. Barbara avait deux frères plus âgés – ils étaient tous deux adolescents –, mais ils n'appréciaient pas plus qu'elle les absences ou les colères de leur père. Pendant un certain temps, tout le monde cria sur tout le monde. Puis plus personne ne parla à personne. Barbara n'avait plus pour compagnie que la chatte de la famille, Samantha. Quand ses deux frères lui annoncèrent que leur père avait finalement claqué la porte du domicile conjugal, elle fut d'abord soulagée. « Tant mieux, se dit-elle. La maison sera plus calme. » Quelle triste pensée pour une fille de huit ans !

Mais elle ne tarda pas à découvrir que l'absence définitive de leur père aggrava encore la situation – ne serait-ce que d'un point de vue financier. Du jour au lendemain, ou presque, la famille dégringola du confort des classes moyennes pour tomber dans la pauvreté. Son père avait un bon poste chez Michigan Bell, la compagnie locale de téléphone. Avant leur mariage, sa mère avait également travaillé pour Michigan Bell, comme opératrice. Elle avait démissionné, pour élever ses enfants. Dix-huit ans plus tard, elle s'aperçut qu'une femme dans la quarantaine et sans diplômes avait peu de chances de retrouver un emploi. En fait, il n'y avait rien pour elle là où ils habitaient. Tout ce qu'Evelyn Lambert put dégoter, ce fut un job de cuisinière dans une maison de retraite. Elle était chargée de préparer le petit déjeuner, et elle prenait son service tous les jours à trois heures du matin. Tout en étant payée au salaire minimum.

En outre, à l'époque – en 1976, donc –, il n'était pas jugé convenable à Fenton, leur petite localité du Michigan, à une trentaine de kilomètres de Flint, qu'une mère travaille. Et à Fenton, les femmes ne divorçaient pas : elles restaient au foyer et elles n'abandonnaient pas leurs enfants pendant plusieurs heures. Personne ne voulut s'intéresser au sort d'Evelyn Lambert – de peur, sans doute, d'une possible contagion. Quelques voisins la prirent tout de même en pitié, mais c'était pire encore : la mère de Barbara ne pouvait pas le supporter. Quant aux autres, ils lui tournèrent le dos. Barbara devint un sujet de moquerie à son école. Apparemment, tout le monde était au courant de son histoire. Ses petites camarades ne furent plus autorisées à venir jouer chez elle, puisqu'il n'y avait plus personne pour les surveiller. En l'espace de quelques semaines, Barbara réalisa que son statut social était tombé aussi bas que les finances familiales.

Finalement, une voisine les sortit du pétrin. Elle s'appelait Mme Merce et elle vivait à quelques maisons des Lambert, sur le trottoir d'en face. Mme Merce avait monté, avec quelques autres femmes de la ville, une association baptisée Adoptez un animal de compagnie. À cette époque, le refuge local ne servait que d'hébergement temporaire. Ils ne gardaient les animaux qu'un jour ou deux, avant de les piquer. Chaque année, ils en tuaient ainsi des centaines, et ni Mme Merce ni ses amies ne trouvaient cela digne d'un pays civilisé. Adoptez un animal se chargeait donc de récupérer les animaux et de les garder aussi longtemps qu'ils n'auraient pas trouvé de foyer. De nos jours, cette pratique est devenue monnaie courante dans le monde entier, mais trente ans en arrière, il était presque inconcevable d'héberger ainsi des animaux pour une durée indéterminée – et c'était encore plus inconcevable dans le Michigan. Les chats ou les chiens n'étaient que des bêtes, et les bêtes n'avaient aucune valeur. C'était un peu comme des jouets, sauf qu'ils pouvaient mourir, ou s'enfuir, mais qu'il était facile de les remplacer. Adopter un animal venait donc bousculer les habitudes de toute une communauté.

Quand Mme Merce demanda à Evelyn si elle voulait bien servir de famille d'accueil, la mère de Barbara répondit oui sans hésiter. Pourquoi ? Barbara hésita longuement, avant de me répondre : « Je suppose que maman avait juste très envie d'aider des animaux. » Et en effet, il ne faut sans doute pas chercher plus loin. Evelyn Lambert avait toujours manifesté de l'empathie pour tous les êtres vivants. Au point qu'elle se refusait à employer des herbicides, si bien que sa pelouse était dévorée de mauvaises herbes. Elle n'utilisait pas non plus d'insecticides. Evelyn croyait à la sacralité de toute forme de vie. Les insectes y compris. C'était la compassion personnifiée.

En outre, elle était seule. Malheureuse dans son nouvel emploi. Encore choquée par la désertion de son mari et le rejet du voisinage. Probablement devait-elle se réjouir à l'idée de faire un coup d'éclat en ralliant une cause que son mari n'aurait jamais partagée avec elle, et que le quartier ne pourrait pas comprendre. De fait, ce qui avait commencé comme un simple acquiescement à la demande de l'association se transforma rapidement en « cause ». Et ce furent bientôt une dizaine de chats, de tous âges, races et couleur de pelage, qui se retrouvèrent à vivre sous le toit des Lambert.

Pourtant, l'époque n'était pas idéale. L'argent manquait cruellement. La mère de Barbara coupait le lait avec de l'eau, pour faire durer chaque bouteille plus longtemps, et elle établissait tous les dimanches la liste de ce que ses enfants seraient autorisés à manger dans la semaine, pendant qu'elle travaillerait. Barbara et son frère Scott devaient ainsi se partager la même bouteille de soda, et c'étaient toujours des bagarres sans fin pour dénoncer celui qui avait bu plus que sa part. Parfois, les vivres s'épuisaient avant la fin de la semaine, et il ne restait plus rien pour le dîner du vendredi [1].

Barbara prit la responsabilité de diriger la maisonnée. Davantage par besoin de s'occuper que par vocation. Quelques semaines après le divorce de ses parents, ses voisins lui offrirent de partir avec eux camper quelques jours. Mais ils avaient à peine atteint le bout de la rue, que Barbara pleurait déjà pour qu'on la ramène chez elle. Elle était terrorisée à l'idée que, si elle s'absentait, sa mère puisse avoir disparu à son retour. Elle compensa cette peur panique de l'abandon par un déluge d'activités. Elle nourrissait les chats, vidait leur litière et nettoyait leurs bêtises. Elle cuisinait les repas au micro-ondes, et lavait la vaisselle. Chaque soir, avant d'aller au lit, elle s'assurait que tout était propre et à sa place, pour que sa mère n'ait pas à se soucier de quoi que ce soit quand elle rentrerait de son travail. S'il neigeait, elle enfilait sa doudoune et sortait balayer l'allée afin que sa mère puisse se garer facilement. Elle n'avait que neuf ans, mais elle travaillait dur, à l'image de sa mère, pour que leur petit monde tienne bon et ne les entraîne pas encore plus bas.

Ils n'avaient pas les moyens de s'offrir beaucoup de cadeaux, même pour Noël. La première année après le départ de leur père, ils attendirent le jour du réveillon pour acheter un sapin, parce que c'est

1. En Amérique du Nord, un grand nombre de salariés, et notamment dans les emplois non qualifiés, sont payés à la semaine ou à la quinzaine.

au dernier moment qu'ils sont le moins cher. Sur le chemin du retour, Barbara et son frère Scott, qui avait six ans de plus qu'elle (l'autre garçon, Mark, avait dix-huit ans et faisait déjà plus ou moins sa vie à l'extérieur), commencèrent à se chamailler sur la banquette arrière de la voiture. Alors qu'ils approchaient de la maison, leur mère se retourna pour leur demander de cesser.

Ils continuèrent.

« Ça suffit, maintenant ! leur cria Evelyn. Vous arrêtez. Et tout de suite ! »

Les deux enfants se figèrent, surpris par l'éclat de leur mère. Ils étaient arrivés. L'espace de quelques secondes, on n'entendit plus rien que le bruit du vent qui soulevait la neige tombant à gros flocons. Puis un petit miaulement parvint à leurs oreilles.

Evelyn Lambert sortit aussitôt du véhicule et chercha partout dans la neige. Sa réputation de « folle aux chats » était déjà bien établie dans toute la ville, et dès que quelqu'un voulait se débarrasser d'un animal, il venait le déposer devant la porte des Lambert. Si c'était un chien, Evelyn et ses enfants le portaient au local de l'association. Si c'était un chat, la plupart du temps ils le gardaient.

Ce jour-là, c'est Scott qui trouva l'animal. Le pauvre petit chaton frigorifié frissonnait dans la neige. Barbara se souvient encore, comme si c'était hier, du spectacle de son frère, éclairé par les phares de la voiture et prenant dans ses bras un chaton noir tout tremblotant, qu'il enfouit dans un repli de son blouson.

Barbara, émue, prit le chaton à Scott et le serra contre elle. « Il sent le Hamburger Helper », dit-elle[1].

Et elle sourit. Elle n'espérait aucun cadeau pour Noël, mais le destin – plutôt que la cruauté ou l'indifférence des hommes – lui en offrait un tombé du ciel.

Elle baptisa le chaton Smoky. Bien que la maison fût déjà envahie par les chats, Smoky était différent. Quand Barbara l'avait pris dans ses bras, ce soir-là, Smoky avait frotté son museau contre sa joue. C'est alors qu'elle avait compris qu'il serait à elle. Pour toujours. Sa mère aimait l'appeler le Spaghetti noir, parce qu'il était aussi mou qu'une nouille en présence de sa fille. Smoky aimait tellement Barbara qu'il lui laissait tout lui faire. Elle pouvait l'habiller avec des vêtements de poupée, ou le promener dans un landau comme un nouveau-né. Il s'abandonnait totalement à elle. Et tandis que les autres chats de la maisonnée dormaient au rez-de-chaussée – ou au sous-sol, les mois les plus chauds –, Smoky passait toutes ses nuits avec Barbara.

Elle aimait aussi les autres chats, bien sûr. Mais Smoky était son ami et son confident. Comme elle ne voulait pas ennuyer sa mère, qui avait déjà bien assez de soucis comme cela, elle racontait ses problèmes à Smoky. Ils pouvaient passer ainsi des heures, enfermés tous les deux dans la chambre de Barbara. « Je me sens très triste, aujourd'hui », lui

1. Célèbre marque de plats instantanés, le plus souvent à base de pâtes.

confiait-elle. Ou « Je suis si seule ! J'ai peur de l'avenir. » Quand sa mère la grondait pour avoir renversé de l'eau sur le carrelage en faisant la vaisselle, Smoky, lui au moins, savait qu'elle ne l'avait pas fait exprès. Quand elle revenait de voir son père – ces visites la démoralisaient, car il s'était trouvé une petite amie, et il vivait maintenant la belle vie dans une banlieue chic de Detroit –, Smoky se lovait à ses côtés, et ronronnait, ronronnait, ronronnait. Il la laissait lui caresser le crâne et jouer avec ses pattes. Barbara ne connaissait rien de plus relaxant que de voir ses petites griffes sortir, puis se rétracter, ressortir et se rétracter à nouveau, sans fin, pendant que Smoky la regardait en ronronnant.

Il fut à ses côtés quand – elle avait dix ans – son père leur annonça la grande nouvelle. Un weekend, il emmena Barbara et Scott au cinéma, une distraction que leur mère ne pouvait pas leur offrir. Tandis qu'ils s'installaient dans leurs fauteuils, il se tourna vers Barbara et dit :

« Je me suis marié.

– Non, répondit Barbara. Tu n'as pas fait cela.

– Si. Le mois dernier. »

Barbara pleura pendant tout le film. Mais elle n'aurait pas su expliquer pourquoi elle était si bouleversée. Son père s'était remarié. Bon, et après ? Ce qui était fait était fait. De toute façon, elle savait depuis longtemps qu'il ne reviendrait jamais.

Elle n'en parla pas à Smoky. En rentrant, elle se contenta de s'allonger près de lui et de pleurer. Il se nicha tout contre elle et ronronna.

C'était dur aussi pour sa mère. Elle voyait son ex-mari s'amuser et vivre confortablement, offrir occasionnellement à ses enfants (très occasionnellement, tenait à préciser Barbara) des choses qu'elle n'avait pas les moyens de leur acheter, et connaître le bonheur avec quelqu'un d'autre. L'économie, à la fin des années 1970, n'était pas brillante en Amérique. Mais autour de Flint, c'était carrément la catastrophe. Les emplois disparaissaient, les maisons abandonnées brûlaient et le taux de chômage dépassait les 20 %. Tout le quartier des Lambert fut affecté quand General Motors ferma plusieurs chaînes d'assemblage. Un jour que la famille s'était accordé une (rare) sortie au centre commercial, on leur vola leur roue de secours. Les gens étaient si désespérés qu'ils en arrivaient à ces extrémités. Malgré ce contexte difficile, la mère de Barbara tenait bon : tout en travaillant à plein temps et en élevant ses trois enfants, elle reprit des cours pour décrocher un diplôme en nutrition. Elle ambitionnait de diriger une cuisine de collectivité au lieu d'y être une simple exécutante. Mais ses rêves d'ascension sociale étaient contrecarrés par une compétition acharnée pour décrocher le moindre emploi et par la fermeture de plusieurs maisons de santé.

La mère de Barbara n'avait pas beaucoup de sympathie pour les ouvriers de l'automobile. À son travail, elle était payée 3,35 dollars de l'heure, avec des horaires impossibles et l'obligation de travailler certains week-ends. Les employés de General Motors étaient payés cinq fois plus de l'heure, sans parler des assurances sociales et de l'intéressement aux profits dont ils bénéficiaient. En outre, la ville bruissait de rumeurs sur des ouvriers à la chaîne qui venaient pointer le matin, quittaient aussitôt l'usine pour partir à la chasse, et rentraient juste à temps pour le pointage du soir. On parlait aussi de bouteilles de vodka vides retrouvées dans les véhicules en fin d'assemblage. Chaque fois qu'ils se mettaient en grève, la moitié de la ville s'insurgeait contre eux, sur le thème « Mais de quoi se plaignent-ils ? »

« Je prendrais votre place dans la seconde, assura un jour Evelyn Lambert à l'un de ces ouvriers. Je la prendrais même pour la moitié du salaire. »

Mais on ne pouvait pas se faire embaucher dans la Boutique (comme les ouvriers appelaient General Motors) sans se faire coopter. Il fallait déjà connaître quelqu'un au sein de la Boutique qui pouvait vous recommander. Evelyn Lambert n'avait pas cette chance. Elle continua donc de travailler en cuisine, pour 3,35 dollars de l'heure. Mais ses horaires étaient si souvent à rallonge, qu'il pouvait s'écouler des semaines entières sans que Barbara voie sa mère. Et ses jours de congé, Evelyn partait marcher dans les environs. Barbara en déduisait que sa mère tentait d'échapper, même temporairement, à ses frustrations. Rétrospectivement, elle se souvient que sa mère revenait toujours de ses promenades avec des brassées de bois, et un sac rempli de bouteilles de soda. Le bois était destiné à chauffer la maison en hiver. Et chaque bouteille de soda se monnayait dix cents au centre de recyclage. Avec cet argent, plus celui des coupons de réduction qu'elle récoltait à droite et à gauche, Evelyn réussissait à garder les comptes de la famille à flot. Et tout le monde avait de quoi manger.

Y compris la douzaine de chats qui vivaient en permanence avec eux. Nourrir autant d'animaux est très coûteux, surtout quand vous bataillez après le moindre centime, mais la mère de Barbara refusait de sacrifier leur bien-être, et elle ne consentait à les laisser partir que lorsqu'ils avaient trouvé un foyer d'adoption. Il aurait été naïf de ne pas voir qu'Evelyn Lambert avait besoin de ces chats pour donner un sens à sa vie. Même Barbara, malgré son jeune âge, était capable de le comprendre. Mais elle savait aussi que sa mère aimait sincèrement les chats. Et que l'amour qu'ils lui rendaient l'apaisait. L'un de ses meilleurs souvenirs, c'est lorsque sa mère s'accordait un peu de temps pour souffler et qu'elle s'asseyait dans son fauteuil, avec le gros Harry couché sur ses genoux. Harry ronronnait constamment, et avec bruit, si bien que tout le monde l'appelait l'Heureux, car ce ronronnement résonnait comme une explosion permanente de bonheur.

Harry était le chat préféré de sa mère. C'était un gros matou qui cherchait toujours les câlins. Avec un caractère aussi affectueux, on aurait pu penser qu'il aurait trouvé facilement à se faire adopter. Ce qui fut d'ailleurs le cas. Mais ses nouveaux propriétaires le rapportèrent au bout de deux semaines. Quand cela arrivait, il y avait toujours une excuse derrière : il abîme notre canapé, il a griffé notre fils ou, tout simplement, il n'est pas comme nous le pensions. Barbara a oublié le motif concernant Harry. Tout ce dont elle se souvient, c'est qu'ils le récupérèrent.

Evelyn laissait ses chats déambuler librement aussi bien à l'intérieur qu'à l'extérieur de la maison. Mais un jour, l'une de ses pensionnaires, Rosie, avala de la mort aux rats répandue par un voisin. Evelyn se dépêcha de conduire Rosie chez le vétérinaire, mais c'était déjà trop tard, et il fallut la piquer. Quelques semaines plus tard, Harry fut renversé par une camionnette. Ce nouveau drame décida Evelyn à interdire à ses chats de sortir de la maison.

Fort heureusement, Harry survécut à son accident. Il s'en sortit avec les hanches brisées, ce qui l'obligea à claudiquer le restant de sa vie. Et, quand il se couchait sur les genoux d'Evelyn, ses pattes de derrière pendaient dans le vide d'un air bizarre. Mais sa blessure ne l'empêcha pas de continuer à ronronner aussi fort qu'avant.

Scott, le frère de Barbara, avait aussi son chat préféré. C'était une petite chatte grise, nommée Gracie, moitié plus petite que l'Heureux Harry. Elle avait été abandonnée par son premier maître parce qu'elle était incontinente et qu'elle n'arrivait pas toujours à gagner sa litière à temps. Le vétérinaire pensait qu'elle avait des problèmes digestifs, mais il ne lui trouva aucune autre pathologie. Une chatte incontinente aurait pu poser des problèmes dans une maison remplie de chats, mais Scott et Barbara auraient fait n'importe quoi pour leur mère. Outre qu'ils aimaient ces chats, ils étaient fiers d'Evelyn Lambert. Ils admiraient son dévouement et son sens du sacrifice. Peut-être ressentaient-ils aussi un peu de pitié. Quoi qu'il en soit, Barbara défendait toujours leur mère. Si quelqu'un la traitait de folle, elle répondait : « Si elle ne le faisait pas, qui d'autre le ferait ? Dites-moi un peu ? Qui viendrait au secours de ces malheureux chats ? »

Pas une seule fois, même adolescente, Barbara ne songea « s'il n'y avait pas tous ces chats, je pourrais avoir plus de choses ». Quand elle eut treize ans, elle s'enrôla comme bénévole dans une clinique vétérinaire. Les Lambert n'avaient pas les moyens de payer des soins pour tous leurs animaux, mais grâce à ce bénévolat, Barbara pouvait obtenir des urgences gratuites en cas de nécessité.

Comme Evelyn Lambert n'avait aucun espoir de caser Gracie, ce fut Scott qui l'adopta. Il couvrit le plancher et les murs du vestibule de papier journal, installa une litière, une gamelle et une chaise. Il pouvait rester des heures assis avec Gracie dans le vestibule ; il y faisait même ses devoirs. Dès que Gracie avait un « accident », il jetait le papier journal mouillé, et le remplaçait. À ses yeux, ce n'était pas une corvée. D'ailleurs, personne ne lui avait demandé de faire cela. C'était juste qu'il adorait cette petite chatte.

Mais Gracie était malade. Faute d'un diagnostic sérieux, elle ne vécut pas longtemps et mourut un soir glacial de février. Malgré le temps peu clément, Scott était décidé à l'enterrer. Il passa la matinée du lendemain dans le froid et le vent à creuser la terre en pleurant. Mais le sol était si profondément gelé que, dans un moment de frustration, il leva sa pelle bien haut, puis l'abattit de toutes ses forces dans la misérable crevasse qu'il venait d'ouvrir… et il trancha net le fil qui reliait la télévision à l'antenne.

Au même moment, le téléphone sonna. C'était Adoptez un animal de compagnie. Quelqu'un avait jeté une petite chatte dans la poubelle de la pizzeria locale. La malheureuse était aux urgences car le bout de ses oreilles et la moitié de sa queue avaient gelé. Il avait fallu l'amputer, mais le vétérinaire assurait qu'elle survivrait. L'opération était payée, mais l'association n'avait pas les moyens de laisser l'animal à la clinique une fois qu'elle se serait réveillée. La mère de Barbara n'hésita pas un seul instant. « Nous la prenons », répondit-elle.

Cette chatte non plus ne fut jamais adoptée. Elle s'appelait Ambre, et elle vécut pendant neuf ans chez la mère de Barbara. Elle était toute maigre, avec deux petits bouts d'oreille et une amorce de queue, mais tous ceux qui connaissaient Ambre l'adoraient. Malgré la cruauté qui l'avait fait atterrir dans la poubelle de la pizzeria, elle aimait toujours les humains. Elle sautait sur n'importe quelle paire de genoux, et ronronnait, ronronnait, ronronnait. C'était une reine, à sa manière. Pour autant que Barbara se souvienne, de la douzaine de chats qui peuplaient leur maison, Ambre mangeait toujours la première, buvait la première, et faisait tout ce qu'elle voulait la première. C'était la patronne, et elle avait trop de respect pour la mère de Barbara pour laisser les autres chats mal se conduire. La maison disposait d'un sous-sol, où les chats étaient enfermés chaque fois qu'on procédait au grand nettoyage des pièces à vivre. Ambre s'assurait qu'aucun n'échappait aux ordres. Puis elle les envoyait, un par un, remonter l'escalier. Et quand elle gagnait à son tour la porte, en miaulant, c'était le signal que le ménage était terminé. Quand la reine parlait, même Evelyn écoutait.

Ainsi, il y avait Harry pour Evelyn, Gracie pour Scott, Ambre pour tout le monde et Smoky pour Barbara. À eux tous, les Lambert et leurs chats formaient une famille. Une mère courageuse, deux enfants méritants, trois chats à demeure – Smoky, Harry et Ambre – et une cohorte de pensionnaires temporaires. Ce n'était peut-être pas une famille traditionnelle, mais elle débordait d'amour, une denrée rare. Il y eut bien sûr des moments difficiles, surtout quand les enfants grandirent. Pendant sa dernière année de lycée, Barbara supportait de moins en moins de voir sa mère rentrer exténuée à la maison, et toujours se plaindre de son travail. Elle ne comprenait pas pourquoi Evelyn ne se trouvait pas un meilleur emploi, mieux payé.

Au sortir du lycée, Barbara s'inscrivit à l'université et partit habiter Flint. Elle resta un mois sans parler à sa mère. Mais elle ne tarda pas à découvrir les dures réalités de la vie, et son ancienne existence, dans la maison familiale, lui manquait déjà. Comme lui manquaient les caresses de Smoky, les ronronnements de Harry et les tendres miaulements d'Ambre. Mais, par-dessus tout, elle s'inquiétait pour sa mère, envers laquelle elle se sentait des obligations. Barbara ne se souvenait pas d'un seul jour où elle aurait pu dire que son père l'aimait. Et il était parti. Tandis que sa mère était restée. Et qu'elle avait aimée sa fille chaque minute de son existence.

Les années passèrent. Evelyn perdit Harry, puis Ambre. La notion de « famille d'accueil pour animaux » était devenue si populaire, et les candidats si nombreux, qu'Adoptez un animal de compagnie n'avait plus autant besoin des services d'Evelyn Lambert. Smoky vieillissait, lui aussi. Un jour qu'elle était en visite chez sa mère, Barbara s'aperçut que les poils entourant son museau avaient tous blanchi. Elle le serra très fort dans ses bras, en retenant ses larmes. Et elle profita au mieux des derniers moments qu'elle put encore partager avec lui, jusqu'à ce qu'il soit enterré à son tour sous le gros pommier du jardin, avec les autres chats qui n'avaient pas trouvé d'amour en dehors du foyer des Lambert.

Mais le destin ne fut jamais généreux avec Evelyn Lambert. Quand Barbara se maria, quelques années plus tard, et qu'elle s'installa à Ann Arbor, sa mère travaillait toujours comme cuisinière. Sa voiture ayant rendu l'âme, et comme elle n'avait pas les moyens d'en acheter une autre, elle se rendait désormais à son travail à pied. Et elle rentrait aussi à pied chez elle. Chaque samedi, Barbara revenait lui faire ses courses. La vie, pour Evelyn, demeurait un combat. Depuis son divorce, elle avait dû lutter chaque jour afin de survivre.

Quand sa mère prit sa retraite, à soixante-cinq ans, Barbara l'installa dans un petit appartement, à quelques centaines de mètres de sa maison d'Ann Arbor. Il ne lui restait plus qu'une seule chatte, Bonkers, qu'un voisin avait abandonnée quelques années plus tôt. Bonkers était une chatte paisible, qui passait le plus clair de son temps à lézarder au soleil.

Malheureusement, la résidence où logeait désormais Evelyn n'acceptait pas les animaux. Barbara et son mari, James, prirent donc Bonkers, si bien qu'Evelyn Lambert se retrouva vraiment seule pour la première fois de sa vie. Elle venait chaque jour rendre visite à Barbara, mais celle-ci avait compris que ce n'était pas seulement pour la voir. Evelyn avait besoin de passer un peu de temps avec Bonkers. Elle s'asseyait sur le porche, ou dans l'un des fauteuils du salon, elle installait Bonkers sur ses genoux, et elle la caressait en contemplant sa fourrure, comme si elle regardait dans le passé. Elle répéta plusieurs fois à sa fille : « Je suis malade, ma chérie. Je suis malade. » Mais Barbara s'imaginait que ce n'était que de la dépression. Evelyn avait la nostalgie de sa maison, de son jardin transformé en cimetière félin, et de tous les souvenirs attachés à cette demeure. Que pouvait-elle espérer de l'avenir ? Evelyn Lambert avait quitté une maison débordant d'amour – même s'il fallait se battre afin de subsister – pour un petit appartement dans une ville inconnue, où on ne l'autorisait même pas à garder son dernier chat.

« Non, tu ne comprends pas, insistait-elle. Je ne me sens pas dans mon assiette. »

Barbara espérait qu'avec le temps, sa mère s'adapterait à sa nouvelle existence. Elle s'en était toujours sortie jusque-là. Mais un matin, sa mère lui téléphona pour lui annoncer : « Je suis à bout, ma chérie. La mort m'a rejointe dans l'appartement. »

Barbara se rua chez elle. Sa mère n'avait pas dormi de la nuit et elle souffrait beaucoup. « Pourquoi ne m'as-tu pas appelée plus tôt ? lui demanda Barbara en la conduisant aux urgences. Pourquoi ne m'as-tu pas appelée dans la nuit ? »

– Je ne voulais pas te réveiller. »

C'était un cancer du sein. Evelyn l'avait depuis des années, mais comme il n'avait jamais été soigné, les métastases s'étaient déjà répandues dans tout le corps. Il n'y avait plus rien à faire, sinon alléger ses souffrances, dont Barbara réalisait tout à coup qu'elles avaient été bien réelles. Le médecin lui donna des calmants et la renvoya chez elle. Mais le cancer était si envahissant que, moins d'un mois plus tard, elle était déjà de retour à l'hôpital.

« Comment va Bonkers ? » demanda-t-elle à Barbara, d'une toute petite voix. Elle était devenue si faible qu'elle pouvait à peine parler.

« Bonkers est en pleine forme », mentit Barbara en ravalant ses larmes. En fait, Bonkers avait disparu. Barbara avait passé la soirée précédente à la chercher dans le voisinage, en vain.

Evelyn hocha la tête, sourit faiblement et ferma les yeux. « Bonkers », murmura-t-elle, dans un souffle. Le lendemain, elle fut placée sous respirateur artificiel. Elle avait souvent répété à Barbara qu'elle ne voulait pas survivre à tout prix, avec l'aide d'une machine. Mais elle n'était plus en état de donner son consentement ou non, et elle n'avait laissé aucune trace écrite de ses intentions. Après un échange orageux, qui épuisa Barbara, les médecins consentirent enfin à débrancher le respirateur artificiel. La morphine aiderait Evelyn à ne pas souffrir, mais elle ne prolongerait pas son terme. Il ne lui restait plus que quelques jours à vivre. Barbara s'installa à son chevet, et regarda sa mère sombrer lentement dans la mort.

Cette nuit-là, Barbara Lajiness fit un rêve. Sa mère et Bonkers se tenaient côte à côte et lui adressaient des signes, depuis l'horizon. Elles se trouvaient dans un endroit indéfini, mais sa mère articulait ces mots : *Tout va bien, ne t'inquiète pas. Tout va bien.*

Le matin, au réveil, Barbara ouvrit sa porte pour récupérer le journal et elle en profita pour jeter un coup d'œil aux alentours. C'est alors qu'elle aperçut Bonkers, couchée sous un camion qui ne bougeait jamais de son stationnement. Barbara comprit aussitôt que Bonkers avait quitté la maison pour mourir et qu'elle était partie paisiblement, dans son sommeil. Elle resta un moment sur son porche, sa tasse de café fumant à la main, à contempler la silhouette endormie de Bonkers.

Puis elle appela James. Ils enterrèrent Bonkers dans le jardin, sous un lilas que la mère de Barbara avait aidé à repartir en le traitant avec un mélange d'engrais et de coquilles d'œufs.

Le lendemain, Evelyn Lambert rendit l'âme. Elle n'avait que soixante-six ans.

Ce n'était pas facile, pour Barbara Lajiness, de parler de sa mère. Même huit ans après son décès, avec un mari qui l'aimait, une merveilleuse fillette et la compagnie hilarante de Ninja, désormais appelé Sir Bob Kittens, elle devait s'arrêter pratiquement à chaque phrase, pour essuyer ses larmes.

« Je l'admire, disait-elle. Je pourrais critiquer bien des aspects de sa vie, mais ce qu'elle a fait – tout donner aux autres, y compris à des chats – est tout simplement admirable. Quoi qu'on puisse dire de ses choix, elle avait beaucoup d'amour à revendre.

– Peut-être trop ?

– C'est ce que j'ai parfois pensé, mais au fond, croyez-vous vraiment qu'on puisse avoir trop d'amour à revendre ? Ma mère aimait toutes les créatures vivantes. Je me souviens que, quand j'étais petite, la municipalité avait décidé d'éradiquer les moustiques, et tous les soirs, des camionnettes avec des gyrophares orange aspergeaient un produit censé tuer les moustiques. Au bout de quelques semaines, ma mère me demanda : « Entends-tu quelque chose ? » Je répondis : « Non, je n'entends rien. » Elle m'expliqua que le produit ne tuait pas seulement les moustiques, mais aussi toutes sortes d'insectes. « Et voilà pourquoi tu n'entends plus les oiseaux chanter », conclut-elle ».

Barbara marqua une pause, le temps de se reprendre, avant d'ajouter :

« En fait, ma mère était très intelligente. »

Plus de deux ans après la disparition de sa mère et de Bonkers, Barbara n'avait toujours pas pu se résoudre à adopter un autre chat. Son mariage tenait bon, sa fille était formidable, son travail lui plaisait et elle habitait une belle maison. Le genre de choses simples, qui suffisent au bonheur quotidien, mais que vous n'apprenez vraiment à chérir que lorsque vous risquez de les perdre. La famille possédait en outre des poissons rouges, quelques hamsters et une tortue. Mais ils n'avaient pas de chat. Barbara n'en voulait plus, car elle ne voulait pas risquer de le perdre un jour et de renouer avec le chagrin. Sauf que sa fille, Amanda, neuf ans, désirait ardemment un chat. Et comment une mère pourrait-elle refuser pareille demande à sa fille ?

Voilà pourquoi ils adoptèrent un petit chaton baptisé Max. C'était un amour de chat, qui avait la drôle d'habitude de dormir sur le dessus du réfrigérateur, avec sa queue qui pendouillait sur le côté. Mais Max mourut deux ans plus tard. Alors qu'il traversait la cuisine, il s'écroula subitement, et se mit à trembler de tous ses membres. Barbara, qui assistait à la scène, paniqua. Max était si jeune, si plein de santé, et voilà qu'il agonisait sous ses yeux ! Tandis que James appelait le vétérinaire, Barbara voulut porter secours à Max. Son pouls battait très vite. Ne sachant quoi faire, Barbara appela Amanda.

Sa fille la rejoignit dans la cuisine. Max tremblait toujours, et à présent il saignait de la bouche. Amanda se mit à crier et à pleurer. Pour une fillette de onze ans, le choc était immense. Mais quand James et Barbara revinrent à la maison une heure plus tard, pour annoncer que Max était mort, Amanda se précipita vers sa mère.

« Merci, maman, lui dit-elle. J'ai eu le temps de dire au revoir à Max pendant qu'il vivait encore. » Barbara réalisa, ce jour-là, que sa fille était plus solide qu'elle ne l'imaginait.

Après trois visites au refuge animalier, Barbara se décida à adopter Ninja. Elle ne se sentait toujours pas prête à remplacer Max, mais son mari et sa fille réclamaient une petite boule de fourrure pour leur tenir compagnie. « Je peux bien faire cela pour James et Amanda, se disait-elle. À condition de ne pas trop m'investir. Je n'aurai qu'à traiter Ninja comme la plupart des gens traitent leur chat : comme un animal qui partage leur espace.

Son mari, James, s'était entiché de Ninja. Tous les matins, il le berçait dans leur cuisine comme un vrai bébé. Mais Barbara se refusait encore à le dorloter. « Non, répondait-elle à James quand il lui proposait de prendre Ninja dans ses bras. Je l'aime bien, mais je ne veux pas créer de lien affectif avec lui. »

Trois mois après son adoption, Ninja tomba malade. Barbara le conduisit aussitôt chez le vétérinaire et, pendant que le médecin l'examinait, elle se surprit à fondre en larmes.

« J'ai perdu un chat il n'y a pas longtemps, expliqua-t-elle au vétérinaire, entre deux sanglots. Je ne voudrais pas perdre aussi celui-là. Faites tout ce que vous pourrez pour lui.

Le vétérinaire posa une main sur son épaule.

« Ne vous inquiétez pas. Il a juste pris froid. »

Un jour qu'elle rentrait chez elle, Barbara découvrit pourquoi Ninja avait été baptisé ainsi. Ouvrant sa porte, elle l'aperçut embusqué dans un coin du vestibule. Surpris par son arrivée, le chaton se dressa sur ses pattes de derrière, puis il commença d'avancer vers elle en faisant des petits bonds de côté, en même temps qu'il agitait ses pattes de devant avec des sortes de mouvements de karaté. Barbara n'avait encore jamais vu un tel spectacle. Mais ce n'était pas un accident. En fait, Ninja réagissait toujours ainsi chaque fois qu'il était surpris, ou qu'il avait peur, ou qu'il était excité. Les tirades mélodramatiques d'Amanda – elle entrait en pleine adolescence – avaient ainsi le don de le mettre en transe. Chaque fois qu'Amanda commençait à donner de la voix, Barbara ne pouvait pas s'empêcher de murmurer « Oh, mon Dieu, Ninja ». Ça ne manquait jamais d'arriver : son chat se dressait sur ses pattes arrière, et se livrait à son numéro de danse fantasque.

Ninja n'avait rien d'agressif, cependant. Il n'était pas non plus méchant. Juste un peu bizarre. Et Barbara, qui finalement ne put pas s'empêcher de tomber amoureuse de lui, jugea bientôt que son nom ne convenait pas. Certes, il paraissait approprié, mais ce n'était pas une raison pour le garder :

après tout, c'était le nom qu'on lui avait choisi au refuge – la prison.

Barbara commença alors à réfléchir à un autre nom. Un soir, tandis qu'elle regardait avec Amanda un documentaire sur les lynx, elles réalisèrent que la tête de Ninja ressemblait étrangement à celle d'un lynx.

« Mais on ne peut pas l'appeler Lynx, plaida Amanda. Il est trop petit. »

Elle proposa Bob Kitten. Ce n'était pas mal trouvé. Mais pas assez élégant aux yeux d'Amanda, qui l'anoblit en sir Bob Kittens [1].

À sa visite suivante chez le vétérinaire, Barbara annonça à la secrétaire que Ninja avait changé de nom, et qu'il s'appelait maintenant sir Bob Kittens. C'était désormais officiel, et porté sur ses papiers.

Mais un seul nom, fût-il en trois morceaux, n'est pas suffisant pour un chat tel que sir Bob Kittens. Il devint également M. Cuisses de Potiron, en raison de sa fourrure orangée et de ses cuisses musclées. D'autres noms tout aussi fantaisistes suivirent, et Amanda commença à se demander si ses parents n'étaient pas fous. Mais ce n'était pas bien grave : ils adoraient tous M. Sir Bob Cuisses de Potiron et c'était l'essentiel.

Pourtant, leur relation n'allait pas toujours de soi. Comme aimait le dire Barbara, M. Kittens avait son caractère. Il se trouvait toujours dans la même pièce que Barbara, mais il s'ingéniait à mettre le

---

1. Jeu de mots intraduisible. Lynx se dit *bobcat* en anglais. *Cat* voulant dire chat. Tandis qu'un chaton se dit *kitten*.

plus de distance entre eux deux, comme si le hasard, et seulement le hasard, les avait fait aboutir dans le même espace. Il ne ronronnait pratiquement jamais, et miaulait encore plus rarement. Pour qu'il donne de la voix, il fallait vraiment une nécessité particulière. Par exemple, lorsqu'il sentait l'odeur de son mets préféré, le bacon. Dans ces cas-là, il déboulait dans la cuisine sur ses pattes de derrière, à sa façon ninja. Un soir, James commit l'erreur de lui donner du bacon sur la table du dîner. Après cela, sir Bob prit l'habitude de sauter sur la table tous les soirs, et refusa de manger ailleurs.

À part cela, c'était un très agréable compagnon. Oui, il s'accrochait aux jambes de Barbara et il essayait de la faire tomber chaque fois qu'elle voulait descendre au sous-sol. Oui, il se couchait sur l'ordinateur de James, et particulièrement quand James voulait travailler. Mais chaque matin, quand Amanda s'apprêtait à partir à l'école, il passait dans sa chambre, pour tout renifler. On aurait dit un grand frère qui veillait sur sa petite sœur.

Du moins Barbara aimait se l'imaginer ainsi. Peut-être que ses reniflements matinaux n'étaient pour lui qu'une habitude parmi d'autres. Car sir Bob Kittens avait ses habitudes. Il réveillait Barbara tous les jours à cinq heures du matin pour réclamer son petit déjeuner. Ce n'était pas désagréable en semaine, quand Barbara devait de toute façon se lever pour aller travailler, mais c'était beaucoup plus pénible le week-end. D'autant qu'il ne prenait même pas la peine de la remercier. Sir

Bob préférait James. Il aimait bien se faire caresser, mais uniquement le matin au réveil, et uniquement par James, une habitude qu'il avait prise durant ces premières semaines où Barbara s'efforçait de le tenir à distance, pour ne pas trop s'attacher à lui.

Oui, il avait son caractère. Oui, il était un peu sauvage. Mais son amour irraisonné du bacon, sa terreur des grands fracas, ou du simple bruissement d'une feuille d'aluminium, et bien sûr, par-dessus tout, sa danse ninja, tout cela le rendait hilarant. Dès lors, qui ne serait pas tombé raide dingue d'un chat tel que sir Bob ? Malgré son aversion pour les câlins, sir Bob était aussi cher à Barbara que l'avaient été Smoky, Harry, Ambre, Max ou n'importe quel autre des chats qui avaient traversé sa vie. S'il tombait malade, elle le soignait et le veillait. Un matin, ce fut elle qui ne se sentit pas bien. Sir Bob posa l'une de ses pattes de devant sur sa jambe et miaula – un miaulement inquiet. Quand ce fut au tour de Barbara de s'écrouler un beau jour dans la cuisine, sir Bob grimpa sur elle, la regarda droit dans les yeux alors qu'elle perdait connaissance, et miaula aussi fort qu'il put pour alerter le reste de la famille.

Des ulcères étaient la cause de son malaise. L'un d'eux avait perforé une veine, et elle avait perdu beaucoup de sang. Un traitement et un régime appropriés la remirent rapidement sur pied, mais des examens approfondis révélèrent aussi un cancer du sein : la même maladie qui avait déjà emporté sa mère. L'existence confortable de Barbara, pour laquelle elle s'était tant battue, vola soudain en éclats. Elle fut opérée, puis elle entreprit une chimiothérapie. Quand les docteurs lui expliquèrent que la chimio était conseillée, mais que le choix final lui revenait, elle songea aux derniers jours de sa mère. Barbara n'avait que quarante et un ans. Elle ne voulait pas se retrouver sous respirateur artificiel à quarante-cinq ans tandis que sa fille assisterait à son agonie à son chevet.

Elle choisit donc la chimio – qu'elle continue aujourd'hui. Elle a bien sûr perdu tous ses cheveux, mais elle affronte vaillamment l'épreuve, et même elle se félicite de ne plus être obligée, pendant quelques mois, de se raser les jambes. Consciente, désormais, que chaque jour peut être le dernier, elle dévore des cupcakes sans éprouver la moindre culpabilité [1]. Elle veut profiter du moindre instant,

1. Petits gâteaux cuits dans des caissettes en papier et recouverts de glaçages multicolores.

savourer chaque moment de sa journée, même lorsque sir Bob vient la tirer du lit à cinq heures du matin. Elle lui donne sa pâtée, le caresse – car, oui, il la laisse à présent le caresser –, puis elle reste assise dans sa cuisine, à boire son café et à s'émerveiller de cette nouvelle journée qui débute.

James est là pour l'épauler. Son mariage, déjà solide, s'est encore renforcé dans l'adversité. Elle a aussi sa fille, Amanda, qu'elle désire voir grandir. Et elle a sir Bob Kittens, qui dort à ses pieds depuis qu'elle est rentrée de l'hôpital et qui même, parfois, se love contre sa poitrine. Ce n'est toujours pas un chat très câlin, mais ce changement d'attitude prouve à Barbara qu'il tient à elle. Finalement, la vie est belle.

Et quand la vie est moins rose, Barbara Lajiness n'a qu'à penser à sir Bob Kittens se dressant sur ses pattes de derrière et dansant son karaté fantaisie, pour retrouver le moral.

Qui ne rirait pas à cette image ?

3
Spooky

« J'ai eu un chat pendant vingt et un ans... Normalement, il n'aurait pas dû survivre aussi longtemps... pourtant, il survécut, et il me dispensa des milliers d'heures de bonheur. Et j'ai parfois l'impression qu'il vient frotter son petit museau humide contre ma jambe, comme s'il attendait que mon esprit rejoigne le sien. »

Bill Bezanson avait grandi dans une ferme, à quelques kilomètres de la petite ville de Romeo, dans le Michigan. Encore aujourd'hui, Romeo ne compte pas plus de trois mille habitants, et la plus grande fierté du « centre-ville » est de n'avoir jamais été détruit par un incendie, ce qui apparemment n'était pas le cas des autres bourgades du secteur. Pour avoir vécu plus de trente ans à Spencer, où le centre-ville fut entièrement ravagé par un incendie en 1931, je confirme que cela relève presque de l'exploit.

La famille vivait dans un isolement à peu près complet – c'était à la fin des années 1950 et au début des années 1960. Je peux d'autant mieux me le représenter que j'ai grandi à la même époque que Bill, et dans un environnement comparable. La télévision n'avait pas encore envahi tous les foyers et je ne parle même pas des jeux vidéo ni des ordinateurs, qui vous permettent d'être connecté avec le monde extérieur. Tout au plus possédait-on un poste radio, et parfois aussi une vieille camionnette qui disposait de la CB. Il y avait quand même le téléphone, mais il fonctionnait encore avec des opératrices, et la plupart du temps la ligne grésillait tellement que vous n'entendiez rien. Quand mes parents achetèrent enfin un téléviseur, au début des années 1960, mon père en parla à ses cousins du Dakota du Sud. La liaison était si mauvaise qu'ils crurent que nous avions attrapé la tuberculose. Ils prièrent une année entière pour notre salut [1].

En ces temps-là, le quotidien des fermiers se résumait au travail et à la vie de famille. En période de moissons, même les enfants travaillaient de

1. En langage parlé, télévision se dit « TV » (qui se prononce « tivi ») et tuberculose « TB » (qui se prononce « tibi »).

l'aube jusqu'au soir. Et dès que le soleil se couchait, on partait dormir. Si vous ne trouviez pas le sommeil, vous pouviez toujours regarder par la fenêtre de votre chambre. Vous aperceviez alors des millions d'étoiles dans le ciel, et une seule autre lumière de maison à des kilomètres à la ronde. Enfin, je parle pour moi. Car Bill Bezanson ne pouvait même pas apercevoir d'autres fermes, tant les habitations, dans son coin, étaient espacées les unes des autres. Il n'avait donc pas de petits camarades avec qui jouer. Rien que des champs et des arbres.

Et des animaux.

La ferme des Bezanson possédait deux granges. Le père de Bill lui octroya un petit espace, dans l'une des deux granges, pour qu'il puisse s'occuper des animaux qu'il sauvait. Et ils étaient nombreux : renards, opossums, chiens, chats… toutes sortes de bêtes blessées qui croisaient son chemin. Bill Bezanson les soignait pour les remettre sur pied. Il avait même récupéré une mouflette qui courait sur ses épaules et jouait à cache-cache avec lui dans le grenier à foin. Dès que quelqu'un – homme ou animal – s'approchait de la grange, la mouflette dressait la queue, en alerte et prête à attaquer. Mais avec Bill, elle était aussi joueuse et affectueuse qu'un chaton.

Cependant, l'animal préféré de Bill était son raton laveur. La mère avait été tuée par une voiture, et ses petits s'étaient réfugiés au pied d'un arbre bordant la route. Ils avaient froid, faim et peur. Un seul survécut. On le baptisa Pierre LaPoop, d'après l'un des personnages des dessins animés qui passaient à la télévision le samedi matin. C'est la grand-mère de Bill qui lui avait trouvé ce nom.

Pierre était un charmant raton laveur, loyal et affectueux. Il jouait sans cesse avec Bill, dans la grange comme dans la cour de la ferme, et il le suivait même sur les chemins, comme un vrai petit toutou. Sauf que les ratons laveurs ne sont pas des chiens. Ce sont des créatures sauvages, curieuses, malicieuses et plus intelligentes qu'on ne l'imagine. Pierre était capable d'attraper du poisson avec ses pattes, de peler des poupées de maïs, de choisir ce qui l'intéressait dans les poubelles, et d'ouvrir les portes. Un jour, en rentrant chez elle, la famille Bezanson trouva Pierre tranquillement assis sur le comptoir de la cuisine, à lancer des assiettes dans le vide. Tout le sol de la cuisine était jonché d'éclats de faïence. Cette fois, Bill eut beau déployer des trésors de persuasion pour plaider sa cause, il ne fut pas possible de sauver Pierre. Son père le balança à l'arrière de son camion, et le relâcha dans la nature, à une trentaine de kilomètres de leur maison.

Trois semaines plus tard, Bill et son père pêchaient dans un étang du coin, quand un raton laveur les interpella par de petits cris, depuis les branches d'un arbre voisin. Bill leva les yeux dans sa direction et demanda : « C'est toi, Pierre ? »

Pierre descendit de son arbre, et courut se jeter dans les bras de Bill, pour lui lécher abondamment le visage.

« Bon, je crois que nous allons devoir le garder, dit le père de Bill. Je n'ai pas les moyens de lui payer un billet d'avion. » En réalité, il était ému par le lien affectif qui s'était tissé entre son fils et l'animal. Il n'aurait plus jamais songé à se débarrasser de Pierre même s'il avait possédé son propre avion.

C'est sans doute Pierre qui donna à Bill l'envie de devenir plus tard garde forestier. Ou vétérinaire. Mais les choses changent avec le temps. En grandissant, Pierre désira fonder une famille. Les ratons laveurs sont dociles étant jeunes, mais ils peuvent se montrer agressifs lorsqu'ils atteignent l'âge adulte. Pas Pierre. Il quitta simplement la grange, se trouva une femelle, et s'installa dans un recoin tranquille, en lisière de la ferme. Un jour, alors que Bill et son père étaient assis à l'arrière de leur maison, Bill aperçut Pierre qui venait à sa rencontre à travers champs. Quatre petites boules de poil trottinaient dans son sillage. Sa femelle était restée en arrière, en bordure du champ de blé, mais elle suivait le cortège des yeux. Pierre prit les boules de poil une par une dans sa gueule pour les déposer sur le porche, afin de les présenter à son vieil ami. Ils restèrent juste le temps que Bill et son père puissent prendre chacun des bébés ratons laveurs dans leurs bras. Puis ils repartirent chez eux.

« C'est la chose la plus extraordinaire que j'aie jamais vue », commenta le père de Bill, quand la famille raton laveur eut disparu dans les cultures.

Ce fut la dernière fois que Bill vit Pierre LaPoop. Le raton laveur entraîna sa femelle et ses petits dans la forêt, et ne revint plus jamais. Il était juste venu dire au revoir.

Quelques années plus tard, Bill termina ses années de lycée et dit au revoir à son tour. Il ne deviendrait ni vétérinaire, ni garde forestier. C'était en juin 1964, et Bill Bezanson s'engagea dans l'armée. Trois ans plus tard, alors qu'il avait à peine dépassé les vingt ans, il était au Vietnam.

Bill fut incorporé au 123e bataillon d'aviation de l'US Army. Ce bataillon effectuait principalement des missions de reconnaissance à l'intérieur des lignes ennemies. Chaque unité comptait sept soldats par hélicoptère, plus un pilote, et deux tireurs. Bill était un « rat », c'est-à-dire un préposé aux tunnels : ses compagnons et lui étaient largués, sans radio, à proximité des tunnels creusés par l'ennemi, avec pour ordre d'en déloger les Vietcongs qui pourraient s'y cacher.

Inutile de préciser que c'était un travail très périlleux, et hautement imprévisible. Le genre de job qui, au bout de quelques mois, vous donne le sentiment d'être devenu invincible, simplement parce que vous avez survécu jusque-là. Au retour d'une mission, Bill et ses camarades dénombrèrent plus d'une centaine d'impacts de balles sur la carcasse de leur hélicoptère. Pourtant, aucun homme n'avait été touché. Pendant un an, leur unité n'eut pas un seul blessé grave à déplorer.

Puis arriva septembre 1968. Le mois avait mal débuté. L'un des plus proches camarades de Bill – tout le monde était ami, dans l'unité, mais ces deux garçons-là l'étaient un peu plus que les autres –, prit une balle en pleine tête. Bill serra son ami contre lui pendant le trajet qui les conduisait jusqu'à l'infirmerie de campagne, mais le trou était si énorme qu'il pouvait voir palpiter le cerveau de son ami en rythme avec ses battements cardiaques. « Je pensais qu'il avait fini par mourir, m'expliqua Bill. Mais j'ai reçu une lettre de lui en 1996. Il avait survécu. Sa blessure le handicapait toujours, mais il avait survécu. »

Quelques jours plus tard, l'unité de Bill s'intéressa à une zone dénommée Rock Pile, près de Khe Sanh. L'endroit était célèbre : une base de marines y avait été pilonnée par l'ennemi pendant cent vingt-deux jours d'affilée. Mais cette fois, ils atterrirent sans le savoir à la lisière d'un grand camp Vietcong. Le pilote de leur hélicoptère fut touché. Il réussit à s'enfuir avec son appareil, mais en laissant derrière lui les hommes déjà au sol. Il fallut faire appel au 196e régiment d'infanterie pour les extraire de ce guêpier. Entre-temps, l'unité avait essuyé de lourdes pertes, et Bill vit mourir un autre de ses très bons amis, Lurch (de son vrai nom Richard Larrick, qu'il repose en paix), tué par une balle vietminh. De retour à la base, Bill essaya d'oublier ce mois de septembre dramatique, et il continua à se battre.

Mais quand il revint chez lui, en novembre 1968, Bill Bezanson en avait soupé de l'armée, et soupé de la guerre du Vietnam. Une grande bannière déployée à l'entrée de la ferme familiale proclamait « Bienvenue chez toi, fils », mais il ne se sentait plus chez lui dans le Michigan. Et quand il partit pêcher avec son père – c'était toujours le moment privilégié où ils pouvaient parler ensemble –, Bill s'aperçut qu'il n'avait plus grand-chose à lui dire.

Il ne savait plus quel était son avenir. Ni où était sa place. Un jour, en rentrant chez lui après avoir rendu visite à des membres de sa famille pour leur montrer ses médailles, un flic, avisant son uniforme, le railla : « Ah, voilà encore un de ces bébés tueurs ». Invité par son ancien lycée, où il était présenté comme un héros, il délivra aux élèves un discours antimilitariste. Quand sa mère l'apprit, elle fut horrifiée. C'était une fervente catholique, qui s'occupait de l'entretien de l'église. Elle avait toujours aimé son fils, mais elle était déconcertée de l'avoir retrouvé à ce point changé. Il était maussade. Renfrogné. Il buvait. Et maintenant, voilà qu'en plus il était antimilitariste. Cette guerre était pour Dieu et pour les valeurs prônées par l'Amérique – du moins sa mère en était-elle convaincue, à l'instar de cette « majorité silencieuse » qui s'alignait par principe sur les positions gouvernementales. Après des mois de tension, la mère de Bill finit par lui claquer littéralement la porte au nez.

Bill tutoya la dive bouteille pendant quelque temps. Puis il prit la route. Devenu un militant des Vétérans du Vietnam contre la guerre, il donnait des discours à droite et à gauche, partout où un groupe de citoyens était prêt à l'accueillir. Les témoignages de massacres de civils par les troupes américaines commençaient de filtrer dans la presse et une part non négligeable de l'opinion publique se montrait désormais hostile à la guerre. Quel que soit son auditoire, Bill répétait toujours sa même vérité : c'est comme engagé sous les drapeaux qu'il avait cessé de croire à la guerre. Il avait vu trop de morts, trop de villages détruits, trop de gens terrorisés. Il racontait comment, un jour, il avait pointé son fusil M16 sur un camarade qui avait fait une femme prisonnière, et lui avait dit : « Si tu tues cette femme, je te tue. » Il n'est pas courant de pointer son pistolet-mitrailleur sur un frère d'armes. Et encore moins en pleine guerre, au beau milieu du territoire ennemi. Ses collègues de l'unité croyaient que cette femme détenait des renseignements importants. Ils n'avaient aucune preuve, bien sûr, mais ils pensaient qu'en la torturant, ils pourraient sauver des vies. Bill voyait au contraire qu'ils oubliaient un peu plus, chaque jour, le sens des valeurs qu'ils étaient supposés défendre et, pour sa part, il se refusait à franchir la ligne qui séparait le bien du mal.

« Pourtant, il était facile de mordre la ligne, là-bas, m'assura Bill. Même les meilleurs gars perdaient le nord. » Bill, lui, n'avait pas seulement perdu foi en la guerre, je crois aussi qu'il avait perdu foi en la vie. Une chose était sûre, cependant : il ne voulait pas que d'autres jeunes hommes connussent la même épreuve. Et il désirait que les parents cessassent d'envoyer leurs garçons au Vietnam.

Malheureusement, que pouvait-il faire, à part quelques discours ? Alors, il continuait de dériver. Et de boire. Il décrochait de temps à autre un emploi, s'y accrochait quelques semaines ou quelques mois, et puis un beau matin il s'éclipsait, sans bien savoir lui-même où il allait, ni pourquoi il fuyait ainsi. Il se fit des amis pendant son errance, mais c'étaient de courtes amitiés. Les gens entraient et sortaient de sa vie, la plupart du temps une bouteille à la main. Parfois, il partait parce qu'il n'aimait pas ses nouveaux amis, d'autres fois parce qu'il les aimait un peu trop. Il ne voulait plus se lier à personne. Un été, il se retrouva en Alaska et il acheta une Harley-Davidson pour traverser le Canada et revenir sur le territoire des États-Unis. Il reconnaissait volontiers que c'était la chose la plus stupide qu'il ait jamais faite de sa vie, car il dut affronter des milliers de kilomètres de chaussées mal entretenues et poussiéreuses. Ses yeux restèrent enflés pendant plus d'un mois.

Mais, au fond, quelle importance cela avait-il ? Bill Bezanson avait alors vingt-cinq ans et il était persuadé de mourir avant trente ans. Cette conviction était née pendant la guerre. Il l'avait ramenée avec lui, au même titre que ses cicatrices et ses médailles. Beaucoup d'autres garçons revenaient du Vietnam avec ce sentiment que leur existence était plombée. Quand ils se retrouvaient ensemble, c'était d'ailleurs l'un de leurs principaux sujets de conversation.

Mais Bill ne mourut pas. Il passa le cap de la trentaine alors que les années soixante-dix entamaient leur déclin. La guerre était finie et sa rage, à défaut d'avoir totalement disparu, s'était tapie dans un repli de sa conscience. Il voyageait beaucoup moins et ses pérégrinations ne dépassaient plus guère la grande banlieue de Los Angeles. Mais il n'avait toujours pas trouvé d'emploi stable et n'avait toujours pas renoué avec son ancienne existence. Il avait quand même réussi à passer un diplôme d'ingénieur forestier au Chaffey College d'Alta Loma, en Californie, mais à part cela il était entièrement libre : ni amis, ni possessions matérielles, ni domicile fixe. En juin 1979, il venait d'emménager à San Bernardino, une autre banlieue de Los Angeles, et il travaillait dans une usine qui fabriquait notamment des couchettes pour camions, mais dont il serait bien incapable de se rappeler le nom. C'est alors qu'un beau matin, sans prévenir, le changement s'invita dans sa vie.

Bill se rendait à son travail en voiture. Il était arrêté à un feu rouge, quand un bruit retentit au-dessus de sa tête – semblable à l'explosion d'une grenade. Instinctivement, il baissa la tête. Puis il attendit, mais le silence était revenu. Il releva les yeux au-dessus du tableau de bord. Des immeubles bordaient chaque côté de la rue, mais comme il était cinq heures trente du matin, rien ne bougeait, et aucune fenêtre n'était ouverte. Et il n'y avait pas d'autre véhicule sur la chaussée. Bill entrouvrit alors sa portière, et sortit la tête pour examiner le toit de sa voiture. Il pensait que des gamins lui avaient lancé quelque chose. Et, en effet, il y avait une trace d'impact sur la tôle du toit, avec quelque chose au milieu, et une traînée liquide qui s'en échappait.

C'est alors qu'il réalisa que le liquide était du sang. Et la chose n'était pas un objet. C'était un petit chat. Quelqu'un avait lancé un chaton sur sa voiture. Et à en juger par le résultat, il avait été lancé de loin. Ou de haut.

Bill recueillit le chaton dans ses mains. Il tenait tout entier dans ses paumes, les yeux clos et la tête renversée sur le côté. Mais sa poitrine se soulevait à un rythme rapide – preuve qu'il était vivant –, et sa gorge émettait un bruit bizarre, comme s'il se battait pour respirer. Bill savait à quoi était dû ce bruit : à une perforation de la cage thoracique. Il avait vu beaucoup de blessures semblables au Viet-nam. D'ordinaire, les soldats de son unité se servaient de l'emballage plastique entourant leurs cartouches de cigarettes pour recouvrir le trou : avec un bandage approprié entourant le plastique, la plupart du temps les soldats ainsi blessés en réchappaient. Mais ce matin-là, à San Bernardino, Bill n'avait pas de feuille de plastique à sa disposition. Aussi se contenta-t-il de presser son pouce sur la blessure, essuya de son autre main le sang maculant la tête du chaton, puis il regarda autour de lui, cherchant du secours.

Une enseigne de vétérinaire pendait juste au coin de la rue. Elle était éteinte, mais Bill croyait avoir vu quelqu'un pénétrer dans le bâtiment. Il laissa sa voiture en plan au feu, et courut jusqu'au coin frapper à la porte du vétérinaire.

Un homme lui ouvrit. Bill lui tendit le chaton ensanglanté.

« Appelez le vétérinaire, lui dit-il. Et dites-lui de soigner ce chat. Je paierai la note, mais dans l'immédiat, je dois filer à mon travail. »

L'homme récupéra le chaton. Bill retourna à sa voiture en courant. Il arriva juste à temps à son travail.

Un lien particulier se tisse avec l'animal que vous avez sauvé. Qu'il s'agisse d'un chien que vous avez récupéré après qu'il a été abandonné sans eau ni nourriture, ou d'un chat malade que vous recueillez chez vous pour le nourrir et le soigner. C'est ce qui arriva avec Dewey quand je le sortis de la boîte des retours, ce matin de l'hiver 1988. Comme Dewey, la plupart des animaux n'oublient jamais ce que vous avez fait pour eux. Contrairement aux humains, qui vous tournent facilement le dos, quel que soit le service que vous leur ayez rendu, les animaux ne connaissent pas l'ingratitude.

Lorsque l'animal est gravement blessé et que sa vie est menacée, ce lien est encore plus fort. C'est sans doute parce que j'avais soigné pendant plusieurs jours les coussinets de pattes gelés de Dewey qu'il m'aima autant. Il avait compris que ma sollicitude n'était pas que temporaire. Je serais là, à ses côtés, aussi longtemps qu'il aurait besoin de moi. Et nous sommes restés ensemble pendant dix-neuf ans.

La même chose arriva à Bill Bezanson. Il ne tomba pas amoureux du chaton ce premier matin, où il courut le porter au vétérinaire. Ce n'était, de sa part, qu'un acte de charité. Et ce serait sans doute exagéré de prétendre qu'il en tomba amoureux quand il revint frapper à la porte du vétérinaire, au sortir de son travail, et qu'il découvrit que le chaton avait survécu. N'oublions pas que Bill ne s'était plus lié à une quelconque créature vivante depuis septembre 1968. Il avait même passé ces onze dernières années à fuir comme la peste le moindre investissement affectif.

Il serait donc plus approprié de dire que Bill *admira* le courage du chaton. Il était pourtant minuscule – six semaines d'âge, et seulement quelques centaines de grammes –, mais il avait l'étoffe d'un survivant. Sa perforation thoracique n'était pas, comme Bill l'avait d'abord pensé, le résultat de mauvais traitements. Elle était due aux serres d'un oiseau de proie. Et son crâne était enfoncé sur le front, probablement parce que l'oiseau l'avait attaqué avec son bec. À cinq heures trente du matin, il n'y avait qu'un seul oiseau de proie capable de chasser : une chouette. Mais le chaton s'était courageusement défendu, et finalement, la chouette avait fini par relâcher sa prise.

« Ce chat a tout d'une apparition, commenta le vétérinaire, qui s'avéra être l'homme qui lui avait ouvert la porte le matin même. Il est tombé du ciel, pour atterrir sur le toit de votre voiture. Si ça, ce n'est pas une apparition… »

« Et voilà comment je lui ai trouvé son nom : Spooky [1], commentait Bill chaque fois qu'il racontait cette histoire (et il la raconta des centaines de

1. En anglais, spook signifie « apparition », « revenant »…

fois, au fil des ans). De ce jour, il s'appela Spooky. »

Spooky resta une semaine chez le vétérinaire. Lequel fit grâce à Bill du temps qu'il avait passé à le soigner : il ne lui fit payer que les médicaments. Ce qui était déjà beaucoup : Spooky devait lutter contre plusieurs blessures, et une menace d'infection généralisée. Il était si gravement atteint qu'il ne put pas absorber de nourriture solide avant un mois. Bill devait le nourrir à la cuiller. Spooky avait plusieurs points de suture sur la poitrine, là où son agresseur lui avait perforé la cage thoracique, et il portait autour du cou une collerette de plastique blanc en forme d'entonnoir, pour l'empêcher de mordiller son bandage. J'imagine que le spectacle de ce malheureux chaton, avec sa tête engoncée dans un grand entonnoir blanc, ne devait pas manquer d'être pathétique.

Pourtant, même avec sa collerette, Spooky était magnifique. Il était encore minuscule – il n'avait pas deux mois –, mais on pouvait déjà deviner qu'il deviendrait un chat majestueux et racé. Sa tête, effilée, rappelait les chats divinisés de l'Égypte ancienne. À la lumière ordinaire, il était noir. Mais les rayons du soleil, qu'il adorait, révélaient des reflets cuivrés.

Bill Bezanson en tomba-t-il amoureux après l'avoir nourri durant tout un mois ? Lorsqu'on insistait, à l'époque, il répondait par l'affirmative. Mais, trente ans plus tard, il ne saurait jurer de rien. Qui peut savoir à quel moment l'admiration se transforme en amour ?

De toute façon, là n'était pas la question. Spooky, lui, aimait Bill Bezanson. Depuis le premier jour, et pour toujours. Dès que Bill emménageait dans un nouveau logement, il commençait par percer une chatière, pour que Spooky puisse vivre sa vie pendant qu'il travaillait. Spooky passait ainsi le plus clair de ses journées à l'extérieur. Mais aussitôt que Bill rentrait chez lui, Spooky se précipitait pour le rejoindre. Et quand Spooky n'était pas arrivé avant lui pour l'accueillir devant sa porte, Bill n'avait qu'à crier « Spooky ! » pour que son chat déboule en courant. Parfois, il arrivait de très loin, et Bill pouvait le voir sauter les clôtures des voisins pour aller plus vite. Tous les deux s'installaient ensuite sur le canapé, et pendant que Bill buvait une bière Spooky lui léchait le nez. Après quoi il se lovait sur ses genoux. Certains soirs, ils restaient ainsi des heures. Spooky n'avait plus aucune envie de ressortir : il ne désirait rien d'autre que de paresser avec son grand copain.

Du reste, il ne s'agissait pas seulement d'amitié. Ils partageaient des points communs qui aidaient Bill à cicatriser de ses blessures morales. Comme lui, Spooky s'était retrouvé directement confronté à la mort. Comme lui, Spooky n'aurait pas dû en réchapper. Mais il avait survécu. Et il en était très heureux, ce qui d'une certaine manière ôtait à Bill une partie de ses remords d'avoir lui-même survécu. La nuit, Spooky grimpait dans son lit. Bill dormait toujours couché sur le côté, et Spooky s'installait sur l'oreiller, juste à côté de lui, son museau pressé contre la barbe de Bill, une patte posée sur son avant-bras. Même lorsqu'il s'endormait sans lui, Bill était assuré de trouver à son réveil Spooky couché contre lui. Et ce n'était pas rien. Après plus de dix ans d'insomnies pénibles, la présence de Spooky atténuait ses cauchemars. Car Bill savait – consciemment et inconsciemment – que s'il s'agitait trop dans son sommeil, il risquait de faire du mal à son chat.

Toutes les soirées, cependant, n'étaient pas aussi calmes. Comme beaucoup d'anciens vétérans du Vietnam, Bill aimait faire la fête intensément et, à intervalles plus ou moins réguliers, sa maison était envahie de gens qui fumaient et buvaient de la bière en écoutant très fort de la musique. Appelez cela comme vous voulez – automédication, fureur de la jeunesse ou simplement besoin de se sentir vivant –, ce n'était au fond qu'un mode de vie comme un autre. Si la fête devenait trop agitée, Spooky partait se réfugier dans une pièce épargnée. Mais la plupart du temps, le bruit ne le dérangeait pas. Il restait tranquillement assis sur le dossier du canapé, à respirer la fumée. Ou alors il collait son museau sur la cheville d'un invité. C'était son grand truc : il adorait coller son museau sur la partie de peau qui se dénudait entre le bas du pantalon et le haut des chaussettes de quelqu'un qui s'asseyait. Ce contact humide attirait toujours l'attention des gens. Ils se penchaient alors pour le caresser, et si Spooky les jugeait à son goût, il sautait sur leurs genoux. Spooky adorait les genoux des humains.

Spooky se servait aussi de son museau pour réveiller Bill. Quoi qu'il ait pu se passer durant la nuit, Bill était assuré que Spooky lui donnerait des petits coups de museau à cinq heures trente précises du matin. Comme beaucoup de chats, Spooky possédait une horloge interne. Il savait exactement l'heure à laquelle il était censé recevoir sa gamelle, et il refusait d'attendre une minute de plus. Tant pis pour sa gueule de bois : Bill était tiré jusqu'à sa cuisine à cinq heures trente du matin, pour lui donner à manger. « Il s'était attaché à moi », résumait Bill, en guise d'explication.

Mais Bill s'était lui aussi attaché à Spooky. Il n'allait plus nulle part sans lui. S'il sortait se promener, Spooky le suivait de près. Et lorsqu'il reprenait la route – ce qui lui arrivait encore fréquemment, à chaque crise d'angoisse –, Spooky partait avec lui. Une gamelle, un sac de croquettes, et ils étaient libres d'aller où bon leur semblait. Pendant que Bill levait son pouce pour faire du stop, Spooky jouait dans l'herbe et chassait les insectes. Mais, dès qu'une voiture s'arrêtait, Bill n'avait qu'à crier une seule fois « Spooky ! » pour que Spooky accoure et saute dans la voiture.

Si Bill prenait sa Harley – celle qu'il avait achetée en Alaska –, il attachait Spooky sur le porte-bagages. Mais un jour, il vit un motard promener un chihuahua assis sur son réservoir d'essence, juste derrière le guidon. Pressentant que les pattes de Spooky glisseraient sur le métal, Bill découpa un carré de moquette, qu'il colla à même le réservoir. Tant que Bill roulait à moins de cinquante kilomètres-heure, Spooky se tenait sur le réservoir, les oreilles repliées au vent. Mais dès que Bill dépassait les cinquante kilomètres-heure, Spooky voulait sauter. Il détestait prendre trop de vent dans la figure, et Bill le réinstallait à l'arrière. Un été, Bill se rendit au Rallye Sturgis, dans le Dakota du Sud – à presque deux mille kilomètres de chez lui –, et Spooky l'accompagna tout du long.

Bill et Spooky sillonnèrent beaucoup d'autres endroits. Ils campèrent dans les forêts de l'Ouest sauvage, pour chasser des insectes qui rejoindraient la collection de Bill. Ils traversèrent la Sierra Nevada. Ils allèrent jusqu'en Arizona pour assister à une grande foire aux minéraux. Quand Bill fréquentait des festivals de musique, Spooky s'asseyait à côté de lui sur sa couverture. Quand il déménageait – ce qu'il faisait chaque mois de septembre –, Spooky suivait sans la moindre récrimination. Sauf lorsque Bill travaillait – ou qu'il buvait des bières dans un bar –, ils étaient tout le temps ensemble. Bill et Spooky. Spooky et Bill. Ces deux-là formaient une belle paire.

En 1981, quelqu'un d'autre se joignit à eux : une femme. Sa maison avait été ensevelie par les cendres, lors de l'éruption du mont Saint Helens, le grand volcan de l'État de Washington, sur la côte ouest des États-Unis. Elle avait émigré en Californie du Sud, et elle se retrouva à louer une chambre dans l'appartement de Bill. À l'époque, Bill tenait un bar à bière. Sa pensionnaire était elle-même barmaid dans un autre établissement de la ville. Ils se parlaient souvent, tous les deux, mais toujours par-dessus le rebord d'une chope de bière. Bill et Spooky n'avaient pas renoncé à leur existence itinérante, et ils déménageaient invariablement chaque mois de septembre. Aussi, quand cette femme voulut rentrer dans l'État de Washington, ils décidèrent de la suivre vers le Nord. Et avant que Bill ait pu réaliser ce qui lui arrivait, ils étaient mariés. Bill trouva un travail dans une entreprise de métallurgie, s'installa en ménage, et commença à boire.

Mais il déménagea de nouveau au mois de septembre suivant. Il n'avait jamais fait consciemment le rapport avec ce terrible mois de septembre 1968, mais une chose était sûre : dès qu'arrivait septembre, il éprouvait un impérieux besoin de bouger. Un besoin plus important que tout le reste : sa femme, sa carrière et même son amitié avec Spooky.

Son mariage, de toute façon, ne dura pas très longtemps. Il était du reste condamné depuis le premier jour, lorsque se tenant devant l'autel, Bill, répondant à la question du prêtre « Consentez-vous à prendre pour épouse… ? » avait répondu « Je consens », tout en songeant intérieurement *Mais qu'est-ce que je fais là ?* Le mariage se brisa un peu plus d'un an plus tard quand, un beau matin, Bill fut réveillé par les cris de son épouse. Spooky, qui passait désormais souvent ses nuits en forêt, leur avait rapporté un cadeau : un gros serpent. Et il l'avait déposé dans leur lit.

« Débarrasse-moi de ce maudit chat, lui demanda sa femme. Débarrasse-moi de lui. » La suite était prévisible. En 1986, après une année de séparation, puis une autre année de reprise de vie commune, Bill et sa femme divorcèrent officiellement. Spooky récupéra sa place sur l'oreiller à côté de Bill. Et de ce jour, il n'y eut plus qu'eux deux.

Pourtant, le serpent ne signifiait rien en soi. Il n'était pas porteur d'un message caché. Spooky ne s'était jamais senti jaloux, ni abandonné. Il savait que Bill l'aimait. Et il savait pouvoir s'appuyer sur la solidité de leur relation. Comme moi avec Dewey. Le serpent ? C'était juste parce que Spooky était un chat et qu'il aimait chasser.

Il aimait aussi l'aventure. Pendant un an, Bill et sa femme vécurent au rez-de-chaussée d'un immeuble construit au bord d'un lac. Chaque appartement disposait d'un balcon – celui de Bill était à peine surélevé par rapport au niveau du jardin – et tous les après-midi leur voisine du dessus jetait des poignées de grains de maïs à l'intention des canards et des bernaches du Canada qui avaient élu domicile sur les rives du lac. Spooky, embusqué derrière la porte-fenêtre, observait les volatiles en miaulant, sa queue battant l'air d'excitation.

Un jour, Bill entrouvrit la porte-fenêtre. Spooky recula jusqu'au fond du salon, prit son élan, et sauta par-dessus la rambarde du balcon, pour atterrir au milieu d'une cinquantaine de volatiles paniqués, qui s'enfuirent dans le plus grand désordre. Spooky resta seul au milieu du champ de bataille, la queue dressée, et l'air très fier de lui. Dès lors, le jeu se répéta souvent. Dès que la voisine attirait les oiseaux avec ses grains de maïs, Spooky se frottait contre les jambes de Bill, jusqu'à ce qu'il lui ouvre la porte-fenêtre.

Jusqu'au jour où Spooky sauta encore par-dessus la rambarde et tomba pile à califourchon sur une énorme bernache du Canada. L'oie, terrifiée, se mit à courir en battant furieusement des ailes, pour tenter de s'envoler. Le malheureux Spooky, cramponné à la bernache, jeta un coup d'œil à Bill. Leurs regards se croisèrent et Bill eut le temps de voir que Spooky roulait des yeux gros comme des soucoupes. Puis la bernache décolla. Elle réussit à voler sur quelques mètres, avant de s'écraser dans un nuage de plumes d'oie et de poils de chat. Elle reprit aussitôt son élan, pour courir en direction du lac, tandis que Spooky battait en retraite vers l'appartement de Bill. La leçon avait porté : il n'essaya plus jamais de voler dans les plumes des volatiles assemblés sous le balcon.

C'était tout Spooky, ça. Et c'était ce qui faisait son charme : il était à la fois un chat câlin *et* aventurier. Il était capable de ronronner une heure sur vos genoux, et de passer l'heure suivante à traquer les serpents.

Il était aussi assez généreux pour accueillir un autre chat dans la famille, un petit chaton noir nommé Zippo. Bill venait tout juste de rencontrer sa future femme. Il passait beaucoup de temps dans les bars – à boire, à travailler ou à jouer au billard – et il avait jugé que Spooky avait besoin d'un compagnon. Au cours d'une de leurs pérégrinations, Spooky avait contracté le FIV, la forme féline du sida. Aussi, Bill passa-t-il dans le journal une annonce pour lui chercher un compagnon également séropositif. Un jeune couple qui n'avait pas les moyens de payer les soins de leur chaton malade y répondit, et voilà comment Zippo rejoignit leur petite famille.

Spooky l'aima sur-le-champ. Non seulement il l'adopta, mais il le traita comme un frère. Spooky et Zippo. Ces deux-là aussi formaient une belle paire. Mais, bien sûr, Spooky était le chef, tandis que Zippo… ma foi, Zippo était un gros patapouf jovial. Pendant que Spooky chassait les insectes, Zippo se prélassait dans la maison. Quand Spooky suivait Bill en promenade, Zippo les regardait partir par la fenêtre.

L'une des rares fois où Zippo s'aventura dehors, il dénicha une grosse araignée-loup dans le gazon, avec laquelle il s'amusa tout un après-midi. Quand il s'en lassa, il rentra à l'intérieur. Spooky faisait la sieste sur le lit. Zippo sauta à côté de lui et le regarda. Spooky redressa la tête, « écouta » le message silencieux que lui transmettait son compagnon, puis sauta du lit et courut dehors pour jouer à son tour avec l'araignée.

À quel point les deux chats étaient-ils proches l'un de l'autre ? Bill prit une fois trois photos d'eux, dans un espace de temps très court. Sur la première, Zippo léchait l'oreille de Spooky. Sur la seconde, Zippo tirait la langue, en faisant une drôle de grimace, comme s'il venait de goûter à quelque chose de très mauvais. Spooky, lui, donnait l'impression de rire. Sur la troisième photo, Spooky léchait l'oreille de Zippo. On aurait pu jurer qu'après avoir joué un bon tour à son « frère », il s'employait maintenant à le réconforter.

Quoi qu'il en soit, les trois garçons – Bill et ses deux chats – s'entendaient à merveille. Et ils étaient heureux ensemble. La vie n'était pourtant pas toujours rose. Son divorce avait beaucoup meurtri Bill. Il ne comprenait pas ce qui s'était passé, mais il nourrissait un sentiment de culpabilité, comme si tout avait été de sa faute. Pourquoi personne ne parvenait-il à l'aimer ? Pourquoi n'avait-il pas pu sauver son mariage ? En cinq ans, sa femme et lui ne s'étaient pas ouvert une seule fois leur cœur l'un à l'autre. Mais il n'en voulait pas à sa femme. Il se jugeait seul responsable.

« Après mon divorce, j'ai pas mal sombré dans l'alcool, reconnaissait-il. Et ensuite, j'ai fait des boulots très durs. »

Durant son enfance rurale, dans le Michigan, Bill avait rêvé de devenir garde forestier. Depuis, il avait décroché un diplôme d'ingénieur forestier et il avait servi comme pompier volontaire, pour combattre les feux de forêts. Mais chaque fois qu'il écrivait à l'administration fédérale des Forêts pour proposer ses services, il se voyait toujours opposer un refus amical. Alors que des gens moins qualifiés que lui décrochaient les emplois qu'il convoitait. En désespoir de cause, après sa onzième rebuffade, et convaincu que le monde était contre lui, il s'engagea dans la première usine qu'il croisa sur son chemin. Tandis qu'il déclinait son CV, un contremaître poussa la porte du secrétariat, jeta une liasse de papiers sur le comptoir et dit à la secrétaire : « Fais-lui son chèque. Il est viré. »

Puis il se tourna vers Bill, et lui demanda : « Sais-tu braser ? »

– Bien sûr, mentit Bill.

– Alors, t'es engagé. Présente-toi demain matin. »

Après avoir quitté le secrétariat, Bill se rendit tout droit dans une bibliothèque, afin d'y chercher la définition du terme « braser », car il n'avait aucune idée de ce que cela voulait dire. Il apprit ainsi que le brasage était l'assemblage, par fusion, de deux pièces métalliques de même nature – du cuivre avec du cuivre, par exemple. Il y vit une sorte de métaphore de sa relation avec Spooky et Zippo. Mais c'était surtout le début d'une nouvelle carrière. L'usine fabriquait des pièces de moteurs d'avion, et la maîtrise du brasage lui servit de porte d'entrée dans l'industrie de l'aéronautique. En tout, Bill travailla vingt-deux ans dans cette branche. Quand il arrêta définitivement, en 2001, il était chez Boeing. Pendant ces vingt-deux ans, il travailla aussi dur que le lui permettaient ses forces physiques et il s'acharna à se vider de ses frustrations sur les chaînes d'assemblage.

Il eut beau s'abrutir au travail, Spooky et Zippo ne le quittèrent jamais. Même s'il restait absent seize heures d'affilée – et parfois plus –, dès que Bill Bezanson rentrait chez lui, épuisé – et parfois ivre –, Spooky était toujours là pour l'accueillir. Avant de s'avachir devant la télévision, Bill s'organisait pour avoir tout ce qui lui serait nécessaire à portée de la main : de la bière, des chips, la télécommande, de la lecture et des serviettes en papier. Il savait que Spooky sauterait sur ses genoux à l'instant où ses fesses toucheraient le canapé, et il ne voulait pas le déranger en ayant à se relever. Quand il montait se coucher, Spooky s'installait sur l'autre oreiller, et se serrait contre sa tête, ainsi qu'il l'avait toujours fait. Bill s'endormait bercé par ses ronronnements, tandis que Zippo se lovait dans son dos.

Vint une période où Bill se sentit prêt à changer d'existence. Il était plus que lassé du cycle pathétique qui lui faisait enchaîner les boulots abrutissants, les appartements misérables et les beuveries stériles, avec seulement Spooky et Zippo pour lui tenir compagnie. En Californie, juste avant de se marier, l'une de ses amies avait contracté le sida. C'était au début des années 1980, quand cette nouvelle maladie terrifiait tout le monde. Les malades étaient des pestiférés que personne ne voulait approcher. Bill fut le seul à prendre soin de son amie. Il lui cuisinait ses repas, l'aidait à prendre son bain, et il lui changeait même ses draps souillés. Il faisait tout ce qui pouvait lui soulager la vie. Il était encore auprès d'elle quand elle commença à décrocher. Et c'est lui qui se trouvait à son chevet lorsqu'elle mourut. C'était la première fois, depuis 1968, qu'il avait le sentiment de se rendre utile.

Dix ans plus tard, il cessa de boire et se chercha un deuxième emploi, dans le soutien médical. Après ses dix heures passées sur la chaîne d'assemblage des avions, il travaillait encore dix heures, comme garde de nuit dans un centre de réhabilitation pour drogués. Mais nul ne peut survivre très longtemps en ne dormant que trois heures par nuit. Quand l'un de ses amis apprit qu'il avait une tumeur au cerveau, Bill s'enrôla dans un établissement soignant les personnes ayant eu des traumatismes crâniens. Il devint hypnothérapeute. Il aidait les victimes d'accidents, de viols ou de crimes à surmonter leur stress post-traumatique, sans être conscient qu'il souffrait lui-même d'un stress posttraumatique. C'était en tout cas un travail épuisant, aussi bien physiquement qu'émotionnellement.

Alors pourquoi le faisait-il ?

« J'avais l'impression de payer ma dette. »

Mais encore ?

« Parce que je m'étais tiré vivant, et sans la moindre blessure, de situations où mes camarades étaient morts. » Et, après une pause : « Parce que quelqu'un m'a aidé alors. »

Il travailla également pour un hospice qui l'envoyait assister les personnes âgées en fin de vie à leur domicile. Pour sa première mission, il hérita de la patiente la plus difficile : une vieille femme désagréable, qui se plaignait tout le temps. Aucun employé de l'hospice n'avait pu tenir plus d'une semaine. Dès le deuxième jour, elle criait après Bill aussi fort qu'elle le pouvait. C'est alors qu'il lui lança : « Vous avez peur de mourir, n'est-ce pas ? »

Elle se tut aussitôt. Elle semblait chercher une réponse, mais, finalement, elle baissa les yeux et s'abîma dans la contemplation de ses mains. Bill s'assit au bord de son lit, et ils parlèrent longuement de sa vie, de son passé et du terme qui l'attendait. Ils parlèrent jusqu'à ce qu'elle n'ait plus rien à raconter.

Quelques jours plus tard, alors qu'il était en repos, il reçut un coup de fil de la fille de cette femme. « Maman est en train de mourir, lui expliqua-t-elle. Elle voudrait vous voir. »

Dès qu'il arriva, la vieille femme demanda à sa fille de sortir de la chambre. « Redites-moi comment c'est », demanda-t-elle à Bill, un tremblement dans la voix.

« Représentez-vous le plus bel endroit où vous ayez jamais mis les pieds, lui répondit Bill. Et vous vous retrouverez bientôt là-bas. »

Elle ferma les yeux. Au bout d'un moment, elle murmura, d'une voix qui semblait provenir de très, très loin : « Vous aviez raison, Bill. » Ce furent ses dernières paroles.

Je crois que j'ai trouvé ma voie, songea alors Bill.

Il abandonna l'industrie aéronautique et consacra désormais tout son temps aux malades en phase terminale. Il engagea une infirmière qui lui inspirait une totale confiance et fonda une entreprise. Chacun d'eux travaillait à tour de rôle cinq jours d'affilée, sans discontinuer, et prenait ensuite cinq jours de repos, afin d'assurer un suivi permanent. Quand il travaillait, Bill laissait Spooky et Zippo avec une pleine réserve d'eau et de croquettes. Et la chatière de la porte leur permettait de sortir à leur guise. Zippo préférait rester à la maison, pour dormir, mais Spooky adorait toujours chasser en forêt. En particulier les écureuils et les campagnols. S'il n'en avait tenu qu'à lui, il aurait passé ses journées à les chasser.

Mais aussitôt que Bill rentrait chez lui et criait « Spooky ! Spooky ! », le chat lâchait ses proies et rentrait en courant. Bill ne pouvait pas vraiment savoir ce que faisait Spooky quand il était tout seul, mais il aimait le voir sauter les clôtures pour le rejoindre. Parfois, Spooky arrivait si vite qu'il ne parvenait pas à freiner à temps et se jetait dans les pieds de Bill. Puis ils passaient souvent toute une journée ensemble, sans se quitter une seconde. Bill avait besoin de se remettre de la tension accumulée pendant les cinq jours qu'il avait veillé un agonisant, et Spooky était trop heureux de pouvoir oublier ses cinq jours de solitude avec Zippo.

Mais la nature est inconstante. Un jour, vous êtes le chat. Le lendemain, vous êtes le campagnol. Un soir, alors qu'ils habitaient à Granite Falls, dans l'État de Washington, Bill était sorti vider les poubelles, quand il entendit plusieurs coyotes aboyer à proximité. Puis il aperçut une silhouette bouger, reconnut une queue de coyote, et enfin il vit Spooky. Le malheureux était suspendu dans les airs, forcé de danser au-dessus de quatre coyotes qui cherchaient à l'attraper avec leur gueule. Bill s'empara de sa hache, cria « Spooky ! » aussi fort qu'il put, et se rua vers le lieu de la bagarre. Spooky continuait de danser pour échapper à ses agresseurs, mais juste quand Bill arrivait, un coyote réussit à planter ses mâchoires dans la gueule de Spooky, et voulut s'enfuir avec sa prise. Bill brandit sa hache bien haut, et cria si fort que le coyote préféra abandonner son dîner, et déguerpir dans les bois. Spooky, prenant la direction inverse, courut se réfugier dans la maison. Quand Bill le rejoignit, Spooky était roulé en boule sur son oreiller, la tête baignant dans une mare de sang. Bill le conduisit aussitôt chez le vétérinaire. Spooky avait la mâchoire brisée, mais après quelques semaines de diète liquide, il récupéra complètement l'usage de sa mâchoire. Et sa belle tête de chat égyptien était intacte.

Une autre fois, à Darrington, toujours dans l'État de Washington, ce fut un ours. Cette année-là, Bill avait emménagé près de la rivière Sauk, et tous les jours un ours passait devant sa porte pour aller pêcher des saumons dans la rivière, qu'il dégustait ensuite sur place. Tous les jours, également, Spooky se faufilait entre les pattes de l'ours pour chaparder un morceau de saumon, qu'il emportait en détalant ventre à terre. L'ours lançait un coup de patte dans sa direction, mais sans grande conviction : Spooky était déjà trop loin. Mais un jour, alors que Bill observait la scène depuis la fenêtre de la cuisine, le morceau de poisson que voulut chaparder Spooky resta attaché à l'arête principale, ce qui l'immobilisa dans sa course. Cette fois, la patte griffue de l'ours l'atteignit en plein flanc et l'envoya bouler en l'air. Après un vol plané, Spooky retomba dans le jardin du voisin.

Bill était horrifié. Il songea *C'est fini. Spooky est mort. Dès que l'ours sera parti, j'irai récupérer son cadavre.*

Mais deux minutes plus tard, Spooky rentrait dans la maison par la chatière. Il avait trois côtes brisées et une belle plaie au flanc, mais il tenait toujours fermement le morceau de saumon dans sa gueule.

Encore une fois, c'était tout Spooky. C'était un compagnon affectueux, mais c'était aussi le genre de chat à grimper dans un arbre de quarante mètres de haut pour y déloger un écureuil, ou à risquer sa vie entre les griffes d'un ours pour un morceau de poisson. Aucune mésaventure, aucune blessure ne semblait capable de le calmer. Heureusement, cependant, quel que soit son état, il revenait toujours à la maison.

Sauf une fois.

C'était au début des années 1990. L'économie était en récession. Au bout de huit ans, Bill avait fini par renoncer à la prise en charge des agonisants. La charge émotionnelle d'un tel travail était beaucoup trop pesante. Il retourna donc à son ancien métier de mécanicien, d'abord dans l'industrie aéronautique puis, à la faveur d'un nouveau déménagement, dans une entreprise qui fabriquait des coques de bateau. Un vendredi, le propriétaire de l'entreprise vint à l'usine pour annoncer aux salariés : « Les affaires vont mal. Très mal. Lundi matin, tous ceux qui porteront la barbe seront virés. » C'était absurde, bien sûr. Mais hélas, très sérieux. Le propriétaire détestait les barbes et il était apparemment facile, ces années-là, dans l'État de Washington, de se faire renvoyer si votre coupe de cheveux déplaisait au patron.

Bill rentra chez lui et débattit durant tout le week-end du parti à prendre. Il avait été gravement touché au Vietnam, et il avait passé trois mois dans un hôpital à se remettre d'une blessure dont il ne voulait toujours pas parler. Quand on lui ôta enfin ses bandages, il se regarda dans la glace et découvrit son visage avec une barbe. Il en avait terminé avec l'armée – de même que l'armée en avait terminé avec lui –, mais Bill Bezanson aima cette barbe. Cela faisait à présent plus de vingt ans qu'il la portait, il n'avait pas envie de la raser maintenant. En tout cas pas pour un poste de brasage dans un atelier. Le lundi matin, il fut congédié. Il avait rudement bien fait de garder sa barbe : tous ceux qui s'étaient rasés furent de toute façon licenciés dans les semaines suivantes.

À quelques jours de là, Bill se trouvait à l'Elks Club local pour expliquer sa situation à la responsable quand celle-ci lui offrit de lui prêter sa maison pour quelques mois [1]. Elle partait passer l'été ailleurs et avait besoin de quelqu'un pour s'occuper de ses chèvres. Voilà comment, deux jours plus tard, Bill, Spooky et Zippo s'installèrent dans une belle maison du nord-ouest de l'État de Washington. Mais la femme rentra au bout de quarante-huit heures. Elle s'était disputée avec l'homme chez qui elle s'était rendue et, du coup, elle passerait l'été chez elle. Bill et ses chats furent priés de décamper au plus vite.

---

1. The Elks est une fraternité sociale qui réunit plus d'un million d'adhérents aux USA.

Malheureusement, sans emploi, Bill était incapable de se trouver un autre logement car il n'avait pas un sou devant lui. Et la récession battait son plein. Il passa deux longues semaines à chercher désespérément du travail, tandis que la femme s'impatientait de plus en plus de le voir partir. Finalement, il retrouva un travail dans le social, pour prendre en charge les personnes souffrant de longues maladies. C'était un bon job, et plutôt bien payé, au regard du contexte économique. Bill était si soulagé qu'en rentrant ce soir-là il cria joyeusement « Spooky ! Spooky ! ». Il voulait fêter l'événement.

Pas de Spooky.

Pas de Spooky non plus pour le dîner.

Et toujours pas de Spooky à l'heure de se mettre au lit.

Bill comprit qu'il était arrivé quelque chose. Il chercha dans les alentours. Rien. La femme lui dit que les coyotes avaient dû le dévorer. Bill ne voulut pas le croire. Son intuition lui disait que Spooky était toujours vivant. Et il ne s'était pas non plus enfui. Il avait dû se faire enfermer par inadvertance dans un garage, ou un appentis. Dès qu'il serait libéré, il rentrerait à la maison. Le lendemain soir, et tous les autres soirs, Bill s'asseyait sur le porche, au coucher du soleil, et tendait l'oreille, au cas où il reconnaîtrait Spooky. Zippo, contrairement à ses habitudes, était dehors lui aussi : il cherchait Spooky à sa façon. Bill fouilla également les bois à proximité.

Mais les jours passaient, et Spooky demeurait introuvable. La femme insistait pour que Bill et

Zippo fichent le camp. Elle était convaincue que Spooky avait servi de dîner à une bande de coyotes et, de toute façon, elle se moquait du sort d'un vieux chat. Elle voulait juste récupérer sa maison pour elle toute seule. Mais Bill ferraillait contre elle, et tenait bon. Il n'était pas question qu'il déménage sans Spooky. Pas question du tout.

Trois semaines plus tard, lui et Zippo occupaient toujours les lieux. C'était la fin d'après-midi. Bill était assis sur le porche. La femme, debout à sa porte, lui criait pour la énième fois de décamper. Bill refusait pour la énième fois. Il ne partirait pas sans Spooky, lui répétait-il. La femme, folle de rage, détourna le regard vers son jardin. Et tout à coup, elle blêmit. Elle fut même obligée de se cramponner à la porte, pour ne pas défaillir. Spooky traversait le jardin. Il était sale et efflanqué, mais il était vivant.

Bill le prit dans ses bras. « Spooky, Spooky », murmura-t-il, enfouissant son visage dans sa fourrure. « Je savais que tu me reviendrais. »

Ils partirent le soir même. Bill, Spooky et Zippo. Pourtant, Bill n'avait aucun endroit où aller. Mais il prit ses chats, son baluchon, et quitta la maison. Ils dormirent tous les trois dans sa voiture jusqu'à ce qu'il eût touché sa première paie.

Environ un an plus tard, dans un bar, il conversait avec un inconnu quand celui-ci lui dit, après quelques verres : « Attendez ! Vous seriez pas le type qui vivait chez ma mère ? Elle avait jeté votre chat à la décharge, figurez-vous. Je crois qu'elle a bien failli mourir quand il est réapparu. »

La décharge se trouvait à plus de trente kilomètres. Trente kilomètres ! Spooky avait mis trois semaines pour rentrer, mais il était rentré. Il avait survécu à l'attaque d'une chouette. Survécu à des coyotes et à un ours. Et, une fois encore, il s'en était sorti. C'était vraiment un survivant, dans tous les sens du terme.

Cependant, il existe des points de non-retour. Zippo atteignit le sien le premier, en juin 2001, à l'âge de dix-huit ans. Bill l'avait porté à la clinique vétérinaire pour qu'on lui enlève une tumeur. Ce devait être une opération de routine. Bill appela en fin de matinée, tout sourire, pour savoir comment se portait Zippo. Le vétérinaire, le docteur Call, suivait Spooky et Zippo depuis que Bill s'était installé dans l'État de Washington, quinze ans plus tôt. Un matin, peu après son arrivée, Bill avait vu un chien se faire renverser par une voiture. Il s'était précipité pour récupérer l'animal blessé et il l'avait porté chez le vétérinaire le plus proche. Le pauvre chien hurlait de douleur et de terreur mêlées et voulait mordre tous ceux qui l'approchaient. Mais à peine le docteur Call l'avait-il caressé à main nue qu'il s'était aussitôt calmé.

Bill avait été si impressionné que, le lendemain, il lui apporta Spooky en consultation. Spooky aima le docteur Call sur-le-champ. Et la réciproque était vraie. C'est le docteur Call qui le soigna après ses mésaventures avec les coyotes puis avec l'ours. Et il était resté stupéfait de l'histoire de l'attaque de la chouette. Il appelait Spooky son chat miraculé.

Mais ce jour-là, le docteur Call avait une drôle de voix au téléphone, comme s'il se retenait de pleurer. Zippo, expliqua-t-il à Bill, avait mal réagi à l'anesthésie. Il était mort durant l'opération. Ce bon gros Zippo ! La veille encore, il débordait de vie. Et voilà qu'on ne le reverrait plus. Bill était sous le choc. Spooky était effondré.

Sa propre santé déclinait déjà depuis plusieurs années. Il approchait des vingt et un ans, et son sida commençait de prendre le dessus. Il avait de plus en plus de difficultés à garder ses repas dans son estomac et il était souvent en proie à des fièvres qui lui occasionnaient des tremblements dans tout le corps. Privé de Zippo, il s'enfonça dans une léthargie morose. Son vieux compagnon lui manquait, et il passait des heures à le chercher dans toute la maison.

Bill adopta un autre petit chat noir, semblable à Zippo. Il voulait redonner un compagnon à Spooky, mais Spooky n'était pas du même avis. Lui qui n'avait jamais détesté personne de sa vie (même ces pauvres campagnols qu'il avait dévorés au cours de son existence : il n'avait fait que répondre à son instinct de chasseur), il prit en grippe le chaton.

Ses fièvres empiraient. Et il ne gardait pratiquement plus aucune nourriture. En août, Bill le conduisit chez le docteur Call, qui lui expliqua que Spooky se mourait. Il ne lui restait que quelques jours à vivre, et il souffrirait de plus en plus.

Spooky était un battant. Un survivant. Mais aussi un compagnon d'une loyauté à toute épreuve. Pendant vingt et un ans, il avait été là, chaque fois que Bill avait eu besoin de lui. Il avait été son point d'ancrage, son soutien durant ces longues nuits où les cauchemars du Vietnam revenaient le hanter. Il n'avait jamais manqué d'accourir dès que Bill l'appelait. Et même à la fin, il ne se résolvait pas à partir. La plupart des chats reçoivent la piqûre qui leur sera fatale avec une sorte d'apaisement. Pas Spooky. Dès que l'aiguille de la seringue entra en contact avec son épiderme, il miaula et voulut s'échapper. Puis il se tourna vers Bill, le regarda droit dans les yeux, et rugit à la manière d'un lion. Comme s'il se battait encore. Comme s'il n'était pas prêt à partir, et que Bill avait commis une terrible erreur.

Ce cri ébranla Bill. Le docteur Call eut beau lui répéter qu'il avait pris la bonne décision, que Spooky n'aurait pas survécu plus d'une semaine, et encore dans d'atroces souffrances, ce cri hantait Bill. Spooky ne voulait pas mourir ! Malgré la douleur, malgré son âge, il désirait continuer à vivre.

Quelques semaines plus tard, le 11 septembre 2001, les tours jumelles s'effondraient. Bill Bezanson travaillait maintenant chez Boeing. Les attentats lui rappelèrent le Vietnam. Il se demanda si d'autres avions viendraient. Spooky et Zippo lui manquaient plus que jamais. Tout à coup, il se sentit vraiment seul.

C'est alors qu'il reçut une lettre sans nom d'expéditeur (mais il découvrit plus tard qu'elle avait été postée par le cabinet du docteur Call). Quand il apprit la mort de Dewey, sept ans plus tard, il m'en envoya une photocopie. « Je comprends ce que vous pouvez ressentir d'avoir perdu votre chat », m'écrivait-il, « parce que j'en suis passé moi aussi par là ». Et il pensait que cette lettre pourrait m'aider comme elle l'avait aidé. Elle était intitulée : « Mon Testament ».

« Moi, Spooky Bezanson, j'adresse par la présente mes dernières volontés à mon ami et maître, et je lui demande de s'en souvenir chaque fois qu'il pensera à moi.

Mon temps sur terre fut peuplé de grands moments de bonheur. Je n'emporte avec moi aucune possession matérielle, la propriété n'ayant jamais été mon souci. La seule chose importante que j'aie jamais possédée, et qui m'était très chère au cœur, c'était l'amour de mon maître, car personne ne m'a mieux aimé que lui.

Ne sois pas triste en pensant à moi car j'ai trouvé la paix et je ne souffre plus. Mes douleurs physiques provoquées par l'âge et la maladie ne sont plus qu'un souvenir. Je suis à nouveau libre de gambader dans l'herbe, je fais tous les jours la sieste au soleil, et la nuit je dors sous une couverture d'étoiles. Il ne manque qu'une chose à mon bonheur : toi. J'ai hâte que tu viennes me rejoindre.

Nous avons partagé tant de bons moments que tu dois t'imaginer ne pas pouvoir me remplacer, et sans doute es-tu prêt à passer tout le restant de tes jours sans un autre compagnon à quatre pattes.

N'essaie pas de me remplacer, en effet, car ce que nous avons vécu ensemble reste irremplaçable. Mais ne te prive pas de la chaleur qu'un autre pourrait t'apporter. Je serais trop triste de te savoir seul.

Par-dessus tout, rappelle-toi bien une chose, mon cher maître et ami : je serai toujours à tes côtés, dans ton cœur, dans ton esprit comme dans ta mémoire. Et s'il t'arrivait de sentir une petite truffe humide se frotter contre ton mollet, alors qu'il n'y a pas d'animal autour de toi, je suis sûr que tu devineras que c'est moi, venu te dire bonjour. »

Bill Bezanson va beaucoup mieux aujourd'hui. Son sentiment d'isolement ravivé par les événements du 11 septembre 2001 l'a incité à se rendre au centre local des Vétérans, et il a fini par regarder en face ses souvenirs de la guerre du Vietnam, et en particulier ceux du mois de septembre 1968. Pendant plus de trente ans, il n'avait cessé d'occulter les moments les plus douloureux de son existence – un syndrome bien connu chez les victimes de stress posttraumatique. C'était terminé : il ne cherchait plus à fuir.

« Que m'auriez-vous raconté si vous n'aviez pas fini par poser vos bagages ? lui ai-je demandé.

– Je crois que je n'aurais même pas tenté de vous contacter. »

C'était aussi simple que cela.

Trois mois plus tard, en décembre 2001, Bill prit sa retraite. Il adopta un autre chaton, pour que celui qu'il avait recueilli pendant la maladie de Spooky ne se sentît pas seul. Et, après des décennies passées à vivre dans des locations, il acheta un appartement – toujours dans l'État de Washington. Il n'éprouvait plus le besoin de déménager sans cesse, mais il occupa le mois de septembre suivant à repeindre son nouveau logis.

Peu après, il se porta acquéreur d'une petite maison dans les environs de Maple Falls, une bourgade proche de la frontière canadienne. Cette fois, il eut le sentiment d'avoir trouvé la maison où il aimerait finir ses jours, et il ne tarda pas à se faire des amis alentour. Tout le monde l'appelait M. Rends-Service. Il construisit le porche d'un voisin qui se battait contre le cancer ; emmenait une autre, une ancienne institutrice qui souffrait, à quatre-vingt-dix ans, de dégénérescence maculaire, faire ses courses. Son père était mort depuis déjà quelques années, vaincu par le cancer. Aux infirmières qui le soignaient, il avait souvent raconté l'histoire de ce raton laveur qui aimait tellement son fils qu'il était venu lui présenter ses bébés, mais il n'avait jamais cherché à renouer le contact. En revanche, Bill s'est raccommodé avec sa mère, qui vit toujours dans le Michigan, et il l'appelle maintenant deux ou trois fois par semaine.

Dorénavant, il peut aussi compter sur quelques amis. Des voisins, des anciens collègues de travail… Ils se voient de temps en temps, pour discuter et rire autour d'un verre. Il arrive toujours un moment, dans la soirée, où quelqu'un se penche pour se gratter le tibia, en disant : « C'est drôle, j'ai cru sentir quelque chose. » Et quand Bill l'interroge du regard, il précise : « Un contact froid et humide. Mais j'ai dû rêver. »

Bill ne répond rien, mais il sait à quoi s'en tenir. C'est la truffe de Spooky. Son chat ne l'a pas quitté. Et il vient de temps en temps dire bonjour à Bill, en attendant que son maître le rejoigne là-haut.

4
Tabitha, Boogie, Gail, BJ, Chimilee, Kit, Miss Gray, Maira, Midnight, Blackie, Honey Bunny, Chazzi, Candi, Nikki, Easy, Buffy, Prissy, Taffy… et tous les autres

« En lisant Dewey, *je pensais au magnifique livre qui aurait pu être écrit si j'avais tenu le journal de notre séjour sur Sanibel Island, en Floride. Mon mari y dirigeait un hôtel et je m'occupais des réservations. Un soir que nous nous promenions tous les deux, une ravissante petite chatte nous suivit jusqu'à la maison. Je lui donnai à manger, et bien sûr, elle revint nous voir… Bon, pour faire court, nous finîmes par avoir vingt-huit chats. »*

J'aime beaucoup Sanibel Island. J'ai parcouru toute l'Amérique pour des conférences de bibliothécaires – un exercice qui m'a toujours intéressée –, mais aucun endroit ne m'a paru aussi particulier que cette île. Grâce à mon frère Mike, qui était un ami du directeur, j'ai pu séjourner dans des conditions privilégiées à l'hôtel de la Pointe Santo. Et c'est encore là que je me trouvais, la semaine qui suivit la mort de Dewey. La fille de Mike devait se marier, et je préparais mes valises pour la Floride quand mon assistante m'appela pour me dire que Dewey n'allait pas bien du tout.

Je me précipitai aussitôt à la bibliothèque pour l'emmener chez le vétérinaire. Je pensais qu'il s'agissait encore de constipation – une affection dont souffrait souvent notre Dewey vieillissant. Je fus épouvantée quand le vétérinaire parla de « tumeur », de « cancer », de « douleur » et d'« absence d'espoir ». Hélas, en croisant le regard de Dewey, je compris qu'il disait vrai. Il m'avait caché sa souffrance pendant des semaines, peut-être des mois, mais, cette fois, il ne cherchait plus à la cacher. Et il réclamait mon aide.

Je signai la décharge autorisant le vétérinaire à le piquer. Et je le serrai fort dans mes bras pendant qu'il recevait la dose qui allait l'endormir pour toujours. Je vis ses yeux se fermer. Après quoi, hébétée par le choc, je pris les dispositions pour sa crémation. Puis je rentrai à la maison terminer mes valises et, avec près d'une demi-journée de retard sur l'horaire prévu, je passai prendre mon père chez lui, et je faisais de même avec ma fille et ses deux adorables fillettes – des jumelles –, pour conduire tout le monde à l'aéroport. Nous arrivâmes juste à temps pour ne pas rater l'avion. Le temps de souffler un peu et nous survolions déjà le Missouri. Je pris le magazine de la compagnie aérienne placé devant moi. Un passager précédent avait rempli la grille des mots croisés. À la page suivante, je tombai sur une photo de chat. Je fondis en larmes et sanglotai jusqu'à l'arrivée à Sanibel Island.

Il n'y a pas de meilleur endroit pour faire son deuil. Sanibel Island, et tout particulièrement la Pointe Santo, est l'île la plus apaisante que je connaisse. La plage, couverte d'un sable d'un blanc parfait, est presque toujours déserte. Enfin, à condition de ne pas compter les puces des sables, qui se feront un plaisir de vous mordre jusqu'au sang si vos pieds nus touchent le sable après un orage, ou à la tombée du jour. Mais c'est un prix bien modeste à payer (d'autant qu'il est facile de se prémunir de ces vilaines bestioles en marchant avec des tongs) pour profiter d'un véritable paradis. De votre balcon, vous pouvez voir les dauphins sauter dans les vagues ou entendre les oiseaux moqueurs s'interpeller d'un arbre à l'autre. Même l'alligator qui fréquente les parages est paisible. On l'aperçoit de temps à autre qui paresse sur la pelouse, sans un regard pour les vacanciers allongés sur leurs chaises longues.

Et puis il y a les couchers de soleil. Dans l'Iowa, il est parfois possible d'admirer un crépuscule flamboyant, où l'orange se mélange au rose et à l'or. Mais sur Sanibel Island, c'est tous les soirs un feu d'artifice. Que vous observiez le spectacle depuis la plage ou depuis votre balcon, où vous savourez un verre de vin, vous êtes ébloui par tant de beauté, et c'est avec allégresse que vous portez un toast à ce chavirement glorieux du jour.

Du moins, c'est ainsi que se passe d'ordinaire un séjour sur Sanibel Island. Mais avec les préparatifs du mariage, la semaine qui suivit la mort de Dewey s'annonçait agitée. Fort heureusement, Hannah, ma petite-fille, m'offrit une distraction surprise : elle me refila la grippe. J'étais si bien contaminée, que je n'avais même plus la force de lire mes mails, de répondre au téléphone, ou de suivre les actualités télévisées (pour tout dire, c'est à peine si j'étais capable de regarder un épisode de *Dora l'Exploratrice*), si bien que je n'avais aucune idée de ce qui se passait à Spencer. La popularité de Dewey avait littéralement explosé, et le standard de la bibliothèque menaçait de rendre l'âme. Cependant, malgré ma grippe et mon chagrin, Sanibel Island restait un merveilleux endroit.

Aussi compris-je facilement ce que Mary Nan Evans voulait dire en m'écrivant que, la première fois qu'elle se rendit là-bas, elle songea avec regret qu'elle n'aurait « jamais les moyens » de vivre dans un tel lieu. Les paradis, c'est bien connu, sont réservés aux riches et aux puissants. Or, Mary Nan était, comme moi, une fille du Middle West. Son mari, Larry, travaillait à l'intendance d'un hôpital de Waverly, Missouri. Il avait remporté le prix du meilleur employé de l'année, et la récompense était un séjour de quatre jours sur cette petite île au large des côtes de Floride. Mary Nan s'était déjà rendue à plusieurs reprises en Floride – l'une de ses tantes vivait à Fort Myers, sur la côte –, mais rien de ce qu'elle avait pu voir jusqu'ici n'était comparable au spectacle infini du bleu de la mer et du ciel qu'offrait Sanibel Island. Même les immeubles blancs construits en front de mer semblaient se fondre avec la ligne des nuages. En franchissant le pont qui relie le continent à l'île, elle se disait : « Enregistre bien ces images dans ta mémoire, Mary Nan. Car tu ne reviendras pas une deuxième fois. »

Quatre ans plus tard, en 1984, elle était de retour avec Larry. Du moins, en Floride. Et cette fois, ils n'étaient plus en congé : ils cherchaient du travail. Après quinze ans passés dans le secteur hospitalier, Larry espérait décrocher un poste dans l'un des nombreux complexes hôteliers qui longeaient la côte. Mais il s'aperçut très vite qu'il y avait un problème : chaque fois qu'il précisait qu'il possédait un chat, Larry essuyait une rebuffade. Aucun des hôtels qu'il avait contactés n'acceptait les animaux de compagnie.

Il était hors de question qu'ils se débarrassent de Tabitha, leur siamoise adorée. Larry et Mary Nan l'avaient adoptée quinze ans plus tôt, en 1969, quand Larry faisait son service militaire en Californie. Peu avant Thanksgiving [1], Mary Nan avait remarqué une petite annonce, dans le journal local

1. La fête d'Action de Grâce, célébrée le dernier jeudi de novembre, qui réunit toutes les familles américaines autour de la traditionnelle dinde.

parlant d'une portée de chatons à adopter. Le couple ne possédait alors que vingt dollars, précieusement économisés sur la maigre solde de Larry, mais Mary Nan réussit à le convaincre d'aller au moins voir les chatons en question. À peine furent-ils entrés dans l'appartement qu'une nuée de petits siamois se précipita vers eux d'une démarche encore mal assurée. L'un d'eux, cependant, marcha tout droit vers Mary Nan, qui le prit dans ses bras.

« Je voudrais une femelle, expliqua-t-elle à la propriétaire des lieux.

– Il n'y en a qu'une, et vous la tenez dans vos bras. »

Mary Nan donna dix dollars à la femme, et repartit avec Tabitha. Elle dépensa la quasi-totalité des dix autres dollars en litière et nourriture pour chats. Et, le soir de Thanksgiving, Mary Nan et Larry se partagèrent deux plateaux-repas devant leur télévision. Toutes leurs économies ayant été englouties pour Tabitha, ils n'avaient plus les moyens de s'offrir un vrai dîner de Thanksgiving.

Mais Tabitha valait bien ce sacrifice car c'était une petite chatte adorable et très affectueuse. Elle ne désirait jamais rien d'autre que sa gamelle. Elle ne miaulait jamais sans raison. Elle n'était jamais agressive avec les visiteurs ni avec les livreurs. En fait, elle dormait la plupart du temps. Ou elle paressait sur les tapis. Et elle laissait Larry passer l'aspirateur dans sa fourrure – si, si, l'aspirateur ! – pour la débarrasser de ses vieux poils. « Elle avait même fait amie-amie avec une souris », m'expliqua Larry, qui n'en était toujours pas revenu. Plus d'une fois, il l'avait trouvée dans le salon, à contempler une petite souris grise qui trottait hors de son trou. Mary Nan laissait faire. Personnellement, j'aurais demandé à mon chat – ou à Larry – de me débarrasser de cette souris. Mais pas Mary Nan. La nuit, Tabitha dormait dans leur lit. Parfois, Mary Nan se réveillait dans son sommeil, et elle trouvait Tabitha assise sur sa poitrine, qui la regardait.

Mary Nan n'avait aucune gêne pour définir le rôle que remplissait Tabitha dans leur famille. Comme elle et Larry n'avaient pas pu avoir d'enfants (Tabitha non plus, mais là c'était parce que ses maîtres en avaient décidé ainsi), leur chatte était un peu la fille qu'ils n'auraient jamais à critiquer sur ses fréquentations masculines. Pendant quelque temps, Mary Nan coucha même Tabitha dans une couverture pour bébé que lui avait tricotée sa grand-mère.

Mais, bien sûr, les chats ne sont pas des enfants. Du reste, ils étaient interdits dans les logements de la base militaire, aussi Mary Nan veillait-elle à ce que l'existence de Tabitha demeure inconnue de leurs voisins. Pour l'emmener en consultation chez le vétérinaire, elle l'enfermait dans un sac d'épicerie en papier kraft. Tabitha ne s'en plaignit jamais. Au contraire, elle semblait adorer cela. Elle aimait aussi beaucoup la voiture. Parfois, elle miaulait à la porte de l'appartement, juste pour qu'on la descende dans le véhicule. Les jours de beau temps –

et ils étaient nombreux, en Californie – Mary Nan installait Tabby sur la banquette arrière et l'y laissait pendant des heures. Avec une gamelle et un peu d'eau, Tabby aurait volontiers passé sa vie dans la voiture.

Mais quand Mary Nan et Larry séjournèrent sur Sanibel Island, Tabitha se faisait déjà vieille. Dès que Larry en eut fini avec l'armée, la famille retourna vivre dans le Missouri, dont ils étaient originaires tous les deux. Très exactement à Carrollton, une petite ville de quatre mille habitants, où ils s'étaient rencontrés pour la première fois alors qu'elle avait seize ans et lui à peine vingt. Larry travaillait, et Mary Nan tenait la maison. Ils étaient heureux ainsi. Mais les hivers rigoureux du Missouri finirent par malmener les articulations de Tabitha. Après douze bonnes années, elle commença à marcher difficilement. Mary Nan installa une couverture tricotée par la grand-mère de Larry devant le poêle, et Tabitha y restait couchée des heures. Mais ce traitement par la chaleur ne parvint pas à soigner ses articulations. Il fallait bien se résoudre à l'évidence : Tabitha, l'amour de leur vie, déclinait sérieusement.

Pour autant, il n'était pas question un seul instant de l'abandonner. Même si cela devait briser le rêve de Mary Nan de vivre en Floride (car c'était son rêve, plutôt que celui de Larry).

« Il me reste un hôtel à appeler, lui dit Larry, après deux semaines de vaines recherches. Si ça ne marche toujours pas, nous rentrerons à la maison. »

Il composa le numéro de l'hôtel.

« Je dois vous prévenir d'une chose, dit-il d'emblée. J'ai une chatte. Et je refuse de m'en débarrasser.

– Où est le problème ? lui répondit son interlocuteur. Moi, j'ai deux chats. »

Quelques semaines plus tard, Larry, Mary Nan et Tabby s'installaient dans un petit bungalow à proximité du Colony Resort de Sanibel Island. Et cette fois, Mary Nan savait qu'elle resterait au paradis. Le complexe hôtelier se trouvait dans la partie orientale de l'île – la plus résidentielle –, à l'écart des zones trop touristiques. Il se composait de bungalows et d'appartements disséminés dans un vaste enclos de verdure, planté de palmiers, avec accès direct à la mer. Une petite promenade de planches, en bordure de la plage, vous menait tout droit à l'extrémité de l'île, que surplombait son célèbre phare. La nuit, le ciel était d'un noir d'encre criblé de milliers d'étoiles, car les lampadaires s'éteignaient pour ne pas polluer la magie des nuits de Sanibel Island.

Tabby, malgré ses quinze ans et son arthrite, en fut toute ragaillardie. Mary Nan, qui portait désormais matin et soir un short kaki, s'était acheté une vieille bicyclette nantie d'un panier devant le guidon, et Tabitha l'accompagnait dans tous ses déplacements. Larry avait découpé une chatière dans la porte arrière de leur bungalow pour que Tabby puisse sortir toute seule se prélasser au soleil. Mary

Nan et Tabitha étaient capables de passer des heures sur leur porche, Mary Nan avec son aiguille à broder, et Tabitha à ne rien faire, sinon profiter de la vie.

Peut-être est-ce le spectacle de Tabby se prélassant sur ce porche qui attira la petite chatte gris tacheté. Ou alors l'amour (et les croquettes) que dispensait sans compter Mary Nan à leur siamoise. Mais peut-être fut-ce tout simplement inévitable. Car Sanibel Island était envahie, dans les années 1980, de chats errants. On en voyait partout. La petite chatte gris tacheté cherchait sans doute, comme beaucoup d'autres, à survivre au paradis. Et voilà pourquoi elle décida un soir de suivre Mary Nan et Larry pendant leur promenade. Les jours suivants, ils la retrouvèrent devant chez eux chaque fois qu'ils ouvraient leur porte.

« Je vais lui donner un peu de lait », annonça Mary Nan à Larry, au bout de quelques jours. Elle était émue par la maigreur de la chatte. D'un autre côté, elle savait que si elle commençait à la nourrir, elle ne pourrait plus jamais s'en débarrasser.

« Je m'en doutais, marmonna Larry, en roulant des yeux avec un sourire entendu.

– Comment vais-je l'appeler ? demanda ensuite Mary Nan aux deux fils de leurs voisins.

– Boogie, proposèrent-ils.

– Pourquoi Boogie ?

Les deux garçons échangèrent un regard.

– Bah, comme ça, répondit l'un des deux.

– Bon, d'accord, acquiesça Mary Nan. Va pour Boogie. »

Deux mois plus tard, en rentrant du travail, Larry s'immobilisa devant la porte de leur maison.

« Mary Nan ! appela-t-il, une certaine exaspération perceptible dans la voix. Viens voir ce que tu as fait. »

Trois adorables chatons se tenaient sur leur porche. Les petits de Boogie.

« Et bien, nous avons maintenant cinq chats », répondit Mary Nan, avant d'aller chercher une bouteille de lait.

Un an plus tard, le directeur de Colony Resort prit sa retraite. Larry fut nommé pour le remplacer, et Mary Nan commença de travailler à la réception. Ils déménagèrent pour un bungalow plus grand, et dépendant cette fois du complexe hôtelier. Entretemps, Tabitha les avait quittés. Sa santé s'était aggravée au cours des derniers mois, mais Mary Nan et Larry ne pouvaient se résoudre à se séparer d'elle. La dernière semaine, Larry dut se rendre sur le continent, pour son travail. Mary Nan et Tabitha l'accompagnèrent – Tabitha adorait toujours autant la voiture, encore plus que les promenades à bicyclette, ou les siestes sur le porche. Pour introduire Tabby dans l'hôtel où ils logeaient, Mary Nan l'avait enveloppée dans une couverture pour bébé, en faisant croire qu'il s'agissait de son enfant ! Et la journée, pendant que Larry travaillait, Mary Nan promenait Tabitha en voiture, le long de la côte.

De retour à Sanibel Island, ils la conduisirent chez le vétérinaire. « Le moment est venu », leur dit-il tout simplement. Mary Nan et Larry ne répondirent rien. Ils étaient conscients que le vétérinaire avait raison, même si c'était la plus terrible épreuve qu'ils aient jamais traversée. Tabitha était comme leur fille. Ils avaient beau savoir qu'elle souffrait, ils eurent l'impression qu'on leur arrachait une partie du cœur en se séparant d'elle. Cet après-midi-là, Mary Nan et Larry s'assirent sur un banc, face à l'océan, et ils pleurèrent dans les bras l'un de l'autre.

Cependant, il leur restait quatre chats : Boogie et ses trois petits. Contrairement à Tabitha, c'étaient des chats d'extérieur, mais s'ils ne vivaient pas dans la maison, ils ne s'en éloignaient pas non plus. Les étés étant souvent très chauds sur Sanibel Island, Larry leur construisit une petite cabane en bois dans le jardin. C'était un cube d'environ 1,20 mètre de côté, avec un toit plat et des cloisons ajourées pour laisser passer le vent.

Depuis son porche, Mary Nan pouvait les observer vivre dans ou autour de leur cabane. Un jour, l'une des filles de Boogie donna à son tour naissance à trois petits, qu'elle mit bas sur le toit de la cabane. Le lendemain, Mary Nan, horrifiée, vit l'un des chatons, qui n'avait toujours pas ouvert les yeux, et qui était encore trop faible pour marcher, basculer du toit. Elle se précipita, s'attendant à le trouver mort, ou du moins gravement blessé, mais le chaton gisait indemne dans l'herbe, et miaulait après sa mère.

Avec tant de chats à nourrir – ils étaient maintenant sept –, Larry décida de s'organiser. Il disposa contre un mur une rangée de gamelles qu'il remplissait chaque matin après avoir pris son petit déjeuner. Les chats se ruaient aussitôt… sur la même gamelle. Malgré le choix qui leur était offert, ils voulaient tous manger en même temps et dans le même plat, ce qui occasionnait toujours une belle bousculade. Bien sûr, Mary Nan et Larry contemplaient cela en riant.

Peu à peu, la rangée de gamelles attira d'autres chats errants. Ils furent bientôt une dizaine. Puis douze. Puis Larry commença à s'y perdre. D'où vient celui-ci ? Est-ce que je l'ai déjà vu ? À tout hasard, rajoutons quelques croquettes dans les gamelles. C'est Mary Nan qui entreprit de donner un nom à chacun. À ses yeux, c'était la meilleure façon de fixer la colonie. Mais les chats refusèrent de coopérer. Ils continuèrent d'aller et venir à leur guise – et, surtout, de venir en toujours plus grand nombre. Arriva le jour où il n'était plus possible de faire dix pas à Colony Resort sans qu'un chat ne traverse votre chemin. Chaque soir, quand Mary Nan et Larry sortaient marcher, main dans la main, sur la promenade de planches qui longeait la plage, une parade de chats les suivait, comme une portée de poussins. On pouvait même entendre les coussinets de leurs pattes frapper en cadence les planches de la promenade. Quand Larry et Mary Nan s'aventuraient dans les dunes, quelques-uns les suivaient encore, mais la plupart attendaient sagement sur les planches – les chats sont bien connus pour détester le sable. Et ensuite, tout le monde rentrait à la maison.

Chazzi, Taffy, Buffy, Miss Gray.

Maira, Midnight, Blackie, Candi, Nikki, Easy.

« Je n'en ai pas oublié ? demandait Mary Nan.

– Je ne sais pas, répondait Larry. Tu as appelé Chimilee ?

– Mais oui, Larry. Tu sais bien que c'est mon préféré. »

Quand Chimilee était petit, il s'était blessé les pattes de devant, probablement dans une bagarre, et la note du vétérinaire s'était élevée à 160 dollars. Après l'opération, Mary Nan avait dit à Larry : « Ce chat est à moi. J'ai trop investi sur lui pour l'abandonner maintenant. » Voilà pourquoi Chimilee – dont Mary Nan prétendait qu'il ressemblait à Dewey – eut droit de s'installer dans le bungalow. C'était un gros chat jaune qui adorait dormir avec Mary Nan et Larry. Mais peu après, Mary Nan jugea qu'il n'y avait pas de raison d'interdire la maison aux autres chats. Aussi décida-t-elle d'ouvrir la fenêtre de leur chambre, sous prétexte de laisser entrer l'air. En fait, elle pensait que la plupart des chats ne pénétreraient pas à l'intérieur puisqu'ils étaient parfaitement installés dans le jardin. Mais quelques nuits plus tard, Larry, voulant se retourner dans le lit, se retrouva prisonnier d'un piège de fourrure.

Que se passe-t-il ? se souvient-il s'être demandé. « Il devait y avoir une bonne vingtaine de chats dans le lit », m'expliqua-t-il en riant.

« Non, Larry, rectifia Mary Nan. Ils n'étaient que cinq. Mais ils étaient tous gras à lard. Nous dormions avec plus de quarante kilos de chats toutes les nuits. »

Mary Nan referma la fenêtre, et ils en restèrent donc à cinq chats – sauf les jours de canicule, où elle était obligée de rouvrir la fenêtre, et c'étaient alors dix ou douze chats qui pénétraient dans leur chambre. Mais Mary Nan ne songea jamais à se plaindre de cette avalanche de chats sur leur lit. Ni des poils qui traînaient partout, ni des griffures sur le canapé. Ce qui l'embêtait davantage, c'étaient les lézards que les chats apportaient jusque dans le salon, pour les torturer. Et même, une fois, un horrible serpent.

« Cela nous occasionnait beaucoup de travail », confessa Mary Nan, provoquant du même coup l'hilarité de son mari. Car c'était Larry qui nettoyait les litières et remplissait les gamelles. C'était lui aussi qui conduisait les chats chez le vétérinaire lorsque c'était nécessaire et qui construisit une cage spéciale pour BJ, revenu en lambeaux d'une bagarre. Comme il s'obstinait à vouloir arracher ses bandages, et à les disperser sur les pelouses de Colony Resort, Larry le consigna en quarantaine dans cette cage, jusqu'à ce que ses blessures soient cicatrisées. Ce problème résolu, Larry dut réparer les moustiquaires des bungalows que les chats avaient endommagées. Et réparer également leur cabane.

Un jour, Mary Nan aperçut un escabeau, avec deux chats sur chaque échelon. *Larry devrait le ranger*, songea-t-elle. Une autre fois, Larry ouvrit son barbecue pour l'allumer, et découvrit un chat à l'intérieur. Il avait récupéré sur la plage une grosse branche échouée, et l'avait placée dans le jardin pour qu'ils puissent y faire leurs griffes. *Cela les occupera un bon moment*, s'était-il dit. Mais la branche ne mit guère plus d'une année pour être réduite en miettes, et Larry avait dû clouer des morceaux de planche sur les accoudoirs de leur canapé, là où les chats avaient gratté jusqu'au squelette du meuble.

Pour nourrir tout le monde, Larry avait décidé de disperser des gamelles un peu partout sur la propriété. Chaque matin, pendant que Mary Nan préparait leur petit déjeuner, il sillonnait les pelouses avec sa voiturette de golf pour livrer sa provision de croquettes. Plusieurs chats s'invitaient souvent dans le véhicule, n'hésitant pas à monter en marche, pour tenter de se servir à même les sacs de croquettes. Mais à peine était-il rentré à la maison, pour déguster son petit déjeuner, que cinq ou six chats grimpaient sur le rebord de la fenêtre.

« Ils ont encore faim », disait-il à Mary Nan. Et tous deux éclataient de rire.

Car il n'y avait pas une minute où l'un de leurs chats n'avait pas faim. Dès que Larry reprenait sa voiturette de golf pour inspecter le domaine, plusieurs le suivaient en miaulant. Ils suivaient aussi Mary Nan jusqu'à sa voiture, et elle devait toujours sortir très lentement de son stationnement, pour ne pas risquer d'en écraser un.

Le seul moment où aucun chat n'était plus visible sur Colony Resort, c'était après le « bombardement ». À cette époque, les autorités de Sanibel Island faisaient appel à d'anciens bombardiers militaires pour éradiquer les moustiques. Les avions volaient en rase-mottes, juste au-dessus des arbres, pour épandre leur poison sur toute l'île. Tout se passait très vite. Une seconde, le ciel était d'un bleu limpide et un silence magique régnait partout, et la seconde d'après un bombardier passait au-dessus de votre tête dans un bruit d'enfer. Les chats, paniqués, s'enfuyaient dans toutes les directions pour se mettre à l'abri. Même s'il était un peu poignant de les savoir aussi terrifiés, Mary Nan ne pouvait pas s'empêcher de rire en voyant tous ces chats détaler ventre à terre.

Un jour, Mary Nan croisa Carl, le jardinier, près d'un des bungalows de l'hôtel. Il ratissait tranquillement la pelouse, mais un chat s'accrochait à chacune de ses jambes de pantalon.

« Ils essaient de me voler mes confiseries », expliqua-t-il à Mary Nan. Carl avait pris l'habitude de cacher des friandises pour chat dans ses poches, et les chats avaient eux-mêmes pris l'habitude de grimper à ses jambes pour tenter de les lui dérober.

« Ça ne nous prenait pas seulement du temps, m'expliqua encore Larry. Ça nous coûtait aussi très cher. » Cependant, Larry et Mary Nan refusaient de compter. Puisqu'ils n'avaient pas pu avoir d'enfants, leurs chats leur apportaient tout l'amour et l'affection qu'ils pouvaient espérer. Et ils avaient aussi l'assurance que leurs journées seraient bien remplies :

7 h 30. Lever. Sortir les chats du lit. Ouvrir le placard de la cuisine qui contient les réserves de croquettes. Comme d'habitude, un chat s'y est

laissé enfermer la veille au soir. Il en sort en se léchant les babines.

7 h 40. Démarrer la voiturette de golf pour la tournée de nourriture. Faire attention à ne pas écraser un chat qui se précipiterait sur la voiturette.

8 h 30. Petit déjeuner.

9 heures. Début officiel de la journée de travail. Ouverture de la boutique et des réserves. Une fois de plus, Buffy s'est endormi dans la caisse à outils.

9 h 18. Mary Nan s'installe à la réception. Les chats y sont interdits, mais Gail a encore réussi à s'y faufiler.

9 h 32. Vérification des moustiquaires, au cas où les chats en auraient encore détruit de nouvelles avec leurs griffes.

9 h 45. Ouverture du garage, pour y prendre des moustiquaires de rechange. Là non plus, les chats n'ont pas le droit de rentrer. Hoops ! Il y en a un qui s'est endormi sur l'escabeau.

11 h 18. Toutes les moustiquaires sont réparées. Les chats semblent déçus.

11 h 38. Inspection de l'eau de la piscine. Un chat est en train de boire dedans. Réflexion faite, ce n'est pas un chat, mais un raton laveur. Il grignote quelques croquettes pour chat avant de disparaître.

12 h 2. Déjeuner avec Mary Nan, au bureau. Gail guette les miettes qui pourraient tomber.

12 h 32. Dégager les chats couchés sous la voiture, s'assurer qu'il n'en reste aucun, puis démarrer très lentement, avant de partir en ville, faire quelques courses.

13 h 13. Reprendre la voiturette de golf, pour une inspection du domaine. Des chats se sont assoupis sur la banquette. Combien ? Peut-être quatre. Mais ils sont tellement serrés les uns contre les autres qu'il est difficile de les compter. Une poignée d'autres lèvent la tête le long du parcours, avant de continuer leur sieste. Ils savent que ce n'est pas la tournée des croquettes.

13 h 40. Inspection avec Carl, le jardinier. Entretien des arbres. Plusieurs chats nous observent.

17 h 00. La journée de travail est officiellement terminée, mais il reste des branches d'arbres à dégager.

17 h 35. Tournée de croquettes du soir. Gail est montée dans la voiturette et tente de se servir dans le sac.

18 h 23. Promenade le long de la plage avec Mary Nan. Faire comme si les chats ne nous suivaient pas.

19 h 28. Dîner. Les chats regardent par la fenêtre, et implorent des miettes. Où sont passés les rideaux ?

19 h 31. Remettre la tringle, qui s'est décrochée quand un chat a voulu grimper aux rideaux. S'obliger à ne pas voir les nouveaux accrocs dans le tissu.

19 h 42. Retour au dîner. Les chats n'ont pas bougé de place. S'en débarrasser en leur jetant quelques poignées de croquettes.

20 h 15. Inspection du bungalow, pour repérer d'éventuels dommages félins. Rien à signaler, sinon quelques éclats de bois. Déloger les trois chats qui se sont lovés entre la tête du lit et le matelas.

21 heures. Pousser Maira et Chimi du fauteuil où ils ont élu domicile pour regarder tranquillement la télévision.

21 h 36. Répéter à Chimi de ne pas aiguiser ses griffes sur le canapé.

23 h 30. Fin des actualités locales. C'est l'heure d'aller se coucher. Ne reste plus qu'à trouver une place sur le matelas, au milieu des chats.

0 h 34. Réveillé par un bruit dans la cuisine. Plusieurs chats essaient d'ouvrir le placard à croquettes. Les chasser avant de retourner au lit.

Un soir, alors que Mary Nan et Larry regardaient la télévision, quelqu'un frappa à la porte de leur bungalow. C'était un jeune garçon d'à peu près onze ans, dont les parents séjournaient régulièrement à Colony Resort. Il tenait un ravissant chaton dans ses bras.

« Je peux garder celui-ci ? demanda le garçon, avec des yeux implorants. Je l'aime tout plein. »

Mary Nan hésita. Elle connaissait les parents du gamin, et les appréciait. Mais sauraient-ils s'occuper d'un chat ? En outre, elle se demandait bien d'où pouvait sortir ce chaton car elle ne se souvenait pas de l'avoir déjà vu sur le domaine. Était-ce bien à elle d'en disposer ? Après enquête, elle put constater que les parents étaient aussi enthousiastes que leur fils pour l'adopter et, puisque personne n'était venu réclamer ce chaton, elle laissa toute la famille repartir avec lui, dans le nord de la Floride.

Cependant, elle ne cessa de s'inquiéter pendant les semaines qui suivirent. Avait-elle bien agi dans l'intérêt du chaton ? Et pour qui se prenait-elle ? Pour une agence d'adoption ? Mais, juste au moment où cette histoire menaçait de la rendre folle, elle reçut un mot de remerciement, agrémenté d'une photo du chaton. D'autres envois suivirent et ainsi Mary Nan put voir, à distance, le chaton grandir dans sa nouvelle maison. L'été suivant, quand toute la famille revint passer quelques jours à Colony Resort, elle eut droit à toutes les histoires le concernant.

Une autre visiteuse – originaire de Miami – se montra encore plus directe. « Je prends ces deux-là », annonça-t-elle un jour à Mary Nan. Elle avait déjà cinq chats chez elle, mais elle ne pouvait se résoudre à quitter Colony Resort en abandonnant derrière elle les deux amis qu'elle s'était faits durant son séjour. *Bah, tant que les chats sont heureux*, se dit Mary Nan, qui donna encore son accord.

De toute façon, Mary Nan connaissait bien la plupart de ses clients. Colony Resort était une résidence à vocation familiale, et nombre de vacanciers y séjournaient régulièrement depuis des années. Certains étaient même de la deuxième génération, suivant les traces de leurs parents. Nombre d'entre eux venaient à la même période de l'année et tous, après leur deuxième ou troisième visite, s'attendaient à retrouver les chats qui peuplaient le domaine. Souvent, ils demandaient même de leurs nouvelles au moment de confirmer leur réservation.

Les enfants, en particulier, adoraient nourrir et caresser la horde de chats errants la plus choyée de toute la Floride. Et chaque visiteur de Colony Resort avait son ou ses chats préférés.

Mais la seule vraie vedette du domaine, c'était Gail – l'unique femelle de la première portée de Boogie. Gail avait le pelage entièrement blanc et une adorable petite truffe rose. Au soleil, elle brillait littéralement, et tout le monde s'extasiait sur sa beauté et son port de reine. Et, comme Dewey, elle possédait une personnalité calme et généreuse, qui s'accordait à son précieux ramage.

Une visiteuse régulière, Dr Niki Kimling, psychologue à Stamford, dans le Connecticut, était particulièrement sous le charme. Niki aimait tous les chats du domaine, et elle arrivait toujours avec des cadeaux pour eux dans ses bagages. Une année, pour leur Noël, elle laissa derrière elle vingt-cinq boîtes de nourriture pour chat de premier choix, qu'ils préféraient évidemment à leurs croquettes ordinaires, mais qui était aussi beaucoup plus chère. Mais quelle que fût l'affection que Niki portât aux autres chats, Gail était de loin sa préférée. Tous les ans, elle téléphonait avant son arrivée, pour demander qu'elle partage son logement. En principe, les chats n'étaient pas autorisés à entrer dans les appartements, ni dans les bungalows, mais, une semaine par an, Gail vivait avec Niki, qui ne la nourrissait qu'avec ses boîtes achetées à prix d'or et la gâtait comme il n'est pas permis. Heureusement, Gail ne se laissait pas tourner la tête (pas plus que Dewey, dont la popularité n'altéra jamais le naturel modeste). Le reste de l'année, elle ne cherchait pas à loger à l'intérieur. Mais une semaine par an, elle s'abandonnait sans complexe aux caresses de Niki.

Si vous aimiez les chats, Colony Resort était pour vous. Dans les années qui suivirent l'adoption de Boogie par Mary Nan, le complexe hôtelier devint un paradis pour chat, sur ce paradis qu'était Sanibel Island. Vous ne pouviez pas faire un pas sans apercevoir un félin – sinon deux, qui se couraient après sur les pelouses. Et il n'y avait pas que des chats, d'ailleurs. Un après-midi qu'elle regardait par la fenêtre, Mary Nan aperçut huit chats et deux ratons laveurs se prélassant sur le même banc. Une autre fois, un vacancier vit un raton laveur se laver les pattes dans la piscine. Les animaux sauvages se mêlaient sans problème à la horde des chats errants. En fait, les deux populations se côtoyaient, en s'ignorant la plupart du temps. Sauf lorsqu'il s'agissait des rats. Les habitants les moins populaires de Sanibel Island sont ces gros rats, typiques des pays subtropicaux, qui aiment se cacher dans le feuillage des palmiers. Les chats les détestaient, et les pourchassaient sans pitié. Grâce à eux, Mary Nan n'eut jamais la désagréable surprise de trouver un seul rat dans les appartements de Colony Resort.

Bien sûr (et j'ai eu souvent l'occasion de le constater avec Dewey), il existe des gens qui n'aiment pas les chats. Je suis convaincue que les propriétaires de Colony Resort reçurent un certain nombre de plaintes, mais je suis également convaincue qu'ils eurent le tact de ne pas les montrer à Larry et Mary Nan. Au bout d'un moment, tout de même, ils jugèrent que la population féline devenait un peu trop envahissante. Et malgré les protestations de quelques clients, Mary Nan et Larry convinrent également qu'il fallait réagir. Il était grand temps. Larry passait des heures, chaque jour, à remplir les gamelles, et à réparer les dégâts causés par les chats.

Certes, la mortalité naturelle était importante. Les maladies se répandaient vite, dans une horde de chats errants, et l'espérance de vie féline sur Colony Resort excédait rarement les huit ou neuf ans. C'était toujours Larry qui avait la lourde tâche de conduire les chats condamnés chez le vétérinaire. Piquer Easy, la chatte préférée de Carl, s'avéra particulièrement difficile. Elle était si faible et si vieille que son système circulatoire rendit l'âme, et que Larry fut obligé de la tenir la tête en bas, pendant que le vétérinaire enfonçait à plusieurs reprises l'aiguille dans son train arrière. Elle cria, et leva vers Larry des yeux si remplis de frayeur et de reproches qu'il aurait voulu disparaître sous terre. Puis elle ferma enfin les yeux et mourut. Larry quitta le vétérinaire en pleurant, le cadavre d'Easy dans les bras, et il revint à la maison pour l'enterrer. Il était si choqué par ce qu'il venait de vivre qu'il était parti sans régler la note du vétérinaire.

Entre les morts naturelles et les adoptions des visiteurs, Mary Nan put commencer à réduire progressivement le nombre de chats vivant sur le domaine. Puis, grâce au soutien financier de la bienfaitrice de Gail, le Dr Kimling, elle entreprit de stériliser le reste de la horde. C'était précisément à l'époque où une association de bénévoles faisait de même avec tous les chats errants de Sanibel Island, afin de contenir la population féline dans des proportions raisonnables. « J'aimerais bien vous aider », dit un jour Mary Nan à l'une des responsables de cette association.

« Vous nous aidez déjà, lui répondit la femme. En traitant les chats de votre domaine. »

La plupart des chats de Colony Resort se rendirent sans appréhension chez le vétérinaire, soit parce qu'ils avaient toute confiance en Mary Nan et Larry, soit parce qu'ils ne se doutaient pas un seul instant de ce qui les attendait. Quelques-uns, cependant, résistèrent. D'autres, enfin, furent difficiles à attraper. Il fallut des semaines, pour parvenir à capturer Prissy, un gros mâle musculeux. Mais, au moment où Mary Nan croyait bien le tenir pour l'introduire dans la cage qui l'attendait, il réussit à s'échapper, non sans lui griffer méchamment le bras, du coude jusqu'au poignet. La blessure semblait si vilaine, et saignait tellement, que Mary Nan, par sécurité, se rendit aux urgences. L'intervention attira l'attention des autorités de l'île chargées de contrôler les animaux. Mary Nan dut insister pour les convaincre que ce n'était pas la faute de Prissy, que ce n'était pas un chat méchant par nature, mais simplement qu'il n'avait jamais été en cage de sa vie. Quelques semaines plus tard, Larry attrapa à son tour Prissy, et il fut lui-même si méchamment griffé qu'il songea également à se rendre aux urgences. Mais s'il faisait cela, ils étaient convaincus que Prissy serait condamné à être abattu par les autorités. Aussi, le lendemain, pour en finir de manière moins dramatique, ils glissèrent des pilules de somnifère dans sa gamelle. Mais Prissy eut le temps de s'enfoncer sous quelque épais buisson pour dormir, et Mary Nan et Larry restèrent deux jours sans le voir. Au bout du compte, vingt-cinq chats furent stérilisés sur Colony Resort. Mais Prissy n'était pas du nombre.

Les chats du domaine et de l'île stérilisés, grâce aux efforts conjugués de Mary Nan, Larry et de l'association de bénévoles, la population féline de Colony Resort entama son déclin. Chimilee, le chat préféré de Mary Nan, mourut de leucémie, et fut enterré près de Tabitha, l'adorable siamoise par laquelle tout avait commencé. Un chat rayé fut inhumé sous la fenêtre de leur salle de bains, où il avait coutume de s'asseoir. Deux autres furent enterrés près de la fontaine ornant la cour d'entrée, et qu'ils avaient toujours considérée comme leur gamelle d'eau personnelle. Le Dr Kimling cessa de venir à la fin des années 1990, après le décès de son mari. Sa chère Gail mourut peu après, à l'âge de douze ans. Elle fut enterrée devant la porte du numéro 34, le logement que le Dr Kimling avait loué pendant tant d'années.

Le dernier chat à vivre sur Colony Resort s'appelait Maira. C'était une descendante directe de Boogie, la petite chatte grise à qui Mary Nan avait si innocemment offert un peu de lait, près de vingt ans plus tôt. Maira avait toujours été une solitaire, même lorsque la colonie de chats était à son apogée, et elle préférait la compagnie de Mary Nan et de Larry à celle de ses congénères. Maintenant que tous les autres avaient disparu, elle prit ses aises dans le bungalow de Mary Nan et Larry et leur tint compagnie. Ce n'était pas exactement ce qu'on pourrait appeler une chatte affectueuse, et encore moins sentimentale, mais enfin elle était toujours près d'eux, et elle les suivait volontiers d'une pièce à l'autre. En vieillissant, elle se montra plus câline, comme si elle avait compris qu'elle incarnait le dernier lien avec une époque heureuse, mais révolue. Elle mourut en 2004, après avoir passé cinq années entières chez Mary Nan et Larry en tant que dernière survivante de la communauté féline de Colony Resort.

Mary Nan et Larry Evans dirigent toujours le complexe hôtelier de Colony Resort, qui continue d'accueillir de très anciens clients, habitués de l'endroit. Beaucoup se souviennent des chats qui distrayaient leurs vacances. Gail, Boogie, Chimilee, Maira et les autres survivent dans leurs mémoires, comme des ancêtres familiers qui reprennent vie lorsqu'on les évoque le soir, en conversant sous la voûte étoilée de Sanibel Island.

Les chats n'ont pas seulement disparu de Colony Resort, mais de toute l'île. Il y a vingt ans, lors de mon premier séjour là-bas, vous butiez contre un chat pratiquement à chaque pas. Aujourd'hui, vous pouvez traverser l'île de bout en bout en voiture, sans en voir un seul. Mary Nan refuse de le déplorer. Elle juge que c'est mieux ainsi. La plupart des chats errants étaient malades, et se battaient pour survivre. C'est mieux également pour les chats de compagnie, qui ne risquent plus d'attraper les virus dont les chats errants étaient porteurs. Et c'est mieux, bien sûr, pour tous les autres animaux de l'île, comme les oiseaux, par exemple, qui furent si souvent victimes des instincts chasseurs des félins. En revanche, c'est dommage pour les rats, qui n'ont plus de prédateurs. C'est toutefois un prix bien modeste à payer, en échange d'un retour à plus d'équilibre naturel sur ce paradis qu'est Sanibel Island.

Mais, au fond de son cœur, Mary Nan pleure toujours ses chats. Le rituel des gamelles lui manque. Le rituel du coucher, avec tous ces kilos de fourrure sur pattes qui encombraient leur lit lui

manque tout autant. Elle est triste de ne plus voir un seul chat lézarder au soleil lorsqu'elle jette un coup d'œil par la fenêtre. Et elle se souvient avec nostalgie de la façon dont ils prenaient tous la poudre d'escampette dès que le bombardier anti-moustique s'annonçait dans le ciel. Mais, plus que tout, c'est leur compagnie qui lui manque, et ce lien étrange mais si précieux qui s'était tissé entre une communauté de chats et une communauté d'humains.

Il n'y aura plus jamais de chats sur Colony Resort. Mais Mary Nan et Larry pensent maintenant à leur retraite, et ils envisagent de revenir habiter sur le continent. Si c'est bien le cas, ils sont à peu près certains qu'ils adopteront un autre chat. Larry avait toujours été une personne à chien – les cockers anglais, pour être précis –, mais ce dîner de Thanksgiving partagé, en 1969, avec Tabitha avait changé pour toujours son opinion sur les chats. Il aima Tabitha autant que Mary Nan l'aima, de même qu'il aima les vingt-huit autres chats qui partagèrent leur vie sur Colony Resort. Et, comme Mary Nan encore, il est convaincu que rien ne le rendrait plus heureux que de vivre ses dernières années sous le soleil de Floride, en compagnie d'un chat, à se souvenir de ces belles années où le monde se résumait à quelques palmiers, du soleil, et l'amitié d'une communauté féline.

5
Le Chat de Noël

« Pendant que je le tenais dans ma main, le chaton toussa. Plus exactement, il crachota. Et ce crachotement misérable ouvrit un chapitre de ma vie qui me donne encore les larmes aux yeux – et un sourire aux lèvres – quand j'y repense. »

Vicki Kluever n'a jamais aimé les chats. Elle n'a pas grandi avec un chat et elle n'avait pas d'ami qui en possédât un. Mais elle en croisa assez souvent sur son chemin pour se convaincre que les chats n'étaient pas pour elle. Les chats se frottent toujours contre vos jambes. Ils veulent toujours s'asseoir sur vos genoux. Et ils réclament sans cesse votre attention. Vicki est née et a passé son enfance à Kodiak, une île montagneuse au large de l'Alaska, où le seul lait disponible était en poudre et où il n'y avait pas d'autre viande abordable que le poisson que vous pêchiez dans les eaux glacées de l'océan. Vicki se considérait comme une femme forte et indépendante, héritière d'une lignée de femmes fortes et indépendantes, et si jamais elle devait avoir un animal de compagnie, ce serait un animal fort et indépendant. Les chats ? Ils étaient bien trop mous.

Mais sa fille, Sweetie, avait quatre ans. Et Sweetie voulait un animal. Vicki suggéra un chien. Elle-même avait grandi entourée de chiens. Son propriétaire, malheureusement, se montra intraitable : pas de chiens dans l'appartement. En revanche, il n'avait rien contre les chats. Et, si sa fille le désirait, expliqua-t-il à Vicki, elle pouvait même en adopter deux. L'idée plut à Vicki, car deux chats se tiendraient mutuellement compagnie et elle n'aurait pas à se soucier d'eux. Aussi, quand une collègue de travail lui annonça que sa chatte mettrait bas en novembre, Vicki Kluever pensa avoir trouvé le cadeau de Noël idéal pour sa fille. Du moins, un cadeau autorisé dans l'appartement qu'elle louait à Anchorage, en Alaska.

Deux semaines avant Noël, alors que les chatons étaient tout juste sevrés, Vicki leur rendit visite. Ils étaient évidemment irrésistibles, et c'était touchant de les voir se presser contre leur mère. Sauf un – un mâle – qui se tenait fièrement sur ses pattes et s'amusait à mordiller la queue de ses frères et sœurs pendant qu'ils tétaient. Il semblait posséder une forte personnalité. Et un caractère autonome. Vicki décida donc de le prendre. Puis elle choisit son exact opposé : une petite femelle à l'air vaguement siamois, qui paraissait la plus docile de la portée.

L'adoption officielle était programmée pour le jour du réveillon. Ce soir-là, Vicki et sa fille dîneraient avec leur ami Michael, aussi Vicki lui demanda-t-elle de prendre Sweetie dès la fin d'après-midi (en réalité, le vrai nom de sa fille était Adrienna, mais Vicki l'appelait Sweetie depuis qu'elle était bébé). Pendant ce temps, Vicki irait chercher les deux chatons. Sweetie s'endormait toujours vers sept heures du soir. Le réveillon terminé, elle tomberait donc de sommeil quand viendrait le moment de rentrer à la maison, et elle ne remarquerait même pas la boîte sur la banquette arrière. Sweetie ne découvrirait les chatons que le lendemain, quand elle les trouverait, à son réveil, sous le sapin.

Vicki était contente de son plan. Et convaincue qu'il marcherait. On ne pouvait pas rêver plus belle surprise de Noël. Mais quand elle passa prendre les chatons, ils avaient tous disparus. Les deux qu'elle comptait adopter, comme le reste de la portée. Sa collègue de travail était partie la veille en vacances, et pendant son absence les chatons avaient réussi à s'échapper de leur boîte. La sœur de la collègue, qui avait ouvert la porte de la maison à Vicki, n'avait pas l'air très contente de ce contretemps inattendu, mais elle aida tout de même Vicki à chercher les chatons. Au bout d'une demi-heure, elles les avaient tous retrouvés, sauf un. Le chaton tout noir, celui au naturel indépendant que Vicki avait tout de suite voulu adopter. Vicki ne savait pas quoi faire, sinon qu'elle devait prendre une décision au plus vite, car elle était attendue chez Michael pour le réveillon. Devait-elle se contenter seulement de la petite chatte ? Ou devait-elle en choisir un autre à adopter ?

Elle ne se souvient plus très bien de la suite des événements. Probablement eut-elle tout simplement envie d'aller aux toilettes. Toujours est-il qu'elle se retrouva à pousser la porte de la salle de bains. Elle alluma la lumière, jeta un coup d'œil au WC… et son cœur faillit manquer un battement. Le chaton noir gisait dans le fond de la cuvette.

Vicki se rua pour le sortir de là. Il n'était pas plus gros qu'une balle de tennis et tenait sur une seule de ses paumes, le corps froid et rigide. Ses paupières étaient juste assez entrouvertes pour laisser voir qu'il était bel et bien mort. Vicki était convaincue que c'était lui qui avait entraîné les autres hors de leur boîte. Elle reconnaissait bien là son énergie et son indépendance. Mais, emporté par son sens de l'aventure, il avait glissé dans la cuvette des toilettes et il s'était noyé. La veille de Noël.

« Qu'allez-vous faire ? »

La question la tira de ses pensées. Elle avait dû crier, en voyant le chaton mort car la sœur l'avait rejointe dans la salle de bains et contemplait, par-dessus son épaule, le petit cadavre.

« Je suppose que nous devrions l'enterrer, répondit Vicki.

– Je n'ai pas le temps. Je suis déjà en retard pour partir à mon travail.

– Nous ne pouvons quand même pas l'abandonner ! plaida Vicki. Nous ne pouvons pas laisser un chaton mort… »

Juste comme elle prononçait ces mots, le chaton toussa. Ou plus exactement, il crachota. Baissant les yeux, Vicki s'aperçut qu'elle massait inconsciemment le ventre du chaton avec son pouce. Ce mouvement avait-il expulsé de l'eau de ses poumons ? Ce crachotement voulait-il dire que le chaton revenait à la vie ou était-ce au contraire la dernière expectoration d'un corps plongeant dans la mort ? En tout cas, il ne bougeait toujours pas. Comment pouvait-il seulement… ?

Il crachota de nouveau. Un son misérable, qui s'étrangla dans sa gorge. Mais cette fois, il régurgita un peu d'eau.

La sœur ne parut pas le moins du monde impressionnée. Elle regardait ostensiblement sa montre, pour bien signifier qu'elle n'avait pas le temps de débattre de la possible résurrection d'un chaton qu'elle considérait manifestement comme mort. De toute façon, par quel prodige une créature aussi minuscule aurait-elle pu survivre à un séjour – même très court – au fond de la cuvette des toilettes ?

Vicki enroula le chaton dans une serviette de bain sans cesser de lui masser le ventre, pour qu'il continue à régurgiter toute l'eau contenue dans ses poumons. Puis elle téléphona à sa vieille copine Sharon, qui habitait le quartier. Vicki et Sharon s'étaient souvent rendu mutuellement service, pour des questions de travail ou d'ordre privé. Quand Vicki lui annonça qu'il s'agissait d'une urgence, et qu'elle avait besoin de débarquer chez elle, Sharon acquiesça sans même chercher à connaître les détails.

Vicki abandonna sur place l'autre chaton qu'elle se destinait à adopter – la petite chatte docile –, et elle courut chez son amie. Il n'était plus question, pensait-elle, d'offrir le petit chaton noir à sa fille. Même s'il avait survécu à son plongeon dans la cuvette des toilettes, il ne payait plus de mine, à présent. Et ses chances de survie à long terme étaient probablement très minces. Mais ce chaton était un battant et, bien qu'elle n'eût pas beaucoup d'affection pour les chats, Vicki ne pouvait pas se résoudre à l'abandonner.

Même Sharon fut effrayée par le spectacle du petit chaton trempé et encore à moitié inconscient.

« Je l'ai trouvé au fond de la cuvette des toilettes, expliqua Vicki. Mais il crache de l'eau.

– Il est tout froid, constata Sharon. Il faut le réchauffer immédiatement. »

Elles posèrent le chaton sur le comptoir de la cuisine et, pendant que Sharon lui caressait la tête, Vicki commença à le sécher au moyen d'un sèche-cheveux. Le chaton entra alors en convulsions : sa bouche pendait grande ouverte, et ses paupières clignaient très vite, comme s'il allait avoir une crise de tétanie. Puis il fut pris de violents tremblements.

Il semblait souffrir. Mais il n'avait toujours pas rouvert les yeux.

Déjà en retard pour son dîner, Vicki téléphona à Michael : « J'arrive, lui promit-elle. Dis à Sweetie que je n'en ai plus pour très longtemps. Et... euh, joyeux Noël ! »

Après quoi, elle appela tous les vétérinaires inscrits dans l'annuaire. Aucun ne répondit. Ce qui, hélas, était logique pour un début de soirée de réveillon. Mais elle ne pouvait pas laisser le chaton chez Sharon, car sa fille aînée était allergique aux poils de chat. Et il n'était pas non plus question qu'elle l'abandonne à son sort. Pas après tout ce qu'il avait enduré. Au bout d'une heure, comme ses convulsions se faisaient plus rares, elle l'installa dans une boîte à chaussures, avec la serviette de bain pour lui tenir chaud, et elle partit à son dîner de réveillon.

« C'est le chat de Sharon, expliqua-t-elle à Sweetie quand sa fille s'intéressa au contenu de la boîte à chaussures. Il est très malade, mais Sharon devait partir à son travail, alors je lui ai dit que nous nous occuperions de lui ce soir. »

Sweetie contemplait, médusée, le pauvre petit chaton noir, avec sa bouche grande ouverte, ses yeux gonflés et son corps qui semblait inanimé. Vicki comprit que sa fille était au bord des larmes.

« Il va probablement mourir, tu sais, lui dit-elle, serrant sa fille contre elle. Mais nous ne pouvions pas le laisser tout seul.

– O.K. », répondit Sweetie, en rendant son accolade à sa mère.

Ils placèrent la boîte à chaussures dans la salle de bain, près du radiateur, puis s'assirent pour dîner. L'ambiance était plombée et ne ressemblait plus du tout à celle d'un soir de réveillon. Ils mangèrent lentement, et la conversation manqua d'entrain. Toutes les cinq minutes, Vicki ou Sweetie se rendaient à pas de loups dans la salle de bain, pour s'assurer de l'état du chaton. Ses convulsions avaient entièrement cessé, mais sa respiration était si faible qu'on pouvait se demander s'il était vraiment vivant. En fait, il semblait lutter pour chaque bouffée d'air qu'il respirait. Et plus de quatre heures après avoir été tiré de l'eau, il n'avait toujours pas rouvert les yeux.

Ils partirent de chez Michael un peu après neuf heures du soir. Vicki avait finalement déniché le numéro des urgences vétérinaires, qui répondaient au téléphone vingt-quatre heures sur vingt-quatre. Son interlocuteur, au bout du fil, lui recommanda d'acheter un pot de nourriture protéinée pour bébé, de la diluer et de voir si le chaton serait capable d'en avaler quelques gouttes. Elles s'arrêtèrent donc, sur le trajet de retour, dans une pharmacie qui s'apprêtait à fermer. Sweetie, qui ne dormait toujours pas, attendit avec le chaton dans la voiture. « Je ne veux pas le laisser seul », avait-elle expliqué à sa mère.

En plus du pot d'aliments pour bébé, Vicki fit l'acquisition d'un compte-gouttes. Elle tenta d'administrer quelques gouttes de la purée marronnasse au chaton, mais il la recracha aussitôt. Elle dilua un peu plus la purée, jusqu'à ce qu'elle soit pratiquement liquide, et finalement, à onze heures du soir, le chaton avala deux gouttes de mixture.

« Il est l'heure d'aller te coucher, Sweetie, décréta Vicki, dès que le chaton eut réintégré sa boîte.

– Mais, maman… », voulut protester la fillette. Elle ne voulait pas abandonner l'animal, mais elle était si fatiguée qu'elle n'argumenta pas davantage : elle s'endormit dès que sa tête toucha l'oreiller.

Vicki l'embrassa et lui souhaita bonne nuit – *Joyeux Noël*, songea-t-elle –, et elle retourna dans la cuisine se préparer une tasse de thé. Durant la nuit, elle administra toutes les heures quelques gouttes de bouillie protéinée au chaton. Chaque fois, elle sentait son cœur se serrer en le découvrant immobile au fond de sa boîte, et elle s'imaginait qu'il avait fini par mourir. Mais il bougeait légèrement la tête en la sentant approcher et, s'il gardait les yeux toujours clos, il avalait sans broncher ses gouttes de potion miracle. Vicki retournait ensuite s'affaler sur le canapé, pour écouter des chansons de Noël en s'efforçant de rester éveillée une heure de plus.

Probablement s'endormit-elle d'un coup après le « biberon » de quatre heures du matin car, quand elle se réveilla, le jour se levait et c'était Noël. Elle bondit du canapé pour se ruer dans la salle de bain, où elle avait laissé le chaton. En le voyant, elle poussa un cri. Il se tenait debout sur ses quatre pattes et – quoique tremblotant – il essayait de sortir de la boîte.

« Qu'est-ce qui se passe, maman ? demanda sa fille, depuis la porte.

– Oh, Sweetie, regarde ! Il est vivant. Le chaton est vivant. »

Vicki posa un bras sur l'épaule de sa fille et ensemble elles regardèrent le petit chat, au prix de bien des efforts, réussir à glisser une patte hors de la boîte, puis deux, avant de lever vers elles un regard exténué. Puis il se remit à sa tâche et, après quelques nouveaux efforts titanesques, il se retrouva libre de ses mouvements.

Les jouets et les cadeaux qui attendaient sous le sapin furent négligés. Le thé russe de Vicki (un mélange de thé, d'agrumes et d'épices qu'elle affectionnait tout particulièrement) et le chocolat chaud de Sweetie attendirent. Elles étaient fascinées par leur miracle de Noël. Le chaton passa une grande partie de sa journée couché car il était encore très faible, mais dès que Vicki ou Sweetie approchaient de son museau le compte-gouttes, il se redressait sur ses pattes de devant et tendait le cou. Dès l'après-midi, le Chat de Noël – en abrégé CN –, comme elles l'avaient surnommé, était capable d'engloutir trois ou quatre gouttes de potion protéinée par « biberon ». En fait, elles le récupéraient goutte à goutte, et chaque heure qui passait le rendait plus fort et plus résistant. Quand Sweetie partit se coucher ce soir-là, sa dernière question concerna CN :

« Tu crois qu'il va s'en sortir ?

– Je l'espère, Sweetie. En tout cas, tu as été formidable. »

La fillette sourit. Vicki l'embrassa, éteignit les lumières, sauf celles du sapin, alluma la radio et s'installa sur le canapé, caressant le chaton qu'elle tenait sur ses genoux. *Il va vivre*, songeait-elle, tandis que la musique se déversait autour d'elle. *Il va vraiment s'en tirer*. Elle secouait la tête avec un mélange d'émerveillement et d'incrédulité, à la fois médusée par l'instinct de survie du chaton et par sa propre émotion.

Le lendemain de Noël, un samedi, elle put enfin joindre un vétérinaire de la ville, en l'occurrence une vétérinaire. Cette dernière ne pouvait pas lui donner de rendez-vous avant le mardi suivant, mais elle se voulut rassurante et lui répéta plusieurs fois qu'elle agissait à merveille. « Continuez le même régime, insista-t-elle. Puisque ça a marché jusque-là. »

Le lundi, Vicki retourna au travail. Ayant épuisé ses jours de congé, elle ne pouvait pas, en tant que mère solo, se permettre de manquer le bureau. Mais toutes les deux heures, pour sa pause de la matinée, pour la coupure du déjeuner et pour la pause de l'après-midi, elle fonçait chez elle pour donner à CN quelques gouttes de potion. Sa collègue ne manqua pas de railler ce qu'elle appelait de l'« hystérie ». Pendant des semaines, Vicki n'avait cessé ses jérémiades au sujet de cette adoption de chaton. « Je ne comprends pas ce qui m'a prise, répétait-elle, incrédule. J'espère que Sweetie a conscience du sacrifice auquel je consens pour elle », ajoutait-elle, comme si elle s'apprêtait à donner un rein à sa fille. Et voilà que maintenant elle se précipitait chez elle à tout bout de champ, pour nourrir au compte-gouttes un chaton qui avait échappé de justesse à la mort.

« Je croyais que tu n'aimais pas les chats, ironisa sa collègue.

– Je ne les aime pas. Mais que puis-je faire d'autre ? »

Elle disait vrai : elle n'éprouvait aucune affection particulière pour la gent féline. Mais CN, c'était différent. Sans doute parce qu'il avait prouvé qu'il possédait un caractère hors du commun, et une solide volonté de vivre. Dès qu'il avait pu se tenir sur ses pattes, même avec difficulté, il avait cherché à s'échapper de sa boîte. Rien ne pouvait l'arrêter ni le faire renoncer. Et Vicki Kluever l'admirait pour cela.

Quand elle put enfin se rendre chez le vétérinaire, cinq jours s'étaient déjà écoulés depuis l'accident. Entre-temps, Vicki avait essayé de donner à CN une nourriture un peu plus consistante, mais il l'avait à chaque fois immédiatement vomie. Aussi continuait-elle de lui administrer la même potion liquide. Et CN ne pouvait jamais en absorber plus que quatre gouttes d'un coup.

« Ça ne va pas », commenta la vétérinaire en posant ses doigts sur l'endroit où aurait dû se trouver l'estomac de CN, mais qui semblait pour l'instant inexistant. « Il ne pourra jamais grossir avec un tel régime. Et ses carences en nutriments essentiels le feront mourir de faim. »

Elle prit quelques notes sur un calepin, avant de relever les yeux vers Vicki, qui accusait le choc.

« Et si vous me le laissiez ?

– Mais pourquoi ? Qu'allez-vous lui faire ?

– Je souhaiterais procéder à certaines expériences. Pour son bien, évidemment. »

D'un geste instinctif, Vicki ôta CN de la table, pour le serrer dans ses bras. Il tremblait, et Vicki également. « Non », dit-elle, dressant son épaule en direction de la vétérinaire, dans un geste protecteur. « Pas question. Nous avons réussi à le sauver jusqu'ici, et nous continuerons ! » ajouta-t-elle, alors que sa colère et son indignation allaient croissant. Cette femme n'avait rien compris. Elle voulait tuer son chat !

« Non ! » répéta-t-elle encore. Et, toute tremblante – mais cette fois de rage – et ne voyant plus quoi ajouter, elle sortit comme une furie.

Elle se rendit ensuite dans une boutique spécialisée, et trouva le rayon des pâtées protéinées pour chats. En comparant les étiquettes, elle s'aperçut que les nutriments essentiels étaient les mêmes que dans les petits pots pour bébé qu'elle avait utilisés jusqu'à présent. Elle acheta quelques boîtes, dont elle dilua encore le contenu, et continua de nourrir le chaton au compte-gouttes. Sweetie l'aidait avec enthousiasme, mais, la plupart du temps, c'était Vicki qui se chargeait de nourrir CN six ou sept fois par jour, en le tenant d'une main, tandis que de l'autre elle enfournait le compte-gouttes dans son gosier. Il levait vers elle des yeux encore un peu vitreux, puis avalait son repas avec un petit soupir délicat. Vicki s'était attachée à lui dès le début – à l'instant où il avait crachoté dans sa main, quand elle l'avait sorti de l'eau –, mais le nourrir ainsi jour après jour tissait entre eux un lien que Vicki Kluever n'aurait jamais osé imaginer. Elle avait sauvé la vie de CN mais, d'une certaine manière, CN lui avait également sauvé la vie.

Au bout d'une autre semaine, il commença de tendre la patte pour guider la main de Vicki dès qu'il voyait le compte-gouttes s'approcher. Elle sentait qu'il gagnait du poids. Sa fourrure devenait plus dense, d'un beau noir lustré, et chaque jour ses yeux brillaient d'un éclat plus intense. Elle était si convaincue, à présent, qu'il guérirait complètement, qu'elle finit par avouer à Sweetie que CN n'était pas le chat de Sharon mais son cadeau de Noël. Il fallait voir la joie de la fillette ! Peu de temps après, Vicki le conduisit chez un autre vétérinaire, pour ses vaccins. Le vétérinaire fut médusé en écoutant son histoire. « Vous avez été parfaite de bout en bout », la félicita-t-il.

CN aussi, pensa Vicki.

« Il ne peut toujours pas avaler de nourriture solide, expliqua-t-elle au vétérinaire.

– Peut-être est-il né ainsi. Ou ses organes digestifs ont-ils été sérieusement endommagés quand il est tombé dans l'eau. Quoi qu'il en soit, il a l'air de très bien se porter. Continuez sur votre lancée. »

Pouponner un chat malade. Peut-être à vie. Quelques semaines plus tôt, Vicki Kluever aurait vu là le pire de ses cauchemars. Mais, maintenant, elle ne trouvait plus rien à y redire. Pour quelqu'un qui avait toujours pensé détester les chats…

Au mois de mars, CN avait recouvré toute son énergie. Il était redevenu le chat espiègle qui mordillait la queue de ses frères et sœurs pendant qu'ils essayaient de téter leur mère. Sa fourrure était à présent d'un noir magnifique, avec des reflets bleus, et une petite lueur malicieuse brillait dans ses prunelles. Il était censé être le chat de Sweetie, mais toutes ces séances de compte-gouttes avaient tissé avec Vicki un lien si fort que la pauvre Sweetie n'apparut jamais dans son radar affectif. Il n'avait d'yeux que pour Vicki, il n'écoutait que Vicki. Mais ce n'était pas le genre de chat à passer la journée couché sur vos genoux. Il avait gardé son esprit indépendant et casse-cou. Sa mésaventure semblait même l'avoir convaincu qu'il était capable de survivre à toutes les embûches qui se présenteraient à lui. En résumé, aux yeux de Vicki, il était le chat idéal.

Six mois plus tard, cependant, CN n'absorbait toujours que de la nourriture liquide, dispensée au compte-gouttes. Avec les années, il parviendrait à avaler un mélange de protéines et d'eau mixées au blender, mais le Chat de Noël ne se remettrait jamais complètement d'avoir failli se noyer dans la cuvette des toilettes, un soir de réveillon.

Quand Vicki Kluever m'écrivit, elle m'expliqua qu'elle avait été très émue par les similitudes qu'elle voyait dans nos parcours. Et pas seulement parce que nous portions le même prénom, avec la même orthographe peu commune. Après avoir lu l'histoire de son Chat de Noël, je reconnus en effet les ressemblances entre CN et Dewey. Les deux avaient failli mourir dès leur plus jeune âge – l'un dans une cuvette de WC, l'autre dans une boîte métallique glaciale. Les deux avaient été sauvés par des mamans solos qui, sans vraiment se l'avouer, souffraient d'un manque affectif qu'un chat saurait combler. Pourtant, nous n'avions ni l'une ni l'autre l'intention d'avoir de chat. C'étaient eux qui nous avaient trouvées. Et aussi bien CN que Dewey ne laissèrent jamais la tragédie de leur jeunesse peser sur leur comportement. Ils gardèrent leur personnalité intacte, et ils trouvèrent leur place à nos côtés, en raison notamment de leur force de caractère.

Quand je l'appelai au téléphone, je compris vite que Vicki était comme moi. Nous nous étions battues toutes les deux pour survivre à des mariages ratés et pour décrocher de meilleurs emplois, et nous avions réussi toutes les deux – moi dans la bibliothèque, Vicki dans les crédits hypothécaires. Et si nous avions réussi, c'est parce que nous avions refusé l'une et l'autre de nous satisfaire de l'ordinaire.

Bien que je n'aie pas rencontré Vicki en chair et en os, je peux facilement me la représenter. Elle porte un tailleur chic, adapté à son milieu professionnel, comme ce fameux soir où elle avait été célébrée Femme de l'année de la vallée de Matanuska par les professionnels de l'immobilier, pour avoir redressé les comptes de l'agence de crédit hypothécaire de Wasilla. Sur le point de fermer quand Vicki l'avait reprise, l'agence était maintenant l'une des plus prospères de tout l'Alaska. Et, surtout, Vicki avait complètement modifié l'état d'esprit des employés. Quand l'immobilier s'emballa dangereusement, générant une énorme bulle spéculative (je parle de l'Alaska du début des années 1980, pas de l'Amérique de 2005, mais c'est bien connu : l'histoire se répète), Vicki s'accrocha à des principes simples. Elle refusait de consentir des prêts contraires à son éthique. En clair, elle n'hésitait pas à expliquer aux emprunteurs les clauses en leur défaveur avant qu'ils ne signent, même si cela devait empêcher la conclusion du contrat. Et elle congédia les courtiers les plus indélicats, pour les remplacer par des employés qu'elle savait d'une parfaite droiture morale. Résultat : le chiffre d'affaires de l'agence explosa.

Elle était arrivée à Wasilla les poches vides et sans aucune considération, car elle reprenait une agence que tout le monde considérait comme condamnée. À présent, elle était une figure éminente du Rotary Club, et elle présidait au Dîner de l'amitié, qui offrait chaque année un repas aux nécessiteux pour Noël. Durant la période la plus sombre de son existence, Vicki avait perdu sa foi en Dieu. Mais elle était maintenant un soutien assidu et enthousiaste de l'Église locale. Et elle avait été particulièrement fière de recevoir sa distinction de la vallée de Matanuska, car elle récompensait non seulement son travail dans l'immobilier, mais aussi son rôle social au sein de la communauté.

Vicki, pourtant, ne me parla pas spontanément de cette récompense. Il fallut que je lui tire les vers du nez pour qu'elle finisse par me l'avouer. Elle préférait évoquer les gens dans le besoin qu'elle secourait, les jeunes employés qu'elle formait, ou tous ceux dont elle aidait à réaliser les rêves immobiliers. Elle passa près de deux ans à boucler le contrat d'une femme qui ne parlait pas un mot d'anglais, afin de lui obtenir un prêt adapté à ses moyens. Un an plus tard, le fils de cette femme vint la trouver.

« Vous vous souvenez de moi ? demanda-t-il.

– Bien sûr.

– Et bien, je vais entrer à l'université, annonça-t-il. Et je veux que vous sachiez que je vais étudier la finance. Parce que j'ai vu ce que vous aviez fait pour ma mère, et comment cela avait changé notre vie. »

C'était typiquement le genre de reconnaissance qui faisait plaisir à Vicki. Et qui la motivait chaque matin pour travailler comme une forcenée.

« J'estime qu'une maison à soi est un facteur de stabilité pour une famille, m'expliqua-t-elle. Chaque fois que j'accorde un prêt, j'ai le sentiment d'aider une famille à réussir. »

C'est aussi ce que je pense des bibliothèques. Elles sont un facteur de stabilité pour une communauté car elles sont capables – du moins, quand elles fonctionnent parfaitement – de réunir les citoyens comme peu d'institutions publiques y parviennent. Ce fut toujours mon objectif : faire de la bibliothèque de Spencer un lieu de ralliement des habitants. Je ne cherchais ni la fortune, ni la célébrité – d'ailleurs, aucun bibliothécaire n'a jamais choisi ce métier dans cette optique ! Mais j'étais convaincue qu'en travaillant bien je pouvais contribuer à améliorer le quotidien de mon petit bout de planète. Vicki Kluever fit de même de son côté. Et nous avons toutes les deux accompli notre mission.

Nos ressemblances devraient s'arrêter là. Pour le reste, en effet, nous sommes originaires de contrées si différentes que nous avons peu de chances d'avoir d'autres points en commun. Le nord de l'Iowa, où je suis née et où j'ai passé toute ma vie, est désespérément plat, et éloigné de plusieurs milliers de kilomètres du plus proche océan. Nos hivers sont frigorifiques, comme en Alaska, mais ils sont suivis d'étés caniculaires. Et même si nos champs de blé ou de maïs ont leur beauté, on aimerait bien, parfois, apercevoir autre chose que les trois malheureux arbres qui rehaussent la ligne d'horizon.

L'île de Kodiak, en Alaska, où a grandi Vicki Kluever, est un territoire sauvage bordé par l'océan Pacifique et riche d'une végétation magnifique. Ses montagnes surgissent tout droit de la mer pour y replonger de manière tout aussi spectaculaire sur leur autre versant. Les paysages sont variés. Les prairies, recouvertes de neige la moitié de l'année, se tapissent d'une herbe grasse et d'un beau vert émeraude dès le début du printemps, puis se parsèment de fleurs sauvages en été, et de baies à l'automne. Dans l'Iowa, la vie s'écoule lentement, bercée par l'alternance régulière des saisons. À Kodiak, tout est plus intense. Dans l'Iowa, les cycles naturels dépendent de l'homme et du travail de la terre – plantations, moissons, jachères. À Kodiak, le cycle naturel commence avec les saumons, que pêchent les ours, qui abandonnent les restes de leur butin aux aigles et aux renards, qui laissent arêtes et os pour enrichir la terre. Dans l'Iowa, les paysages sont coupés au cordeau et vendus à l'hectare. À Kodiak, la nature appartient d'abord à la faune sauvage.

Et cependant, Vicki et moi avons le même âge. Nous avons toutes les deux grandi dans des familles modestes et nombreuses, où les garçons étaient censés incarner l'avenir. Quand la vie de la ferme m'insupportait, je courais me réfugier au milieu des champs de maïs, où je savais que même un Spoutnik ne pourrait pas me retrouver. Vicki, elle, partait en forêt, ou sur la côte. Kodiak et Spencer, malgré la distance qui les séparait, étaient deux bourgades semblables, où tout le monde connaissait à peu près tout le monde – en d'autres termes, où les ragots circulaient vite. Dans l'Iowa, nous cultivons la terre. À Kodiak, on laboure la mer : l'essentiel de la circulation est assuré par les allées et venues des bateaux de pêche.

Nous étions, Vicki et moi, fortes par nécessité, et fières de descendre d'une longue lignée de femmes indépendantes. Ma grand-tante, Luna Morgan Still, fonda la première école du comté de Clay, et elle y enseigna plusieurs années. L'école en question se résumait à une seule classe, édifiée en terre séchée, car les arbres manquaient pour la construction. Après la mort de son mari, ma grand-mère porta la famille à bout de bras, avec une générosité qui m'a inspirée. Ma mère travailla très tôt dans le restaurant familial, puis elle éleva six enfants sur une ferme qui ne disposait pas de l'air conditionné, ni même d'une machine à laver le linge. Elle combattit le cancer pendant des années, endurant des douleurs atroces sans jamais une plainte. Et c'est aussi parce qu'elle s'appuya beaucoup sur moi, sa fille aînée, qu'elle contribua à me rendre forte.

Les ancêtres de Vicki Kluever plongent leurs racines dans Kodiak depuis six générations, et leurs origines se mêlent aux Alutiiq, ce peuple d'Amérindiens dont la présence est attestée sur cette terre inhospitalière depuis plus de douze mille ans. Vicki garde d'excellents souvenirs de ses promenades dans les forêts de Kodiak avec son chien, ou des excursions, à la fin de l'été, avec sa mère et ses tantes, pour récolter des baies sauvages. Mais c'est sa grand-mère qui l'a surtout marquée. Laura Olsen avait du sang alutiiq, russe et norvégien, et elle symbolisait parfaitement ce creuset racial qu'était Kodiak. À soixante-deux ans, devenue veuve, elle retourna vivre à Larsen Island, sur la terre de ses ancêtres. L'île, minuscule, portait le nom de son père, Anton Larsen, qui avait immigré là à l'âge de douze ans. Chaque fois que Vicki rendait visite à sa grand-mère, elle partait pour un long périple : il fallait d'abord emprunter une mauvaise route – plutôt une piste rugueuse – pour franchir les montagnes et rejoindre la baie de Larsen. Puis la traversée durait vingt minutes sur une mer souvent agitée. Grand-Mère Laura n'avait ni téléphone, ni électricité, ni eau courante. Elle coupait elle-même son bois de chauffage, puisait son eau dans un puits et cultivait des légumes dans son potager. Elle entretenait aussi des poules et une chèvre, et posait ses propres lignes de pêche. La porte de sa maison était toujours ouverte, et l'intérieur parfaitement tenu. Il était rare que Vicki ne soit pas accueillie par une bonne odeur de cookies et de pain frais. Grand-Mère Laura ignorait tout du « progrès » – le lait en poudre, les ampoules électriques, les cigarettes en paquets… – qui meublait le quotidien des Kluever, mais elle avait appris à survivre comme ses ancêtres Alutiiq, et elle était la plus heureuse personne que Vicki ait jamais connue.

Bien sûr, ni Vicki ni moi n'avons jamais vécu aussi durement. Ce qui ne veut pas dire que notre existence fut toujours facile. Les tragédies n'étaient pas rares : décès prématurés, accidents, désastres économiques… La ville de Spencer brûla presque entièrement dans les années 1930, et cet incendie témoigne encore dans la mémoire collective de la précarité de la vie rurale, mais aussi de l'énergie de notre communauté. Car, après le drame, Spencer fut reconstruit, plus solide et plus beau qu'avant.

À Kodiak, les deux principaux événements sont restés l'éruption, en 1912, du mont Novarupta, qui recouvrit toute l'île d'une épaisse couche de cendres, et le tremblement de terre de 1964. La secousse sismique provoqua la formation d'une vague gigantesque qui détruisit une grande partie de la ville. Le père de Vicki resta bloqué à son travail pendant deux jours, de l'eau jusqu'au cou.

Quand la rumeur se propagea qu'une deuxième vague suivrait bientôt, réplique de la première, toute la population s'enfuit se réfugier au sommet de Pillar Mountain, qui surplombait la ville. Finalement, comme le soir tombait, la mère de Vicki dit : « J'ai envie d'une cigarette », et elle emprunta la camionnette de son neveu pour descendre chercher son paquet à la maison. Les autres habitants l'imitèrent peu à peu et à la nuit tombée tout le monde avait réintégré sa maison. L'histoire de la deuxième vague avait été une fausse alerte.

Les maisons jetées à terre par le tsunami furent reconstruites. Les bateaux réparés. Vicki n'avait que sept ans, alors, mais la tragédie la marqua durablement, car elle avait pu constater la force de la nature et la fragilité de la vie humaine.

À dix-huit ans, nous quittâmes toutes les deux nos parents. Nous désirions voir le monde, et conquérir notre indépendance. « Je voulais pouvoir commettre librement des erreurs, sans que ma mère soit derrière moi pour me critiquer, résume Vicki. À Kodiak, c'était impossible. Quoi que je fasse, ma mère en était avertie dans l'heure. »

Personnellement, j'aurais souhaité m'inscrire à l'université, mais mes parents n'avaient pas les moyens de me payer les cours. En tant que première de sa classe au sortir du lycée, Vicki décrocha gratuitement son inscription à l'Université d'Alaska, mais elle préféra entrer dans la vie active et subvenir elle-même à ses besoins, plutôt que de rester quatre années supplémentaires à la charge de ses parents. Et voilà comment, l'une et l'autre, nous commençâmes à travailler très tôt, dans des emplois non qualifiés. Quelques années plus tard, alors que nous avions à peine dépassé les vingt ans, nous nous mariâmes. Étions-nous amoureuses ? C'est difficile à dire. À cette époque, les filles de la campagne se mariaient encore très jeunes. Nous ne connaissions rien de la vie. Mais, une fois tombées enceintes, nous réalisâmes que notre mariage conditionnerait, pour le meilleur comme pour le pire, une bonne partie de notre avenir. Malheureusement, pour Vicki comme pour moi, ce fut pour le pire.

Peu après leurs noces, le mari de Vicki trouva un emploi d'agent de sécurité sur le pipeline qui expédie le pétrole de l'Alaska vers le reste des États-Unis, et il obligea Vicki à déménager à des centaines de kilomètres à l'est de Kodiak, au cœur de Valdez, une région montagneuse baptisée « les Alpes de l'Alaska ». Leur fille, Adrienna – Sweetie –, y naquit un soir de fin novembre, alors que soufflait un blizzard à vous glacer les os. Deux semaines plus tard, le mari de Vicki, qui souhaitait entrer dans la police, accepta un poste au fin fond des Aléoutiennes, ce chapelet d'îles qui s'étendent au large de la pointe sud de l'Alaska. Valdez était isolé et enneigé, mais là… ce serait bien pire encore. Ils habiteraient la petite ville d'Unalaska, sur l'île du même nom, en pleine mer de Béring, l'une des plus dangereuses du monde. Le ferry qui les relierait au continent ne passerait que trois fois par an, et la traversée durerait chaque fois une semaine. Il y avait bien un petit avion, qui se posait deux fois par semaine, mais réserver un siège à bord était hors de prix. Faute du moindre magasin sur place, il faudrait commander toute l'épicerie par courrier.

Vicki redoutait de s'installer à Unalaska, surtout avec une fillette en bas âge. Mais son mari avait déjà tout décidé. Il partit le premier, lui laissant Sweetie. Vicki réalisa alors combien son mariage réduisait à néant son autonomie. Elle avait déjà renoncé à sa carrière, à ses amis et à sa famille. Et voilà qu'elle perdait aussi sa liberté de mouvement.

Cependant, en épouse dévouée, elle entraîna sa fille dans le voyage éprouvant qui devait les mener jusqu'en mer de Béring. Elle trouva leur nouveau pays encore plus rude qu'elle ne l'avait imaginé. Pourtant, elle ne pouvait dénier une certaine beauté à cette île du bout du monde. Mais ce superbe isolement n'en était pas moins d'abord un isolement. Unalaska ressemblait à une prison cernée par la mer.

Le premier hiver, Vicki fit une fausse couche. Ce fut – littéralement – une période sombre, pendant laquelle le soleil ne brillait que quelques heures par jour. Vicki avait l'impression que son mariage s'enfonçait progressivement dans le noir. Pour ma part, quand je compris que j'avais épousé un alcoolique, notre maison me fit l'effet d'être un cercueil. Jour après jour, j'avais le sentiment de me laisser enterrer par l'indifférence et les négligences de mon mari. Mais au moins pouvais-je compter sur des amis et de la famille à proximité. Alors que c'était tout l'univers de Vicki Kluever qui était un cercueil. Elle n'avait pas d'autre endroit où se réfugier, ni personne sur qui s'appuyer. En désespoir de cause, elle se tourna vers Dieu, dans l'espoir de recevoir un signe. Mais comme elle n'entendit jamais rien d'autre que le sifflement du vent, elle perdit la foi. Quand l'hiver se termina enfin, elle avait pris sa décision. Une décision difficile, pour laquelle je tergiversai moi-même très longtemps, à l'instar de tant d'autres femmes. Elle annonça à son mari qu'elle le quittait. Un mois plus tard, elle profita du passage du Ferry pour retourner à Anchorage. Elle n'emportait avec elle que sa fille et quelques effets personnels.

Mais grandir en milieu rural vous donne de la force. Vous apprenez, très tôt, que rien ne vous sera jamais accordé gratuitement. Et qu'il faudra vous battre pour obtenir tout ce que vous désirerez posséder.

De retour à Anchorage, Vicki s'acharna à conquérir son bonheur. Elle trouva un emploi dans le crédit hypothécaire, où elle avait déjà travaillé avant son mariage, et cette fois elle entreprit de s'y bâtir une carrière. Nous étions au début des années 1980, et l'Alaska connaissait un boom de l'immobilier. Vicki travaillait souvent soixante-dix heures par semaine à son bureau, et elle rentrait chez elle avec des dossiers à étudier le soir, ou le week-end. Son patron était exigeant et s'emportait facilement, mais Vicki s'accrocha. Elle gravit peu à peu tous les échelons de l'agence et bientôt elle n'ignora plus aucune des ficelles du métier.

Cela fut quand même très dur. Ses commissions, surtout les premières années, lui permettaient tout juste de vivre. Elle n'avait pas les moyens de s'acheter de voiture, et elle sautait parfois des repas, pour ne pas priver sa fille de nourriture. Elle aurait voulu consacrer le plus de temps possible à Sweetie, mais la plupart du temps, hélas, elle ne la retrouvait que lorsqu'il était déjà l'heure de la mettre au lit, de l'embrasser sur les deux joues et de lui murmurer : « Maman t'aime très fort, tu sais ma chérie. Bonne nuit ». Vicki avait beau être forte, elle était souvent en proie à des idées noires, et elle ressentait perpétuellement une extrême fatigue.

Je suis convaincue – et je parle d'expérience – que le stress mine votre santé. Et qu'il n'y a pas de situation plus stressante que d'être une maman solo qui travaille – là aussi, je parle d'expérience. Mais ce n'est pas le stress lui-même qui vous rend malade : il ne fait qu'aggraver des problèmes sous-jacents. L'une des plus grandes épreuves, pour les femmes de notre génération, fut d'arriver à convaincre nos médecins – qui étaient encore majoritairement des hommes –, que nos problèmes digestifs, nos migraines ou nos fatigues musculaires n'étaient pas imaginaires. « Calmez-vous, nous disaient les médecins. Détendez-vous. Ce n'est que de la rétention d'eau. Prenez des tranquillisants. »

Vicki sentait bien que quelque chose n'allait pas. Et comme Internet n'existait pas encore, elle passa des heures en bibliothèque pour tenter de comprendre, dans des livres de médecine, ce qu'elle pouvait avoir. Finalement, elle s'intéressa aux travaux d'un médecin londonien qui étudiait depuis des années les déséquilibres hormonaux chez les femmes. L'une de ses disciples s'était établie à Anchorage, et Vicki l'appela pour prendre rendez-vous. Après avoir écouté Vicki, la spécialiste lui assura qu'en effet ses problèmes n'avaient rien d'imaginaire. Depuis sa fausse couche, elle ne parvenait manifestement plus à produire assez d'hormones. Le traitement consistait banalement en une injonction d'hormones – un procédé nouveau, qui n'avait pas encore reçu l'agrément du ministère de la Santé. C'est pourquoi il fallait signer une décharge en faveur du médecin traitant.

Mais après avoir souffert tant d'années, Vicki était si contente que son état soit enfin pris au sérieux, qu'elle était prête à signer n'importe quoi. Bien sûr, le traitement n'était pas non plus remboursé par son assurance-maladie. Elle fut donc obligée de s'endetter pour le payer.

Tout se passa très bien. Pendant trois mois. Puis Vicki commença de ressentir de violentes douleurs à l'abdomen. Encore quelques semaines de plus, et on lui diagnostiqua une tumeur utérine. La nouvelle l'ébranla si fort qu'elle ne songea même pas à poser de questions. Et voilà comment, à l'âge de vingt-sept ans, elle se retrouva sur la table d'opération, pour une « totale ».

Ce fut une tragédie, mais aussi une libération. Au printemps suivant, malgré son opération, Vicki se sentait plus en forme qu'elle ne l'avait été durant les années précédentes. Ses douleurs et ses fatigues avaient pratiquement disparu. Et surtout, elle reprenait espoir dans l'avenir. Elle était désormais convaincue de réussir sa carrière, et de réussir aussi à être une bonne mère.

Mais il lui restait encore une étape à franchir. Elle ne voulait pas que Sweetie grandisse à Anchorage. Vicki rêvait, pour sa fille, d'un environnement comme celui qu'elle avait connu : une communauté plus réduite, mais très soudée, dans le décor majestueux de l'océan. Quand elle apprit que son entreprise s'apprêtait à ouvrir de nouvelles filiales, elle postula pour des postes de direction. On lui proposa Kodiak, ou Ketchikan.

Vicki sauta sur l'occasion pour retourner vivre à Kodiak.

C'est pendant l'été 1986, juste avant son opération, que Vicki emménagea avec sa fille dans cet appartement d'Anchorage où le propriétaire interdisait les chiens mais autorisait les chats. À Unalaska, ils avaient récupéré un chat errant, mais c'était pour qu'il chasse les rats, très envahissants dans toute l'île. C'était sans doute ce chat qui avait donné à Sweetie l'idée de posséder un animal. Vicki n'était pas du tout enthousiasmée par cette perspective, mais elle ne voulait pas refuser un plaisir à sa fille. Elle était encore convalescente, en novembre, quand elle porta son choix sur CN. Et elle n'était pas tout à fait remise, ni physiquement, ni émotionnellement, quand elle le repêcha au fond de la cuvette des toilettes.

Il serait tentant, bien sûr, de dresser un parallèle entre le parcours de Vicki et le dramatique sauvetage de CN. On prétend souvent que l'amour est une question de chance et d'opportunité. La bonne personne (ou le bon chat) se présente au bon moment et – boum ! – toute votre vie en est bouleversée. Beaucoup de gens estimaient que c'était ce qui s'était passé entre Dewey et moi, que notre amour avait dépendu des circonstances. Après tout, je venais d'étrenner mon fauteuil de directrice de bibliothèque, et j'étais impatiente de montrer ce dont j'étais capable. Je désirais par-dessus tout que la bibliothèque devienne un lieu plus accueillant.

Je poursuivais depuis des mois cet objectif quand Dewey m'est littéralement tombé dans les bras. J'ai su, immédiatement, qu'il m'aiderait à transformer mon univers. Dewey était ouvert aux autres. Et il aimait inclure tout le monde, même ceux qui semblaient ignorer ses attentions. C'était un chat aimant, sensible et entièrement dévoué à la bibliothèque municipale de Spencer. Sa présence chaleureuse eut cette chance de rejaillir non seulement sur moi et ma fonction, mais sur la ville entière.

C'est aussi un peu ce qui se passa entre Vicki Kluever et CN. Vicki se reconnut dans ce chat indépendant et résolu. C'était un survivant, comme elle. Et, comme elle, il avait refusé de lâcher prise. Dès qu'il eut recouvré assez de forces pour tenir sur ses pattes, CN s'aventura dans le monde. Et Vicki l'admirait pour cela.

Mais c'est vrai également que les circonstances jouèrent un grand rôle dans le lien qui se tissa entre eux. CN arrivait au bon moment, alors que Vicki entamait une nouvelle vie. Subsister, Vicki me l'a souvent répété, est une notion très importante en Alaska. Elle inclut la rigueur du climat et la pauvreté des moyens économiques. Subsister, cela veut dire savoir vivre de ce que la nature vous apporte et ne pas hésiter à produire de ses propres mains ce qui vous est nécessaire. C'est ainsi qu'avaient vécu des générations et des générations d'Amérindiens natifs de Kodiak et des autres rudes îles d'Alaska. C'est ainsi qu'avaient vécu l'arrière-grand-père Anton Larsen, et sa fille Laura, retournée à la nature après le tremblement de terre de 1964.

Vicki ne vécut jamais aussi durement que sa grand-mère, en revanche elle adopta un mode de vie plus rudimentaire lorsqu'elle se réinstalla dans sa ville natale. Elle louait une petite maison dans les bois. Elle dirigea d'abord toute seule l'agence de crédit hypothécaire et travailla dur pour développer son affaire avant d'engager des assistants. Elle éleva seule sa fille, avec toutefois l'aide de sa mère (qui possédait, au contraire de Vicki, une télévision, ce qui faisait le bonheur de Sweetie), et lui prodigua une éducation très différente de l'existence surprotégée de la plupart des enfants. Sweetie adorait les longues marches en forêt, et les expéditions de pêche le long des côtes de Kodiak.

Le Chat de Noël aimait lui aussi explorer les bois derrière la maison. Il chassait les souris, les araignées et toutes sortes de bestioles qu'il pouvait débusquer dans les fourrés, et qu'il rapportait ensuite à la maison, en guise de cadeaux, ou pour s'amuser avec une après-midi entière. Il grimpait dans les arbres avec Sweetie et il suivait Vicki et Sweetie sur plusieurs centaines de mètres pendant leurs promenades en forêt, avant de finalement rebrousser chemin. L'Alaska est un désert immense : c'est un état deux fois plus grand que le Texas, mais qui ne compte que 700 000 habitants (soit à peu près la population de Louisville, dans le Kentucky, et deux fois moins que celle de Columbus, dans l'Ohio). À Kodiak, Vicki chérissait le paysage grandiose, à la fois très ouvert, avec les montagnes qui encerclaient la ville de loin, et intime, avec ces bois qui se refermaient autour de sa maison. Et quand elle se promenait avec Sweetie sur le rivage, elles étaient magnétisées par l'attraction de l'océan. La nature semblait partout les appeler. Quand venait l'époque du frai des saumons, elles partaient toutes les deux pêcher pendant plusieurs jours. Vicki adorait la pêche en général, mais rien ne valait une bonne partie de pêche au saumon. D'abord, parce que le saumon se débattait furieusement. Ensuite, parce qu'elle ne connaissait rien de plus beau que le sourire qui illuminait le visage de Sweetie chaque fois qu'elle attrapait un poisson.

Au bout d'un an, quand elle eut économisé assez d'argent, Vicki s'acheta une vieille maison branlante en pleine ville. Le toit fuyait, et les murs penchaient, mais Vicki pouvait tirer fierté d'être devenue propriétaire. Le premier hiver, une canalisation explosa à cause du gel, et le sous-sol fut inondé. Quelques jours plus tard, une tempête amocha un peu plus le toit, et pendant des mois Vicki et Sweetie furent obligées de disperser des cuvettes un peu partout dans la maison, chaque fois qu'il pleuvait. Dès qu'elle avait un peu d'argent, Vicki consolidait la maison, morceau par morceau. Mais elle restait sereine et ne s'inquiétait jamais. CN aimait boire l'eau qui tombait ainsi du toit. Et tant que Sweetie était à l'abri, avec un confort suffisant, pour le reste Vicki pouvait se contenter de subsister comme l'avait fait sa grand-mère sur son île.

Une nouvelle maison. Un nouveau décor. Des maîtresses qui s'absentaient parfois plusieurs jours pour aller pêcher. Quoi qu'il arrivât, CN ne songeait jamais à s'en formaliser. Ce n'était pas un chat exigeant. Il menait sa vie de son côté et, hormis son petit problème d'alimentation – il ne mangeait toujours rien de solide, sinon quelques insectes –, il était parfaitement indépendant. La moitié du temps, Vicki n'aurait pas su dire où il se trouvait. Mais, quand elle revenait de ses promenades le long de la côte, elle le trouvait souvent perché sur la clôture, à l'arrière de la maison, toisant et narguant les chiens des voisins. Ils aboyaient férocement après lui, mais CN, imperturbable, regardait en direction des bois, ne leur accordant un coup d'œil dédaigneux que de temps à autre. Il savait très bien qu'ils ne pourraient jamais l'atteindre.

Mais quoique indépendant, c'était un chat très loyal. Dès que Vicki rentrait du bureau, CN se manifestait sur le rebord extérieur de la fenêtre de la cuisine. Il était souvent mouillé et couvert de boue ou alors la fourrure pleine de poussière. Vicki allait lui ouvrir la porte une serviette à la main, pour l'essuyer, mais CN arrivait toujours à se faufiler entre ses jambes, et il laissait derrière lui l'empreinte de ses pattes à travers la maison.

En revanche, il prenait bien garde de ne pas salir sa garde-robe professionnelle. Vicki tenait beaucoup à son image, et CN avait compris qu'elle ne tolérerait pas le moindre poil de chat sur ses tailleurs réservés pour le bureau – et encore moins des traces de pattes boueuses. Aussi attendait-il sagement qu'elle ait troqué son tailleur contre un sweater et un jean avant de se frotter contre ses chevilles, puis de se dresser sur ses pattes de derrière pour poser ses pattes de devant sur les cuisses de Vicki et réclamer qu'elle le prenne dans ses bras. Dès qu'elle s'exécutait, il posait une patte sur chacune de ses joues, comme s'il voulait l'obliger à s'immobiliser et à le regarder dans les yeux.

« Bonjour, CN, lui murmurait-elle. Comment vas-tu, aujourd'hui ? »

Il frottait son crâne contre son menton, puis Vicki l'installait sur son épaule, et il se mettait à ronronner, et c'est ainsi qu'ils célébraient chaque soir les cinq premières minutes de leurs retrouvailles. Ce n'était pas un chat câlin par nature, mais si Vicki avait besoin de compagnie, il suffisait qu'elle s'installe dans son rocking-chair, acheté quand elle était enceinte de Sweetie, pour que CN accoure et saute sur ses genoux. Ils passèrent d'innombrables soirées d'hiver dans ce rocking-chair, devant le poêle à bois, Vicki lisant un livre et CN ronronnant doucement dans son sommeil, après que Sweetie fut montée se coucher.

« C'était son amour inconditionnel, m'expliqua Vicki quand je lui demandai ce qui rendait leur relation si particulière. Il était toujours là. Mais j'étais la patronne, et il ne discutait jamais là-dessus. »

À une époque, Vicki sortit avec un type qui s'appelait Ted (son prénom a été changé). Il était charmeur, séduisant et, pour être tout à fait honnête, Vicki appréciait qu'il s'intéresse à elle. Elle se sentait désirée d'une manière qu'elle ne connaissait plus. Ses amies se montraient sceptiques au sujet de Ted, et il ne s'entendait pas très bien avec Sweetie, mais Vicki refusait de s'inquiéter. Même la réaction de CN, qui détestait visiblement Ted, ne l'affectait pas. Plus tard, elle comprit qu'il était préférable d'écouter les instincts de son chat. Si CN n'aimait pas tel ou tel bonhomme (ou l'inverse), le bonhomme en question était reconduit à la porte. Mais, s'agissant de Ted, et comme c'était la première fois qu'elle fréquentait quelqu'un depuis qu'elle avait CN, elle crut que son chat était tout bonnement jaloux. Pendant trois ans, il avait été le seul mâle de sa vie. À présent, il devait partager.

Quelques mois plus tard, quand Vicki s'aperçut que Ted ouvrait son courrier et surveillait son agenda, elle commença par lui trouver des excuses. Mais quand il s'invita dans des restaurants où elle tenait des réunions de travail, elle voulut le plaquer.

Deux fois, en fait. Car, à chaque fois, il revenait en l'implorant de le pardonner, expliquant qu'il s'inquiétait seulement de sa sécurité – car il l'aimait tellement ! – et jurant qu'il ne recommencerait plus jamais. Vicki ne réalisa qu'elle était en train de perdre le contrôle que lorsqu'il commença à l'injurier et à la frapper. Mais alors, il était déjà trop tard.

« Une mauvaise liaison fonctionne comme un entonnoir, m'expliqua Vicki. Il est facile de tomber dedans, mais il est très dur d'en ressortir. Plus je tentais de défendre mon indépendance, et plus il cherchait à me contrôler. »

Pour le monde extérieur, tout réussissait à Vicki. Son agence se développait de manière impressionnante, elle avait renoué avec sa famille, Sweetie grandissait bien et même sa bicoque de guingois, à force de rénovations, commençait à ressembler à la maison de ses rêves. Mais sa vie sentimentale était si désastreuse qu'elle menaçait d'ébranler tout ce bel édifice.

« Je suis capable de diriger une boîte qui fait plus d'un million de dollars de chiffre d'affaires, marmonnait-elle souvent à CN lorsqu'il sautait sur le rebord de la baignoire où elle se lavait de la fatigue du jour. Mais je n'ai aucune prise sur ma vie amoureuse. Comment expliques-tu cela ? »

CN se penchait vers elle et Vicki pouvait voir la poussière qui s'était logée dans sa fourrure.

« Tu veux venir dans mon bain ? »

Il la regardait. Il n'avait manifestement aucune envie de la rejoindre, mais il ne semblait pas non plus avoir peur de l'eau.

« Fais comme tu veux », concluait-elle avec un sourire, fermant les yeux pour ne pas voir les bleus qui parsemaient ses avant-bras.

En avril, son frère se suicida. Je peux comprendre ce qu'elle ressentit, car l'un de mes frères se donna aussi la mort. À l'horreur de perdre subitement quelqu'un que vous aimez s'ajoute l'horreur des détails. Dans mon cas, par exemple, ce fut tout ce sang que je découvris en me rendant à son appartement. Et puis il y a cette conviction illusoire, mais tenace, que vous auriez pu faire quelque chose pour empêcher cela. Je n'oublierai jamais ce jour, ou plutôt cette nuit d'hiver, dix ans avant sa disparition, où mon frère avait marché près de dix kilomètres dans le froid, sans même porter un blouson, pour venir frapper à ma porte et m'annoncer : « J'ai un problème, Vicki. Mais je ne veux pas que tu en parles aux parents. » J'avais dix-neuf ans. Je n'ai rien dit. Mais j'aurais sans doute dû.

Pour Vicki Kluever, les mois qui suivirent le suicide de Johnny se drapèrent d'un épais brouillard. Elle n'a gardé pratiquement aucun souvenir de cet été-là, sinon une impression d'obscurité, alors qu'à cette époque de l'année le soleil, en Alaska, brille vingt heures par jour. Quand son frère mourut, elle se trouvait à Hawaï avec Sweetie – leurs premières vacances depuis une éternité. Il avait téléphoné à Vicki pour lui dire qu'il l'aimait, et lui recommander de prendre bien soin d'elle. Elle avait eu une prémonition, mais qu'aurait-elle pu faire ? Elle se trouvait à des milliers de kilomètres de Johnny.

Quelques heures après ce coup de fil, son frère s'était donné la mort.

Outre son propre chagrin, elle avait dû affronter celui de sa mère et de sa fille. Sweetie aimait beaucoup son oncle Johnny. Il roulait à moto et portait un blouson de cuir. Elle le trouvait cool. Sa mort l'avait désarçonnée. Pour la mère de Vicki, c'était encore pire : elle ne pouvait pas se résoudre à la perte de l'un de ses enfants. Et comme à chaque fois, elle s'appuya sur Vicki. J'ai connu cela, moi aussi : le devoir de la bonne fille, l'obligation d'être forte. Après le suicide de mon frère, ma mère commença tout de suite par me dire : « Tu ne peux pas pleurer. Car si tu pleures, je vais m'y mettre aussi, et je ne sais pas si je pourrai m'arrêter un jour. »

Vicki tint bon, comme elle l'avait toujours fait. L'été fut pourtant terrible, avec quatre autres suicides dans leur petite communauté de Kodiak. Mais Vicki tint bon pour sa mère et pour sa fille. Et elle-même s'appuya sur ce qu'elle pouvait : son travail, ses amies, et même Ted. Mais surtout sur son chat.

Malheureusement, durant le mois d'août, CN disparut. Trois jours plus tard, Vicki retrouva son cadavre dans un buisson, à quelques mètres de la clôture. Elle n'eut pas de mal à reconstituer ce qui s'était passé : CN était grimpé sur la clôture, comme à son habitude, pour narguer les chiens des voisins, quand un aigle avait fondu sur lui. Les aigles de Kodiak mesuraient plus de deux mètres cinquante d'envergure. Ils étaient capables, sans la moindre difficulté, de pêcher dans la mer des poissons de cinq ou six kilos… ou d'attraper un chat trônant sur une clôture. Vicki leva les yeux au ciel, si vide et si infini, sans vraiment savoir ce qu'elle cherchait. Elle se souvint de sa première vision de CN, ce fameux soir de réveillon, ses crachotements qui avaient signé son retour à la vie, et sa vaillance indécrottable, quand il avait cherché à sortir de sa boîte, dès qu'il avait pu tenir sur ses pattes. Vicki refusait de pleurer. Elle était Vicki Kluever, une femme forte et indépendante, qui ne pleurait jamais. Et cependant, des larmes roulèrent sur ses joues. Elle pleura tellement que, le lendemain, elle en avait encore mal aux yeux. Cela peut sembler exagéré, de verser autant de larmes pour un chat, mais quiconque a déjà possédé un animal sait combien il est douloureux de le perdre. Avec CN, elle avait perdu tout à la fois un autre membre de sa famille et l'ami qui l'avait toujours réconfortée. Qu'allait-elle devenir sans lui ?

Voyant son chagrin, Ted lui acheta un autre chat. Vicki, peut-être pour l'excuser, prétend qu'il avait déniché Shadow sur la pelouse bordant son bureau. Sweetie, qui pas plus que CN n'aimait Ted, assure qu'il l'avait ramassée derrière un bar. Quoi qu'il en soit, Vicki n'était pas d'humeur à adopter un nouveau chat aussi peu de temps après la mort de CN. Du reste, croyez-le ou non, elle n'était toujours pas certaine d'aimer les chats. Et elle était convaincue qu'elle ne pourrait jamais remplacer CN. Cependant, elle accepta ce cadeau de Ted : elle avait trop de chagrin, à ce moment-là, pour refuser.

Aussi, quelle ne fut pas sa surprise quand elle émergea enfin du brouillard, quelques mois plus tard, de s'apercevoir qu'elle s'était entichée de la petite chatte. Shadow ressemblait suffisamment à CN, en particulier par son amour de l'aventure et ses yeux malicieux, pour lui rappeler ce qu'elle avait aimé chez son premier chat. Mais Shadow était aussi assez différente pour que Vicki puisse se l'approprier. Au contraire de CN, Shadow aimait passer le plus clair de son temps dans la maison. Et soyons franc : elle n'était pas décidée à laisser Vicki être la patronne. Elle courait partout, envahissait tout. L'un de ses amusements préférés était de jouer à cache-cache. Elle grimpait l'escalier quatre à quatre, et partait se terrer dans un recoin. Elle connaissait tellement de cachettes que Vicki ne la trouvait jamais. Shadow pouvait attendre une heure embusquée dans son recoin, avant de sortir triomphalement pour recevoir les félicitations de sa maîtresse. C'était un jeu idiot, mais Vicki aussi y avait pris goût. *Finalement,* se disait-elle, *je suis peut-être une femme à chats ?*

S'agissant de sa vie domestique, la suite, hélas, était prévisible. Ted se montrait toujours plus possessif et brutal. Vicki trouva enfin le courage de rompre définitivement. Au début, Ted prétendit bien le prendre, mais il ne tarda pas à boire de plus en plus. Et il venait harceler Vicki à la sortie de son bureau et il l'épiait dans les restaurants où elle tenait ses déjeuners de travail. Quand elle refusa fermement de renouer avec lui, ses harcèlements se firent menaçants. Elle contacta la justice, qui refusa d'abord d'intervenir, jusqu'au soir où, alors qu'elle dînait avec des amis, il la traîna à travers la salle du restaurant devant des dizaines de témoins. Le lendemain, un juge délivrait une ordonnance obligeant Ted à se tenir à distance de son ex-compagne.

Pendant un temps, il cessa de se montrer. L'agence de Vicki était en plein essor. Les bateaux glissaient lentement sur l'eau. Les montagnes se couvrirent de neige et les ours regagnèrent leur tanière. Vicki, soulagée, savourait d'avance la perspective de longues soirées d'hiver tranquilles, avec Sweetie et Shadow. Mais un soir, elle rentra du travail et trouva sa porte ouverte. Elle fouilla la maison. Une veste que Ted lui avait offerte avait disparu de sa penderie. Elle changea les serrures, mais tous les cadeaux de Ted disparurent progressivement, un par un.

Un peu avant Noël, Vicki et Sweetie entreprirent le voyage jusque chez grand-mère Laura, sur Larsen Island. Les médecins avaient diagnostiqué un cancer à la vieille femme, mais, si elle souffrait, elle le cachait bien. Ce jour-là, elle se montra aussi vaillante qu'à son habitude. Elle cuisit du pain et transporta toute seule des bûches pour nourrir son feu, ainsi qu'elle le faisait tous les hivers depuis trente ans. Son seul vœu, expliqua-t-elle à sa famille, était de mourir sur Larsen Island. Quand Vicki évoqua ses ennuis avec Ted, sa grand-mère secoua la tête d'un air apitoyé et dit : « L'amour n'est peut-être pas aveugle, mais à coup sûr, il regarde de travers. »

Puis, se tournant vers la cousine de Vicki, qui souffrait aussi d'une vie privée difficile, elle les sermonna toutes les deux : « Vous n'avez pas besoin d'un homme. Vous en avez peut-être envie, mais vous n'en avez pas besoin. N'oubliez jamais cela. »

La fête dura deux jours. Quand Vicki rentra chez elle, le soir du réveillon, elle se sentait requinquée par l'énergie et la sagesse de sa grand-mère. Elle mit sa fille de neuf ans – qui dormait debout – au lit, éteignit les lumières, et se souvint de cet autre réveillon, six ans plus tôt, quand Sweetie avait veillé si tard. « Nous ne pouvons pas le laisser tout seul, avait-elle dit. Sinon, il va mourir ». Quand elle redescendit les marches, encore émue par ce souvenir, Ted l'attendait dans le salon.

« Tu as détruit ma vie, dit-il. À mon tour de détruire la tienne. Je vais brûler cette maison, de la cave au grenier. Et j'espère bien que tu mourras dedans. »

Elle appela la police. Mais le temps qu'un agent arrive, Ted avait disparu.

« Je connais ce type, dit l'agent. Je connais ses antécédents. Je suis désolé, mais j'ai peur que ça aille de mal en pis. »

Pendant deux mois, le policier passa deux fois par jour pour s'assurer que tout allait bien, modifiant régulièrement son heure de passage. Un soir d'avril, il s'assit dans le salon avec Vicki et il lui annonça que Ted avait été repéré plusieurs fois dans le voisinage.

« Ce type sait comment crocheter une serrure, expliqua-t-il. Vous aurez beau changer la vôtre tous les jours, il arrivera quand même à entrer. » Puis le policier marqua une pause avant d'ajouter quelque chose que Vicki ne serait pas près d'oublier :

« Avez-vous une arme ?

– Oui, un revolver.

– Savez-vous vous en servir ?

– Oui.

– Pourriez-vous tirer pour tuer ?

Vicki en resta bouche bée.

– Que voulez-vous dire ?

– Il est dangereux.

– Vous me demandez de tuer l'homme avec qui j'ai passé deux ans de ma vie ! »

Cette nuit-là, Vicki dormit avec son revolver sous son oreiller, et Shadow à ses côtés. Mais le lendemain soir, elle revint à la raison. Elle se sentait incapable de tirer sur quelqu'un pour le tuer.

Elle appela alors son patron, à Anchorage. « Je déteste d'avoir à vous annoncer cela, dit-elle, mais je dois partir. » Elle lui expliqua ses raisons. Ils discutèrent un moment des options qui s'offraient à eux et, peu de temps après, il organisa son transfert à Wasilla. La société s'apprêtait à fermer l'agence de Wasilla, qui perdait de l'argent. Vicki, nommée nouvelle directrice, aurait un an pour faire ses preuves et inverser la tendance.

Elle loua un appartement sur place, par téléphone, et commença de faire ses valises. Elle voulait partir vite, mais elle devait informer ses clients, terminer les dossiers en cours, vendre sa maison, dire au revoir à sa famille et prendre des dispositions pour sa fille. Cinq jours avant le déménagement, Sweetie se réveilla en criant au beau milieu de la nuit.

« Shadow est malade », expliqua-t-elle, quand Vicki se précipita dans sa chambre.

La chatte gisait sur l'oreiller de Sweetie, couchée sur le côté et la respiration haletante. Du sang était visible dans sa fourrure et sur l'oreiller. Quand Ted lui avait donné cette chatte, Vicki s'était imaginée qu'elle avait été opérée, et ensuite elle n'avait pas cherché à vérifier. À présent, il était trop tard. Shadow était en train de mettre bas sur l'oreiller de sa fille.

« Tout va bien, ma chérie, répondit Vicki. Shadow va avoir des bébés. »

Elle prit un carton de déménagement vide, installa précautionneusement Shadow sur une couverture, et porta la boîte dans le vestibule. Puis Vicki et Sweetie s'assirent sur des coussins à côté d'elle. Elles aidèrent Shadow en trouant la poche de l'un des chatons et, au petit matin, la maisonnée s'était agrandie de cinq adorables boules de fourrure qui se tortillaient auprès de leur mère.

Cinq jours plus tard, Vicki partit, comme prévu. Elle laissa Sweetie chez sa mère, mais elle emporta avec elle Shadow et ses petits. Elle avait loué son nouvel appartement sans même l'avoir vu. Et elle n'était même pas certaine de vouloir rester à Wasilla. Mieux valait donc, pour l'instant, que Sweetie ne bouge pas de Kodiak. Mais Shadow aurait besoin d'elle pour s'occuper de ses chatons.

L'appartement se révéla terrifiant. Les tapis étaient usés jusqu'à la corde, la cuisinière ne marchait plus et il y avait même des trous dans les murs. À son arrivée, Vicki n'avait aucun meuble, ni même de la vaisselle. Le ferry de Kodiak étant immobilisé pour réparations, elle avait pris l'avion avec une seule valise, Sweetie et ses petits serrés dans une boîte sous son siège. Ils feraient tous les sept quatre autres fois le voyage aller et retour, pour rendre visite à Sweetie, avant que le déménagement ne soit complet. Vicki répétait souvent, en plaisantant, que cela aurait coûté beaucoup moins cher si Shadow et ses petits avaient pu également profiter du programme de miles voyageurs. Au bureau, ce n'était pas mieux. Vicki comprit, à l'issue de sa première réunion avec le personnel, qu'il lui faudrait licencier la moitié de l'effectif. Et, ce soir-là, un violent orage occasionna une coupure d'électricité sur toute la ville. Vicki resta des heures assise, dans son appartement vide, sans dîner, à écouter la pluie tomber. Sa vieille maison branlante de Kodiak lui manquait. Son ancien travail également. Mais surtout, sa fille lui manquait.

Le tonnerre grondait. La pluie redoublait d'intensité. La valise de Vicki était restée ouverte dans un coin – ses deux tailleurs destinés au travail ayant tout de suite été mis à l'abri des poils de chat dans un placard. Elle tendit la main pour caresser Shadow. Ses petits gambadaient autour d'elle entre deux tétées. L'un d'entre eux était orange et noir, mais tous les autres étaient entièrement noirs, comme Shadow et le Chat de Noël. Vicki, à sa grande surprise, fondit en larmes.

Comment avait-elle pu commettre deux fois la même erreur ? Et laisser un autre homme gouverner sa vie ? Elle avait été élevée par un père autoritaire, et voilà qu'elle reproduisait le même schéma. D'abord son mari. Puis Ted. Elle était forte, indépendante, elle réussissait dans son travail, mais parce qu'elle était incapable de choisir les hommes de sa vie, elle se retrouvait assise par terre, dans cet appartement miteux et vide, dans une ville qui lui était étrangère. Comment avait-elle pu se conduire aussi bêtement ? Comment avait-elle pu se montrer aussi… faible ? La pluie qui coulait le long des vitres faisait écho à ses larmes. Elle renifla, puis s'essuya les yeux. Les chatons se chamaillaient à côté d'elle, heureux de vivre, sans se soucier de la nudité du décor qui les entourait. Shadow leva brièvement les yeux vers Vicki, avant de reporter son attention sur ses petits.

Mais cela suffit à rendre son sourire à Vicki. Et parce qu'elle souriait, elle se mit à rire. Dire qu'elle avait prétendu pendant des années ne pas aimer les chats ! Pourtant, en quittant Kodiak, elle avait préféré emmener sa chatte plutôt que sa fille ! Et pas n'importe quelle chatte, encore. Celle dont son bourreau s'était servi pour tenter de la garder sous sa coupe. Une chatte qui incarnait donc la pire trahison de sa vie. Mais Vicki l'aimait quand même.

Certains prétendent qu'aimer tel ou tel chat relève des circonstances. Le bon chat, au bon moment : celui qui vient combler un manque. Mais ce n'est pas vrai. Ce n'était pas vrai de CN, le premier chat qu'aima Vicki. Ce n'était pas vrai de

Dewey, qui gagna mon cœur non pas en propulsant ma carrière, mais par son obstination à vouloir m'aimer. Et ce n'était pas vrai non plus de Shadow, qui était entrée dans la vie de Vicki au mauvais moment et pour de mauvaises raisons.

Nous n'aimons pas les chats parce que nous avons besoin d'eux. Ni parce que nous projetons sur eux nos désirs inassouvis. Nous les aimons pour eux-mêmes, d'un véritable amour, car les chats sont des êtres vivants. Ils ont leur personnalité. Et quand leur personnalité s'accorde à la nôtre, nous les aimons de tout notre cœur. C'est aussi simple que cela.

Vicki n'avait pas désiré avoir de chat. Elle était divorcée et mère. Elle ne voulait surtout pas devenir ce *genre* de femme à chat. Pourtant, elle avait laissé sa fille derrière elle pour s'installer avec Shadow dans cet appartement vide. Tout compte fait, elle était clairement devenue une femme à chat.

Mais cela ne lui posait pas de problème. Et, même, elle se sentait ragaillardie. Assise, dans le noir, au milieu de cet appartement vide, avec la pluie qui cognait aux fenêtres et les chatons qui miaulaient autour d'elle, elle se forgea la conviction qu'elle s'en sortirait. Elle déménagerait de ce taudis. Elle redresserait l'agence. Et, à la fin de l'été, quand tout serait en ordre, elle ferait venir Sweetie à Wasilla et elle assumerait fièrement sa condition de maman solo. Rien ne vous tombe jamais du ciel : Vicki Kluever l'avait toujours su. Elle avait appris, parfois à ses dépens, que des obstacles se dressent sur votre chemin. Mais les obstacles ne sont rien tant que vous ne capitulez pas sur l'essentiel : votre foi, votre dignité, votre volonté de réussir, votre capacité à aimer.

Dès le lendemain, elle se trouva un meilleur appartement. Elle licencia deux employés, mais en garda quatre. Moins de cinq mois plus tard, l'agence de Wasilla était redevenue bénéficiaire. Encore quelques mois de plus, et Vicki recevait sa récompense de femme de l'année. Dix-huit ans se sont écoulés, mais je suis toujours fière d'elle, car je sais qu'elle venait de très loin et qu'elle a travaillé dur pour décrocher cet honneur.

D'un strict point de vue professionnel, les trois années suivantes furent les meilleures de toute l'existence de Vicki. Sweetie, d'abord réticente à déménager, se fit rapidement deux très bonnes amies, et elle apprit à aimer Wasilla. Ted appelait de temps en temps, mais Vicki l'ignorait. Il n'avait plus aucune emprise sur elle, désormais, même pas émotionnelle, et, de toute façon, il cessa bientôt d'insister. Elle garda deux des petits de Shadow – le noir et orange, et une petite chatte qui était le portrait craché de sa mère – et, quand Shadow mourut d'un cancer à l'âge de neuf ans, Rosco et Abbey restèrent là pour tenir compagnie à Vicki. Puis elle eut d'autres chats, au pelage noir pour la plupart, qu'elle aima tous avec beaucoup d'affection, même si aucun ne l'émut jamais autant que CN. Dix ans après avoir quitté Kodiak, elle rompit le mauvais sort en épousant l'homme qu'il lui fallait

– un homme aimé de Sweetie et de ses chats, et qui les aimait en retour.

« Surtout, ne me représentez pas en victime, insista-t-elle après notre conversation. « J'ai eu des moments difficiles, c'est vrai, mais qui n'en connaît pas ? Et, comparée à celles de certaines personnes qu'il m'est arrivé de croiser dans ma carrière, j'estime que ma vie fut du gâteau ! »

Du gâteau ? C'est beaucoup dire. Mais à coup sûr une vie réussie. En 2005, quand Vicki se retira des affaires car elle ne croyait plus aux pratiques de ce secteur d'activité, elle était considérée comme l'une des plus brillantes spécialistes du crédit hypothécaire de tout l'Alaska. Et elle avait eu le temps de former une génération de femmes prêtes à prendre sa succession. Surtout, elle était fière d'avoir passé sa carrière à aider des familles à réaliser leur rêve.

Elle habite à présent Palmer – une banlieue d'Anchorage – avec son mari. Elle y est très heureuse. Son mariage la comble, et elle a désormais la possibilité de passer autant de temps qu'elle le veut à Kodiak, où l'air iodé et le ballet incessant des bateaux de pêche suffisent à lui redonner de l'énergie. Sa fille, Adrienna, vit à des milliers de kilomètres de là, dans le Minnesota, mais la mère et la fille se parlent tout le temps au téléphone. Après quelques années délicates, quand Sweetie était adolescente, elles sont aujourd'hui les meilleures amies du monde.

Et, bien sûr, les animaux auront beaucoup compté dans son parcours : onze chats (ce n'est pas mal, pour quelqu'un qui disait détester les chats !) et deux chiens. À l'image de CN, ils furent toujours là quand Vicki avait besoin d'eux. Du moins, jusqu'en 2006. Cette année-là, Rosco et Abbey, les deux petits de Shadow, âgés de seize ans, moururent à quelques mois d'intervalle. Neuf mois plus tard, Choco, un chien que Vicki avait récupéré et soigné après qu'il eut été renversé par une voiture, et qui lui était resté dévoué, mourut dans sa douzième année. Pour la première fois depuis qu'elle avait sorti CN de la cuvette des toilettes, vingt-cinq ans plus tôt, Vicki se retrouva sans animal domestique à ses côtés. Elle éprouva un soudain sentiment de vide, surtout avec sa fille dans le Minnesota et son mari souvent absent pour son travail. Cependant, elle se sentait prête à l'assumer. Mais, peu après, en se rendant à Kodiak pour rendre visite à sa mère vieillissante, une amie lui présenta un chien dont les propriétaires venaient de mourir. Bandit, un adorable et très énergique border collie, dort maintenant dans son lit toutes les nuits. Et Vicki l'aime follement.

Pourtant, les longues soirées d'hiver, quand Vicki s'installe dans son rocking-chair, près du feu, une tasse de thé russe à la main, et que son mari lit sur le canapé, Bandit à ses côtés, c'est vers CN, le Chat de Noël, que ses souvenirs la ramènent le plus souvent. Sa magnifique fourrure noire. Ses yeux pétillant de malice. Sa façon de partir explorer les bois derrière la maison. La manière dont il frottait son museau contre le menton de Vicki. On n'oublie jamais son premier amour. Encore moins lorsque celui-ci a comblé toutes vos attentes et vous a ouvert à l'amour, comme personne ne l'avait encore jamais fait auparavant. Et encore moins lorsque vous lui avez sauvé la vie un soir de réveillon de Noël.

6
Cookie

« Personne ne m'a autant aimée, pas même ma fille ni mes parents, comme m'a aimée ma Cookie. »

Voici maintenant une histoire qui se passe à New York. Vous penserez sans doute qu'on ne peut pas imaginer ville plus éloignée de Spencer. Eh bien non. Au fond, Spencer et New York se ressemblent. Car l'histoire que vous allez lire n'a rien à voir avec les histoires new-yorkaises que vous connaissez. Ici, pas de célébrités, pas de nababs de la finance et pas non plus d'enseignes rutilantes au néon pour vanter les comédies musicales de Broadway. Je reconnais qu'il n'y a pas plus beau spectacle que de se tenir au milieu de Times Square et d'être entouré de toutes ces enseignes lumineuses. Et qu'il n'y a pas d'expérience plus exaltante que de se promener dans Grand Central Station, la grande gare new-yorkaise, et de lever la tête pour admirer les milliers d'étoiles peintes au plafond de la voûte centrale. Je me trouvai au pied du MetLife Building quand l'amie qui m'accompagnait me dit : « Tu sais, avant de venir ici, je n'avais encore jamais vu d'immeuble de plus de douze étages [1]. » Je levai les yeux : l'édifice semblait tutoyer le ciel. Nul autre endroit au monde que New York ne vous donnera l'impression d'être minuscule – ou de faire partie de quelque chose d'immense et de grandiose, selon ce que vous préférerez.

Mais ça, ce n'est pas vraiment New York. C'est Manhattan. La ville de New York compte environ huit millions d'habitants, et ils ne sont pas plus de vingt pour cent à vivre dans Manhattan. Or cette histoire parle justement de l'autre New York. Cette partie de la ville qui s'étend au-delà des ponts de Brooklyn et du Queens, jusqu'à l'aéroport de La Guardia, jusqu'au stade de base-ball, jusqu'au site de la Foire internationale de 1964 et enfin jusqu'à l'extrême limite des lignes de métro. Pour être plus précise, cette histoire se situe à Bayside, une petite communauté de la classe moyenne

1. Anciennement dénommé PanAm Building, cette tour de bureaux, construite devant Grand Central Station, compte soixante étages.

proche du détroit de Long Island. Les maisons y sont serrées les unes contre les autres, mais toutes possèdent quand même un porche et un petit jardin. C'est typiquement le genre d'endroit où pourrait vivre une bibliothécaire avec son chat. Bref, Bayside est le lieu idéal pour cette histoire new-yorkaise.

Du moins, le lieu idéal pour la faire débuter. Car c'est à Bayside que les grands-parents de Lynda Caira s'installèrent lorsqu'ils émigrèrent d'Italie, au début du XXe siècle. En 1927, ils achetèrent un bout de terrain et y construisirent une maison. À l'époque, il n'y avait pas grand monde à Bayside, mais quiconque s'y présentait était le bienvenu à la table des Caira. Pendant les travaux de construction de la voie express de Long Island, qui passait en bordure de leur propriété, la grand-mère offrait tous les matins le café aux ouvriers du chantier – ceux-ci la récompensaient en lui donnant des pourboires qui permirent de rembourser plus rapidement l'emprunt contracté pour bâtir la maison. Dès que la voie express fut achevée, elle prépara des petits déjeuners pour les routiers qui s'arrêtaient en voyant sa lumière allumée dès 4 heures du matin. Même quand Lynda naquit, dans les années 1950, la maison regorgeait encore de sacs de maïs ou d'oignons, que les routiers laissaient en échange d'un plat chaud. Souvent, quand Lynda descendait prendre son petit déjeuner, elle trouvait un ou deux inconnus assis à table. Sa grand-mère était incapable de refuser de nourrir qui que ce soit.

Quand la municipalité décida de lotir Bayside, sa grand-mère (qui dirigeait seule la maisonnée depuis la mort prématurée de son mari) acheta quatre lots, juste à une sortie de la voie rapide, en plein cœur du quartier. Lynda l'appelait la Ferme car il y poussait des centaines de pieds de tomate parmi d'autres légumes, mais aussi une vigne et tout un assortiment d'arbres fruitiers : pêchers, pommiers, figuiers… Les parents de Lynda vivaient au rez-de-chaussée, avec la grand-mère, qui faisait du vin et de la saute tomate, et continuait à se lever tous les jours à 4 heures du matin pour cuisiner. L'oncle et la tante de Lynda habitaient à l'étage. Et le reste de la maison était souvent investi par d'autres membres de la famille en visite. Une fois, la « visite » de parents venus d'Italie dura même cinq ans, mais la grand-mère de Lynda, loin de protester, se leva encore un peu plus tôt, pour faire à manger à tout le monde. Les grands-parents paternels de Lynda, eux-mêmes immigrants italiens, vivaient à quelques centaines de mètres, et d'autres membres de la famille s'installèrent peu à peu dans le quartier. Bayside se peuplait de maisons toujours plus nombreuses, pour la plupart achetées par de jeunes familles, si bien qu'en été, les barbecues des jardins fumaient constamment, et que les rues étaient envahies de gamins. Les voisins s'entraidaient et les commerçants connaissaient chaque enfant par son prénom. Mais, pour Lynda Caira, Bayside se caractérisait d'abord par les événements qui rassemblaient toute sa famille italienne : les grands repas de fête, les robes de communion ou cette semaine réservée chaque année en août pour mettre la sauce tomate en boîte.

À quatorze ans, Lynda travailla à l'épicerie voisine pour se faire un peu d'argent de poche. Après le lycée, elle poursuivit des études dans le but de devenir assistante médicale. Elle se maria, emménagea dans une petite maison de quatre pièces, sur Bell Avenue, toujours à Bayside, et elle commença par travailler pour un pédiatre du quartier. Deux ans plus tard, elle accoucha d'une fille, et elle lui donna le prénom américain le plus populaire dans les années 1970 : Jennifer.

Après sept ans de mariage, Lynda Caira divorça. C'était la meilleure chose à faire, et elle ne regretta jamais sa décision. Ses parents prirent d'abord très mal la nouvelle. Mais sa grand-mère, qui avait dépassé les quatre-vingts ans, lui dit simplement : « Si tu estimes que c'était nécessaire, alors tu as mon soutien. » Grâce à la bénédiction de sa grand-mère, le « péché » de Lynda s'en trouva absous et toute la famille la reçut comme avant. Elle garda même comme amies son ex-belle-mère et son ex-belle-sœur, qui avaient pris son parti pendant le divorce.

Pour autant, il n'était pas simple de divorcer avec une fillette de cinq ans, déjà assez grande pour réaliser que sa vie en serait bouleversée, mais pas assez âgée pour comprendre pourquoi. L'un des voisins de Lynda lui suggéra d'adopter un chat, afin de faciliter la transition. Le voisin en question travaillait dans une boulangerie, et la chatte de la maison – malgré l'interdiction sanitaire, beaucoup de petites boulangeries new-yorkaises possédaient un chat, afin d'éloigner les souris – venait de mettre bas. La portée comptait une petite chatte minuscule – un avorton, en fait –, dont la mère refusait de s'occuper. Si quelqu'un ne la prenait pas très vite en charge, elle ne tarderait pas à mourir.

« D'accord, répondit Lynda à son voisin. Amenez-la-moi. »

Le lendemain, le voisin arriva en tenant dans ses mains une toute petite boule de fourrure grise, pas plus grosse qu'une balle de tennis, avec de minuscules oreilles pointues et de grands yeux verts. Elle contempla le nouveau décor qui l'entourait d'un air apeuré. Elle tremblait même un peu. Lynda ne comprenait pas que sa mère eût pu rejeter un aussi adorable bébé.

Ils adoptèrent la petite chatte. Jennifer la baptisa Snuggles. Comme elle était encore trop petite pour être sevrée, Lynda et sa fille la nourrissaient au biberon, plusieurs fois par jour. Puis, dès qu'elle fut un peu plus grande, elles lui donnèrent des purées à manger à la cuiller. Jennifer était très attentionnée envers elle, peut-être même un peu trop. Toujours est-il que, de l'instant où Snuggles franchit la porte de Lynda et Jennifer, elle fut inondée d'amour.

Un amour qu'elle ne rendait pas. Elle n'était pas une méchante chatte, loin de là, simplement ce n'était pas dans sa nature d'être affectueuse. Certaines personnes ont des idées préconçues sur les chats : ils sont solitaires, arrogants et uniquement préoccupés d'eux-mêmes. Hélas, Snuggles correspondait parfaitement à ce stéréotype. Elle ne feulait pas, elle ne griffait pas, mais elle n'était pas non plus sociable. Elle ne voulait jamais jouer, elle refusait qu'on la caresse et, pour être tout à fait franche, elle se moquait de savoir si Lynda et Jennifer étaient là ou non. Snuggles préférait se cantonner à son propre espace.

Jennifer était très déçue. Les adultes peuvent goûter la farouche indépendance des chats (et leur tranquillité), mais les enfants ne sont pas du même avis.

« Je veux aller à l'orphelinat pour animaux ! dit-elle un jour à sa mère.

– Je veux bien, lui répondit Lynda. Mais pas question de ramener un animal à la maison. Nous avons déjà Snuggles. »

Jennifer plissa les lèvres – sans doute méditait-elle s'il était sage ou non de protester –, avant de lâcher :

« Bon, d'accord. On n'en rapportera pas. »

L'« orphelinat » en question était le North Shore Animal League de Port Washington, à l'extrémité ouest de Long Island, et à environ douze kilomètres de la maison des Caira. Trois ou quatre fois par an, Lynda et Jennifer s'y rendaient en voiture pour s'exclamer d'admiration devant les adorables chatons. Mais, au bout d'une heure de visite, Lynda parvenait toujours à faire sortir Jennifer du bâtiment sans qu'elle eût de papiers d'adoption à la main.

Jusqu'au 31 août 1990. C'était une belle journée d'été, et Lynda et Jennifer s'étaient de nouveau rendues à « l'orphelinat ». Jennifer avait maintenant douze ans, et cela faisait donc sept ans que la mère et la fille visitaient régulièrement le North Shore Animal League de Port Washington sans avoir cédé une seule fois au regard attendrissant des chatons sans famille. Mais, cette fois, une petite chatte les appela en miaulant.

D'entrée de jeu. À peine avaient-elles franchi la porte du bâtiment. Et elle ne se contentait pas de miauler : elle tendait ses petites pattes entre les barreaux de sa cage pour réclamer l'attention. Sa fourrure était grise et blanche sur le dos, rayée à la manière des tigres, avec la poitrine toute blanche, la gueule presque entièrement blanche et de grandes oreilles qui donnaient l'impression que sa tête était minuscule. Elle était vraiment adorable. Tellement adorable que Lynda dut faire des efforts pour l'ignorer. Mais Jennifer était sous le charme.

« Oh, maman ! Regarde celle-ci ! »

Lynda continua d'avancer dans l'allée.

« Oh, maman, s'il te plaît ! Reviens voir celle-ci ! plaida Jennifer. Regarde comme elle miaule. Elle voudrait que je la prenne dans mes bras. »

Lynda rebroussa chemin et contempla la petite chatte qui tentait désespérément de sortir de sa cage. Un panonceau, sur le côté, disait : « Cookie. Femelle. Chat domestique à poil court ».

« Bon, d'accord », répondit-elle. Et, s'adressant à un bénévole : « Sortez-la de sa cage, s'il vous plaît. Ma fille veut la tenir une minute dans ses bras. Mais ensuite, Jennifer, on la remet dans sa cage, hein ! »

Cookie avait une autre idée en tête. Dès qu'elle fut hors de sa cage, elle faussa compagnie à Jennifer pour sauter sur le chemisier de Lynda, et après une ascension rocambolesque, elle noua ses petites pattes au cou de Lynda, renversa la tête en arrière, et darda sur elle ses yeux verts en miaulant. Le bénévole voulut aider Lynda à s'en défaire, mais la chatte s'accrochait avec ses griffes et refusait de lâcher prise. Elle implorait en miaulant – réclamait-elle simplement de l'attention ? ou de l'amour ? ou une maison ? Quoi qu'il en soit, elle semblait parfaitement savoir ce qu'elle voulait. Et pour l'instant, elle voulait Lynda. Il fallut les efforts conjugués de deux bénévoles pour la détacher de son chemisier.

« Oh, maman, implora Jennifer. Il faut la prendre chez nous.

– Non, Jennifer, répliqua Lynda. Nous avons déjà Snuggles. Nous ne pouvons pas lui imposer un autre chat. »

En réalité, Lynda ne s'inquiétait pas vraiment pour Snuggles, laquelle ne s'intéressait jamais à rien. Il y avait donc peu de chances qu'elle prenne ombrage de la présence d'un autre chat. Mais leur maison n'était pas très grande. La place manquait pour accueillir un nouvel animal.

Elle s'apprêtait à demander aux bénévoles de remettre la petite chatte dans sa cage, lorsqu'elle s'aperçut qu'elle portait des colliers en plastique de différentes couleurs, avec des inscriptions dessus.

« Pourquoi porte-t-elle tous ces colliers ? demanda-t-elle.

– C'est les médicaments qu'elle doit prendre », expliqua l'un des bénévoles. Et il lui raconta l'histoire de Cookie.

À cinq semaines, Cookie fut heurtée par une voiture. On la retrouva, en sang, au bord de la route et elle fut apportée au refuge, où on l'opéra deux fois, pour réparer son épaule brisée. Une première liste de médicaments concernait cette épaule, qui n'avait pas encore totalement cicatrisé, et qui la faisait toujours souffrir. En outre, Cookie avait grandi dans les rues, à la dure, sans mère pour s'occuper d'elle. À son arrivée au refuge, elle souffrait de malnutrition, elle avait des parasites partout, y compris dans les intestins, et l'un de ses yeux, atteint de conjonctivite, était si enflé qu'elle pouvait à peine l'ouvrir. Il avait fallu soigner tout cela. Sans parler de son autre blessure, à la hanche, héritée de son accident. Voilà pourquoi la pauvre petite chatte avait été reléguée à l'isolement. À seulement neuf semaines, elle vivait toute seule dans une cage.

Lynda regarda à nouveau Cookie. Cette fois, elle pouvait distinguer les séquelles de ses mésaventures. Mais ce qu'elle remarqua surtout, c'était le désir d'amour qui se lisait dans ses yeux. Cookie n'était pas Snuggles. C'était même tout le contraire. Elle voulait désespérément que quelqu'un s'occupe d'elle. Et, quand elle avança de nouveau sa patte à travers les barreaux de sa cage, Lynda comprit qu'elle l'avait choisie, elle. « Aime-moi, lui disait-elle. Et je t'aimerai en retour. »

Le bénévole posa sa main sur l'épaule de Lynda.

« Elle ne s'était encore jamais comportée ainsi avec quelqu'un », dit-il.

Lynda voulait bien le croire. *Cookie l'avait choisie*. Elle en était certaine et, de ce jour, elle n'en a jamais démordu. Pour ma part, j'avoue mon scepticisme. Cookie tendait sans doute la patte à quiconque passait devant sa cage. Mais Lynda fut la seule, ce jour-là, à réagir différemment des autres visiteurs. Elle ouvrit son cœur à cet animal souffrant. Et elle décida de le prendre avec elle.

Ce fut un véritablement engagement. Car Cookie était très malade. Ses papiers d'adoption s'accompagnèrent d'une flopée de médicaments et d'une grosse boîte de pansements. Les responsables du refuge précisèrent même à Lynda que, si elle n'arrivait pas à s'en sortir avec tous ces soins à prodiguer à Cookie, elle pourrait la rapporter. Mais Lynda n'était pas prête à baisser les bras. Au contraire, le sauvetage de Cookie lui redonna de l'énergie. Tous les matins, elle forçait cinq ou six gélules à entrer dans le gosier de la petite chatte. Deux fois par jour, elle appliquait un baume sur ses blessures avant de mettre de nouveaux pansements. Pour finir, elle serrait la petite chatte dans ses bras, l'embrassait et lui disait qu'elle était aimée. Au bout de quelques mois, Cookie fut totalement guérie. Plus de conjonctivite, plus de parasites, plus de cicatrices. Quand vous la regardiez, il était difficile de croire qu'elle ait pu être heurtée par une voiture. Elle était tout simplement magnifique.

Jennifer désirait très fort que Cookie fût sa chatte. Le rôle avait d'abord été dévolu à Snuggles, mais Snuggles n'était la chatte de personne. Elle voulait donc retenter sa chance avec Cookie. Dès le premier soir, elle prit la petite chatte pour qu'elle dorme avec elle dans son lit. Et elle ferma même la porte de sa chambre, afin que Cookie ne puisse pas baguenauder dans la maison. Mais le quatrième soir, Jennifer oublia de fermer sa porte. Cookie s'échappa, gagna la chambre de Lynda, grimpa sur son lit, et s'installa sur l'un des oreillers. Comme Jennifer ne pouvait pas garder Cookie prisonnière, chaque fois qu'elle ouvrait sa porte Cookie partait rejoindre Lynda dans son lit. Je l'ai déjà dit et je le répète : dès lors que vous vous consacrez à un animal blessé, il ne l'oubliera jamais. Voilà pourquoi Cookie finit par dormir toutes les nuits sur l'oreiller de Lynda, et cela jusqu'à la fin de sa vie. Malgré les souhaits de Jennifer, elle n'était pas sa chatte mais celle de sa mère. Pour la fillette, c'était une nouvelle rebuffade.

Cela dit, Jennifer avait sa part de responsabilité dans l'affaire. De temps en temps, l'idée lui prenait de travestir Cookie avec des habits empruntés à des panoplies pour enfants – accessoires y compris. L'unique photo survivante de ces humiliations montre Cookie sur le canapé, vêtue d'une tunique bleu clair et d'un ridicule chapeau de cow-boy. Il est impossible de se méprendre sur l'expression de la malheureuse : *J'ai honte.*

Mais il ne faudrait pas non plus accabler Jennifer. Elle n'avait que douze ans, à l'époque. Et elle ne faisait jamais de mal à Cookie. Du reste, si celle-ci se sentait humiliée par ces séances, elle ne chercha jamais à protester. En bonne amie conciliante, elle portait tous les costumes dont voulait l'affubler Jennifer. Elle aimait sincèrement Jennifer, en dépit de ces séances ridicules. Mais elle lui préférait Lynda. De l'instant où Lynda avait franchi la porte du refuge, elle était devenue la chatte de Lynda. Ou plus exactement, Lynda était l'humain de Cookie. Comme répétait souvent Lynda, Cookie possédait un don pour repérer les bonnes poires.

En réalité, c'était faux, et Lynda le savait très bien. Cookie n'a jamais pris Lynda pour une poire, pas plus que Dewey n'eut cette réaction à mon égard. Certes, ils étaient comblés par nous, mais le lien qui nous unissait était réciproque et sincère. Rien à voir, par exemple, avec les méthodes à la Snuggles : « Sers-moi mes croquettes et tire-toi. » Les chats comme Dewey ou Cookie donnent autant qu'ils reçoivent. La seule différence entre eux ? Dewey s'offrit à toute une communauté, tandis que Cookie réserva son affection à Lynda Caira.

Elle ne lui prodigua pas seulement de l'affection, d'ailleurs. Mais de l'amour, et beaucoup d'attention. Elle était toujours près d'elle, à réclamer ses caresses. Dès que Lynda quittait une pièce, Cookie la suivait en se frottant à ses jambes. Dès qu'elle s'asseyait, elle bondissait sur ses genoux. Et si Cookie estimait ne pas recevoir assez de caresses, elle donnait des petits coups de museau sur son bras, puis se positionnait pour montrer l'endroit exact où elle désirait qu'on la gratte. Elle adorait aussi se dresser sur ses pattes de derrière et s'appuyer sur la poitrine de Lynda pour lui plaquer des baisers sur les lèvres. Oui, des baisers. Et plusieurs fois par jour.

Même quand Lynda sortait de la maison, il n'était pas rare que Cookie la suivît encore. Lynda essayait de l'en empêcher, bien sûr, mais Cookie était maligne. Elle se cachait derrière la porte, puis se ruait à l'extérieur dès que Lynda franchissait le seuil – avec le sac des poubelles à la main, par exemple. Une fois dehors, Cookie se mettait à courir. Lynda était obligée de lâcher son sac et de se lancer à sa poursuite, en lui criant de s'arrêter. Parvenue au bout du pâté de maisons, et souvent même avant, Cookie décidait qu'elle s'était aventurée assez loin comme cela. Elle s'immobilisait et se retournait, pour attendre que Lynda vienne la récupérer. Puis elles repartaient vers la maison, Lynda adjurant sa chatte de ne jamais, jamais recommencer, et Cookie frottant sa tête contre la poitrine de sa maîtresse, comme si elle voulait la rassurer : *Ne t'inquiètes pas. Je n'irai jamais plus loin.*

Lynda avait une existence bien remplie. Après son divorce, elle prit la direction de l'entreprise familiale de restauration-traiteur, ce qui l'obligeait à travailler plus de cinquante heures par semaine. Et cela, c'était avant qu'un administrateur de l'hôpital Sainte-Mary pour enfants malades ne lui demande d'organiser une petite réception pour les infirmières de l'établissement. L'opération se répéta ensuite tous les ans, et Lynda, bouleversée par ce qu'elle voyait à l'hôpital, décida de monter une opération de bienfaisance pour venir en aide aux petits malades. La première année, elle collecta douze mille dollars. L'année suivante, elle convainquit une vedette de série télé d'assister à la fête – beaucoup de séries étaient tournées à quelques kilomètres de là, dans les studios du Queens – et elle doubla la recette. Bientôt, elle parvint à collecter plus de cinquante mille dollars par an, et sa fête caritative, organisée en février, devint le rendez-vous incontournable des vedettes de série.

Quand elle ne travaillait pas, Lynda était chez elle, à préparer le dîner, à faire le ménage ou à s'occuper de sa fille. Ses parents lui apportaient de pleines brassées de spaghetti fabriqués maison ; ses amies venaient la chercher pour l'emmener avec elles au cinéma ou au spectacle ; mais la plupart du temps, Lynda préférait se consacrer à Jennifer.

« Tout ce que je faisais, je le faisais pour elle », m'expliqua-t-elle.

Je peux la comprendre. Quand Lynda Caira me racontait sa vie de maman solo, cela me rappelait l'époque où je travaillais moi-même cinquante heures par semaines à la bibliothèque. Je passais mes week-ends avec mes amis et ma famille. J'étais heureuse. Je menais toute seule ma barque. Mais, en vérité, toute mon existence était dévolue à Jodi, ma fille. Je travaillais dur pour lui assurer un bel avenir. Lorsque je repris les études afin de devenir directrice, c'était dans le but de gagner assez d'argent pour qu'elle puisse s'inscrire à l'université. Il n'y avait pas un moment, dans la journée, où je ne pensais pas à elle.

Et je comprends également ce que Lynda veut dire quand elle m'explique que Cookie était toujours là pour elle, car Dewey était lui aussi là pour moi. Si je sentais la fatigue ou la frustration me gagner, Dewey sautait sur mes genoux. Et si j'avais des idées noires, il me forçait à les oublier en m'entraînant dans une partie de cache-cache. Tous les matins, il se tenait derrière la porte de la bibliothèque, pour m'attendre. Dès qu'il me voyait arriver, il s'agitait, et ce spectacle suffisait à me regonfler le moral. Dewey était là. La vie était belle.

Cookie se conduisait pareillement avec Lynda. Chaque fois qu'elle rentrait chez elle, que ce soit après une journée de travail ou une sortie entre amis, Cookie l'attendait derrière la porte. Puis elle la suivait pas à pas, comme l'aurait fait un chien, attendant sagement qu'elle se débarrasse de son manteau ou de ses sacs pour la caresser. Lynda, bien sûr, ne pouvait jamais résister. Tandis que Snuggles demeurait toujours parfaitement impassible, la dévotion que lui portait Cookie les unissait d'une manière particulière.

Cookie affectionnait le linge propre, tout juste sorti du sèche-linge. Comme Lynda n'avait pas le cœur de la chasser, elle la laissait s'installer sur une pile, quitte à tout relaver ensuite. Cookie était pointilleuse avec les taies d'oreiller. Chaque fois que Lynda changeait de taies d'oreiller, Cookie sautait sur le lit pour les essayer en se couchant dessus. Si elle n'aimait pas le nouveau tissu, elle se relevait avec un miaulement désapprobateur, attendant que Lynda le remplace. Ce qu'elle ne manquait jamais de faire.

Et, bien sûr, Cookie adorait venir dans la cuisine quand Lynda préparait à manger. Elle affectionnait le pain au potiron. Et les rapini – ce légume italien qui rappelait à Lynda son enfance et ces semaines d'été où toute la famille se retrouvait pour confectionner les conserves de tomates. Le rapini s'apparente au brocoli, en plus filandreux, et surtout en plus amer. D'ailleurs, beaucoup d'Italiens-Américains ne sont plus habitués à cette amertume, quoique le rapini soit l'un des piliers de la cuisine italienne traditionnelle. Cookie en était très friande. Dès qu'elle sentait une odeur de rapini, elle accourait dans la cuisine et miaulait aux pieds de Lynda, jusqu'à ce qu'elle lui en donne une bouchée. Ou deux. Ou trois. Lynda s'exécutait bien volontiers. Elle ne souffrait pas de solitude, loin de là. Mais Jennifer dînait de plus en plus souvent à l'extérieur, avec ses copines. Et elle passait parfois le week-end chez son père. Grâce à Cookie, Lynda ne mangeait jamais seule.

D'ailleurs, Cookie était si souvent avec elle que Lynda remarquait moins sa présence que son absence. Si Cookie disparaissait plus de quelques minutes, Lynda se mettait à la chercher dans toute la maison. Généralement, Cookie réapparaissait très vite après que sa maîtresse eut commencé à l'appeler. Sauf un soir, où elle demeura invisible pendant des heures. Ça ne lui ressemblait pas. Après avoir inspecté plusieurs fois la maison dans ses moindres recoins, Lynda finit par remarquer que la moustiquaire de sa chambre pendait vers l'extérieur. Elle jeta un coup d'œil au-dehors et découvrit la pauvre Cookie qui tentait désespérément d'escalader le mur. Elle avait dû s'appuyer contre la moustiquaire, qui avait basculé sous son poids, et avait chuté à l'extérieur. Heureusement, la chambre était au rez-de-chaussée. Cookie n'était tombée que d'un mètre cinquante de haut. Tout de même : le temps que Lynda ne la retrouve, elle avait les pattes en sang à force de tenter de grimper le long du mur de briques.

Quelques années plus tard, Lynda décida d'aménager son sous-sol. Jennifer fréquentait à présent le lycée et la maison était trop petite pour qu'elle puisse recevoir ses copines. Les travaux ne prendraient que quelques jours mais, comme les ouvriers feraient d'incessantes allées et venues, Lynda jugea plus prudent d'enfermer Snuggles et Cookie dans sa chambre avant de partir au travail. Le deuxième jour, après le départ des ouvriers, elle alla ouvrir sa chambre pour libérer les chats. Snuggles était assise sur le rebord de la fenêtre, dédaigneuse comme à son habitude. Mais Cookie demeura invisible. Lynda regarda sous le lit et dans la penderie, avant de se résoudre à l'évidence : Cookie avait dû échapper à sa vigilance et s'était faufilée hors de la pièce où Lynda avait cru l'enfermer le matin.

Elle appela Jennifer. Ensemble, elles fouillèrent la maison, en appelant « Cookie ! ». Elles regardèrent partout : sous le canapé, dans les cabinets, dans les placards de la cuisine… Pas de Cookie, nulle part. Elles passèrent au peigne fin les gravats laissés au sous-sol par les ouvriers ; elles examinèrent les fenêtres, mais toutes étaient fermées. Il n'y avait pas un endroit où elles n'avaient pas cherché, et cherché encore, et cherché une dernière fois.

« Je devenais hystérique », me confia Lynda.

Jennifer pleurait. Pour Lynda, c'était pire encore. Sa chère Cookie avait disparu. Elle avait dû être terrifiée par les allées et venues et le vacarme des ouvriers. Et elle s'était enfuie…

Enfuie ! C'était atroce. Lynda ne pouvait pas se résoudre à cette idée. Son bébé !

« Cherchons encore une fois », dit-elle à Jennifer.

Vingt minutes plus tard, alors qu'elle retournait tout le sous-sol dans un état proche de l'hystérie, Lynda l'entendit enfin. Au début, elle se crut victime de son imagination. Puis elle l'entendit encore. Un tout petit bruit de pas. Puis un miaulement. Très faible, et qui semblait provenir de très loin. Lynda se mit à crier « Cookie ! Cookie ! ». Le miaulement se répéta. Cookie était cachée quelque part. Mais comment était-ce possible ? Elle avait cherché, cherché et cherché encore…

« Oh, mon Dieu ! » s'exclama-t-elle, s'adressant à Jennifer. « Elle est dans le plafond ! »

Elle grimpa sur un petit escabeau. Chaque fois qu'elle appelait « Cookie ! », un miaulement résonnait au-dessus de sa tête.

Finalement, elle téléphona au chef des ouvriers.

« Le plafond ! hurla-t-elle dans le combiné. Elle est dans le plafond !

– Qu'est-ce qui est dans le plafond ?

– Ma Cookie.

– Votre *quoi ?*

– Ma chatte. Elle est prisonnière du plafond. »

Elle était si hystérique que l'ouvrier accourut immédiatement. Cookie avait dû grimper dans le faux plafond et elle s'était retrouvée prise au piège quand les ouvriers avaient posé la dernière plaque de Placoplâtre. L'ouvrier fit un trou dans le plafond, et Lynda, en appelant Cookie, attira celle-ci au bord du trou. La chatte passa sa tête, inspecta le sous-sol du regard, comme si elle le voyait pour la première fois, puis elle sauta, couverte de poussière, dans les bras de Lynda. Lynda, encore sous le choc, l'embrassait en pleurant. Mais Cookie n'était nullement traumatisée. Elle s'échappa de ses bras, sauta par terre et remonta au rez-de-chaussée, comme si elle avait toujours su que Lynda finirait par la retrouver.

Avant qu'il ne reparte, Lynda demanda à l'ouvrier de reboucher le trou. Peu importait l'heure – c'était presque le milieu de la nuit : elle ne voulait pas que Cookie puisse remonter là-haut.

Le premier vrai bouleversement dans la vie de Cookie commença avec la mort de Snuggles. Une tumeur se développa soudain autour de son cœur et de ses poumons, et en l'espace de quarante-huit heures, Snuggles, qui se portait jusque-là comme un charme, se retrouva couchée, la respiration oppressée, sur la table du vétérinaire. Avant que Lynda ait pu réaliser ce qui se passait, tout était déjà terminé.

Peu de temps après, elle s'aperçut qu'un chaton tournait autour de sa porte. Il était manifestement trop jeune pour être sevré, et cependant sa mère n'était pas visible. Lynda entreprit donc de le nourrir. Elle le nourrit sur son porche pendant neuf mois, sans la moindre intention de le laisser pénétrer dans la maison. Cookie lui suffisait amplement. Elle n'avait pas besoin d'un autre chat. Mais, au bout de quelque temps, elle s'aperçut que Chloé – c'était ainsi qu'elle appelait la petite chatte – se faisait terroriser par le chien du voisin. Plusieurs fois par jour, il sortait de chez lui et la pourchassait dans la rue en aboyant férocement. Le voisin n'appréciait pas plus la situation que Lynda : il s'inquiétait que son précieux chien ne se fasse écraser par une voiture en poursuivant Chloé. Aussi pensait-il avoir trouvé la solution idéale : tuer Chloé avec sa carabine de chasse. Inutile de dire que Lynda s'empressa de rentrer Chloé à l'intérieur et d'en faire une chatte d'appartement.

Cookie n'apprécia pas du tout. Elle avait six ans et elle était habituée à disposer de la maison pour elle toute seule. Elle n'agressa pas Chloé – Cookie n'était pas méchante –, mais elle lui tourna ostensiblement le dos, refusant de lui prêter la moindre attention. Chloé était une chatte timide : du genre à baisser la tête et à vous regarder en levant vers vous de grands yeux tristes. Elle accepta d'être la chatte en second de la maisonnée. Cookie mangeait la première. Cookie buvait la première. Et Cookie n'entendait pas partager Lynda. C'était la ligne jaune à ne pas franchir. Si Chloé tentait d'approcher Lynda, aussitôt Cookie lui jetait un regard noir pour lui faire comprendre qu'il n'était pas question d'aller plus loin. Quant à grimper sur le lit de Lynda, c'était tout bonnement interdit. Une seule patte sur le lit, et Cookie voûtait l'échine et feulait. Elle n'était pas spécialement guerrière, mais elle était prête à se battre pour défendre ce lit, parce que c'était celui de Lynda et que Lynda était à elle.

Cookie finit cependant par s'adoucit. Elle était de nature amicale et, quand elle comprit qu'elle occupait toujours une place de choix dans le cœur de Lynda, elle se montra plus chaleureuse avec Chloé. Cela prit du temps, bien sûr – trois ans, pour être précis. Mais Cookie et Chloé devinrent bonnes copines.

Le second bouleversement intervint quelques années plus tard. Lynda coulait une existence paisible. Cela faisait maintenant vingt ans qu'elle habitait la même maison, dix-sept ans qu'elle était divorcée, seize ans qu'elle réussissait dans son métier, et dix ans qu'elle vivait avec sa chère Cookie. Elle organisait toujours sa vente de charité et, en douze années d'exercice, elle avait pu récolter plus d'un million de dollars en faveur de l'hôpital Sainte Mary. Cette somme avait notamment permis l'ouverture d'une unité de soins pour les lésions crâniennes enfantines – la première à l'époque sur toute la côte est des États-Unis. La treizième année, la vente de charité fut organisée en faveur de la sclérose latérale amyotrophique, une maladie dont sa tante était morte, et qui affectait l'un des acteurs de séries télés que Lynda avait enrôlés dans son action caritative : Michael Zaslow. Ayant été congédié de *Haine et Passions* dès que son état fut connu, il expliqua à sa femme que son plus grand regret était de ne pas avoir pu dire adieu à tous les amis qu'il s'était faits sur le tournage de cette série. Trente-cinq d'entre eux se rendirent à la fête de Lynda, pour le réconforter. Ce jour-là, Lynda récolta un peu plus de vingt-six mille dollars. Michael Zaslow mourut dix jours plus tard.

Mais même si tout lui réussissait, Lynda voyait bien que sa vie changeait. Son père avait pris sa retraite. Sa fille grandissait et ne tarderait plus à quitter la maison. Sa grand-mère mourut, et la famille vendit la maison où Lynda avait passé de si merveilleuses journées d'été. Sa disparition signa en quelque sorte la fin, pour Lynda, de l'épopée Bayside, une communauté qui vivait désormais refermée sur elle-même et où, depuis bien longtemps, plus personne ne parlait à des inconnus. Alors que le siècle s'achevait, Lynda vendit sa maison, pour un prix plus de dix fois supérieur à celui qu'elle avait payé en 1973, et elle s'acheta une maison de style victorien, avec trois chambres, à Floral Park.

Le quartier n'était distant de Bayside que d'une dizaine de kilomètres, à peine, mais pour Lynda, ce fut un autre monde. Bell Boulevard, l'artère principale de Bayside, était perpétuellement encombrée, malgré ses quatre voies de circulation. Sans parler des fils électriques, des poteaux et des enseignes qui avaient poussé de manière anarchique. À Floral

Park, au contraire, tout était tiré au cordeau. Le quartier avait été fondé en 1874 par un grossiste en graines, qui avait donné des noms de fleurs à toutes les rues – comme Tulip Avenue, par exemple. En 1908, le quartier avait été officiellement rattaché à la ville de New York. Chaque année, pour Noël, les habitants se massaient devant le sapin de la municipalité afin d'assister à sa mise en lumière. Puis on partageait un chocolat chaud dans l'église voisine. Il n'y avait jamais rien eu de tel à Bayside.

Pour Lynda, Floral Park avait des airs de paradis. Certes, vous deviez rouler plus d'une quarantaine de kilomètres, dans toutes les directions, pour échapper à l'emprise tentaculaire de New York, mais au milieu des voies rapides et des blocs d'habitations, le quartier était un îlot d'Amérique profonde. Un paradis, donc, avec de la verdure, des petits jardins autour des maisons, et des enfants qui roulaient à vélo dans les rues. Un grand lycée, construit au tout début du vingtième siècle, donnait sur Floral Boulevard. À l'autre extrémité du quartier, caché par un rideau d'arbres, se trouvait l'hippodrome de Belmont Park. Les week-ends d'été, la voix des speakers parvenait jusqu'aux maisons et se mêlait au bruit des tondeuses à gazon ou des ballons de basket.

Une gare du chemin de fer de Long Island – la station Bellerose – se dressait au coin de Chestnut et de Floral Boulevard, à quelques dizaines de mètres de la maison de Lynda. Le trajet jusqu'à Grand Central Station ne durait qu'un quart d'heure, mais Lynda se rendait très rarement à

Manhattan. Tout au plus une fois par an – lorsqu'elle voulait absolument voir un spectacle de Broadway. Manhattan n'exerçait pas plus d'attraction sur elle que sur les autres habitants de Floral Park. Tous ses amis, désormais, habitaient le quartier – y compris sa meilleure amie, qui avait elle aussi quitté Bayside. Et ils s'efforçaient de recréer à Floral Park ce qu'ils avaient tant aimé à Bayside : un esprit communautaire, fait de chaleur et d'amitié. C'est dire si Lynda avait été ravie de ce déménagement.

Jennifer… beaucoup moins. Elle avait vingt-trois ans, habitait toujours avec sa mère dans la maison où elle avait grandi, et elle ne voulait pas quitter le quartier de son enfance. Elle refusa d'empaqueter quoi que ce fût, pas même sa brosse à dents, si bien que Lynda fut obligée de payer les déménageurs pour qu'ils mettent les affaires de sa fille dans des cartons.

Avec Chloé et Cookie, ce fut pire encore. Surtout avec Cookie, qui ne manquait jamais de communiquer ses humeurs. Elle semblait disposer d'un miaulement adapté à chaque circonstance. Un miaulement pour quand elle était heureuse. Un miaulement qui voulait dire « Laisse-moi tranquille ». Un miaulement qui signifiait « Viens me voir ». Un miaulement qui disait « J'aimerais manger de ça, s'il te plaît ». Un autre, plus affirmé, qui disait « J'aimerais manger de ça », sans le « s'il te plaît ». Et bien sûr un « J'en veux, j'en veux, j'en veux ! » pour les rapini. Elle avait même un miaulement très particulier lorsqu'elle désirait à tout prix attirer l'attention de Lynda, et qui sonnait comme « maman ». Lynda n'était pas assez crédule pour penser que sa chatte l'appelait vraiment « maman ». C'était dans son imagination. Mais quand ses amis entendaient Cookie proférer ce fameux miaulement, leurs mâchoires en tombaient.

« Ne vient-elle pas de dire "maman" ? demandaient-ils tous.

– En tout cas, ça y ressemble, n'est-ce pas ? » répliquait Lynda, rouge de fierté.

Mais pas cette fois. Tandis que Lynda préparait le déménagement, Cookie n'était plus du tout disposée à lui donner du « maman ». Elle geignait du matin au soir.

Quand le grand jour arriva, Cookie cessa de geindre, et disparut. Elle n'avait nullement l'intention de quitter cette maison. Lynda mit des heures à retrouver ses deux chats et à les faire rentrer dans leurs cages. Cookie passa sa frustration en se tapant violemment la tête contre les barreaux de sa cage. Le temps qu'ils arrivent à Floral Park, ce qui ne prit que vingt minutes, elle avait le museau en sang. Lynda se sentait si coupable qu'elle n'osait plus la regarder.

La porte de leurs cages une fois ouverte, Cookie et Chloé montèrent tout droit à l'étage, pour se cacher sous le lit de la chambre d'amis. Jennifer récupéra rapidement. Quarante-huit heures plus tard, elle s'était déjà fait de nouvelles amies et elle trouva rapidement ses marques à Floral Park. Pour Cookie et Chloé, ce fut beaucoup plus long. Excepté pour leurs besoins physiologiques, elles refusaient de sortir de leur cachette. Dès que Lynda essayait de les en chasser, Chloé se rapetissait dans un coin, tandis que Cookie s'avançait de quelques pas, pour feuler. Cela dura trois mois.

Puis un jour, tout fut pardonné. Cookie se décida à sortir de sa cachette, et cessa de geindre. Au bout du compte, elle finit même par aimer sa nouvelle maison autant que Lynda l'aimait. Elle l'aimait tellement, d'ailleurs, qu'elle était incapable de se choisir un endroit préféré. Pendant quelques semaines, ce fut l'ottomane. Elle s'y prélassait tous les soirs, pendant que Lynda regardait la télévision. Puis ce fut le rocking-chair – pendant à peu près six semaines. Puis le dossier du canapé, une chaise de la salle à manger, son panier en haut des marches… Durant tout un été, elle tomba amoureuse d'une des étagères de la bibliothèque. Lynda la rendit plus confortable en y installant une couverture en patchwork, qu'elle avait fabriquée elle-même. Lynda passait des heures à créer des patchworks qu'elle offrait à ses amis ou à sa famille. Elle en fit un spécialement pour Cookie, bien sûr, car Cookie adorait se coucher sur les patchworks. Il était à décoration florale, avec des miniatures de chatons et de chiots sur les bordures. Mais Cookie ne se coucha jamais sur celui-ci. Pourquoi salir un patchwork en particulier alors qu'on peut laisser ses poils partout où d'autres gens s'assiéront après votre passage ?

Les saisons s'enchaînèrent. Les feuilles des arbres bordant Floral Avenue perdirent de leur beau vert pour devenir jaunes, puis dorées et enfin rouges, avant d'être soufflées par le vent d'hiver. Jennifer passait de plus en plus de temps avec ses copines et ses petits amis, et elle finit par emménager dans son propre logement, quatre kilomètres plus loin. Durant les premières années qui avaient suivi son divorce, Lynda avait songé à se remarier. Elle avait rencontré quelques compagnons, mais aucun avec qui elle aurait souhaité vraiment partager sa vie.

« Si un homme se présentait aujourd'hui, me dit-elle, je lui répondrais probablement non, merci. »

Mes jeunes lecteurs liront peut-être cela avec scepticisme – comment une femme ne voudrait-elle pas d'un homme ? –, mais pour ma part, je comprends très bien Lynda. Parce que j'ai connu la même chose. Je voulais bien d'un homme, mais uniquement pour le côté romantique, les dîners, les sorties au bal. Je n'avais aucune envie de devoir nettoyer tous les jours les poils de barbe qu'il aurait laissés dans le lavabo.

Voilà pourquoi je souscris entièrement à l'avis de Lynda. Et je suis sûre qu'elle était aussi heureuse toute seule que je l'étais. Elle avait d'ailleurs toutes les raisons pour cela : elle avait réussi dans son travail, elle pouvait être fière de sa grande fille, elle avait des amis et, enfin, elle pouvait compter sur la dévotion indéfectible de Cookie. Si Lynda se retrouvait seule, Cookie lui donnait des petits baisers sur le visage et s'asseyait sur ses genoux. Et si Lynda désirait *vraiment* être seule (ce qui lui arrivait très rarement), alors Cookie lui laissait tout l'espace qu'elle souhaitait. Lorsque Lynda cousait ses patchworks, Cookie s'installait tranquillement à côté d'elle, au lieu de l'embêter en se bagarrant avec sa pelote de fil, comme le font si souvent les chats. Ce n'était pas seulement sa nature : Cookie comprenait les humeurs de Lynda et les respectait. Quand Lynda n'était pas dans son assiette, Cookie se couchait sur la partie de son corps qui la faisait souffrir. Si c'était un mal d'estomac, elle s'allongeait sur son estomac. Si c'était une douleur au genou, elle se couchait sur son genou. Passée la quarantaine, Lynda commença à souffrir de sténose spinale, un rétrécissement du canal rachidien qui l'affectait au niveau des vertèbres lombaires. Quand la douleur était trop forte, Lynda s'allongeait sur le ventre, et Cookie montait sur son dos pour s'installer à l'endroit précis où elle avait mal, à la manière d'une compresse vivante – et bien chaude.

Même lorsque Lynda souffrait d'insomnie, Cookie s'efforçait encore de l'aider. Dès qu'elle sentait Lynda s'agiter dans ses draps, elle se dressait sur son oreiller et montait la garde. La moindre mouche qui volait dans l'air en faisant du bruit devenait l'objet de toute son attention. Cookie rabattait les oreilles en arrière, prête à bondir sur l'intruse.

« Rendors-toi, Cookie », lui disait Lynda, avec une caresse. Cookie se roulait alors en boule sur l'oreiller, et se rendormait instantanément, tandis que Lynda restait éveillée, à se demander : « Comment cette petite chatte peut-elle m'aimer autant ? »

Ses douleurs lombaires s'aggravèrent. Lynda s'obligea à travailler moins, bien qu'elle aimât beaucoup son travail, et elle consulta plusieurs médecins différents, à la recherche d'un traitement miracle. Malheureusement, son état continua d'empirer. Quand elle souffrait, Cookie s'employait à l'apaiser du mieux qu'elle pouvait. Elle frottait son museau contre sa main, lui embrassait le nez et restait couchée sur son dos aussi longtemps que Lynda en éprouvait le besoin. Hélas, cela ne suffisait pas à endiguer le mal. L'un de ses médecins finit par lui annoncer qu'à moins d'une opération chirurgicale de dernière chance, elle se retrouverait bientôt en fauteuil roulant. En fauteuil roulant ? Lynda n'avait que quarante-sept ans.

Ce fut une période difficile, même si Lynda s'efforça de ne pas trop le montrer. Elle s'astreignait à conserver ses habitudes, voyait toujours ses amies, rendait visite à sa famille et ne ratait jamais une réunion du club de couture. Elle aidait Jennifer quand sa fille avait besoin d'elle. Et elle continua à travailler à mi-temps, jusqu'à la veille de son opération. Mais la nuit, elle restait longtemps éveillée dans ses draps, à se faire du souci, malgré Cookie qui se pressait à ses côtés et frottait son museau contre ses hanches, comme pour lui dire : « Ne t'inquiètes pas, maman, tout va bien se passer. »

Un soir, alors qu'elle caressait distraitement Cookie en songeant à l'opération, Lynda se retrouva avec une pleine poignée de poils dans la main. Elle resta un moment interdite, à contempler ces poils, avant de coucher Cookie sur le côté, pour l'examiner. La peau de sa chatte était enflammée en plusieurs endroits et elle avait perdu pratiquement tous les poils de son ventre, ainsi que ceux couvrant l'intérieur de ses cuisses. « Oh non, Cookie ! » s'exclama Lynda. « Oh, non ! » Cookie avait quatorze ans, et Lynda voyait bien, depuis quelque temps, qu'elle entendait de moins en moins bien. Mais voilà qu'à présent sa peau se détériorait.

Dès le lendemain, elle conduisit Cookie chez le vétérinaire. Sa chatte subit une batterie d'examens, sans aucun résultat probant. Finalement, le vétérinaire ôta son stéthoscope et regarda Lynda.

« Allez-vous bien, madame ? demanda-t-il.

– Oui, très bien, répondit Lynda.

– Vous êtes sûre de ne pas être malade ?

– Malade, non, mais j'ai un grave problème de dos. On doit m'opérer dans quelques jours.

Le vétérinaire hocha la tête.

– Quand avez-vous été informée de cette opération ?

– Il y a six mois.

Le vétérinaire rangea ses instruments.

– Votre chat n'a aucun problème physiologique, dit-il. C'est purement psychologique. Cookie s'inquiète tellement pour vous qu'elle en perd ses poils. »

Lynda regarda sa pauvre petite chatte qui pelait, et elle fondit en larmes. Cookie, depuis la cage du refuge où elle se remettait de son accident de voiture, avait vu passer des dizaines de visiteurs. Mais c'est Lynda qu'elle avait choisie. Et dès l'instant de leur rencontre, elle lui avait dédié sa vie. Lynda ne saurait jamais pourquoi. Qu'avait-elle donc fait pour mériter une telle confiance ? Et un tel amour ?

L'opération ne dura que quelques heures, mais la convalescence de Lynda fut longue et laborieuse. Cookie refusait de quitter son lit. Une nuit, alors que l'opération remontait déjà à quelques semaines, Lynda fut prise de violents vertiges. La maison semblait danser autour d'elle. Paniquée, convaincue qu'elle allait mourir, elle appela sa fille à l'aide. Cookie regarda Lynda, puis Jennifer, puis de nouveau Lynda. Elle miaula – un nouveau miaulement, inconnu de Lynda, qui semblait traduire son désarroi. Au lieu d'appeler l'hôpital, Jennifer téléphona à ses grands-parents, qui accoururent aussitôt. Mais quand la mère de Lynda voulut s'approcher du lit, Cookie sauta sur les draps et feula dans sa direction. La mère de Lynda s'assit tout de même au bord du lit, mais Cookie lui feula dessus jusqu'à ce qu'elle batte en retraite, effrayée à l'idée que la chatte puisse la mordre. Puis Cookie resta sur le lit, à monter la garde d'un air agressif. Sa Lynda était en danger et Cookie avait décidé que personne ne s'en approcherait, à part sa fille.

En fait, il ne s'agissait que d'un vertige prononcé, conséquence de l'opération de Lynda à la colonne. Mais ce malaise changea à jamais les relations de Cookie et de sa maîtresse. Changer n'est peut-être pas le mot qui convient, cela dit, car l'attitude de Cookie, elle, n'avait jamais varié. Il faudrait plutôt parler de révélation. Cette nuit-là, en effet, Lynda comprit l'étendue de l'amour que lui vouait Cookie. Un amour qui confinait au sacrifice.

Après cet épisode, l'amour de Cookie pour sa maîtresse devint insatiable. Dès que Lynda se couchait, Cookie se couchait avec elle. Si elle s'asseyait, Cookie s'asseyait à ses côtés. Et quand Lynda fut enfin capable de remarcher, Cookie la suivit pas à pas. Lynda passa une partie de sa convalescence sur une chaise orthopédique, aussi raide qu'une chaise pour bébé, mais en beaucoup plus haute. Cookie apprit à grimper dessus en deux temps : elle sautait d'abord sur l'accoudoir du canapé, puis sur la chaise orthopédique, afin de s'installer sur les genoux de Lynda. Et elle y aurait volontiers passé toutes ses journées. Mais, au bout d'un moment, Lynda devait demander à Jennifer ou à sa mère de la faire descendre, car Cookie pesait trop lourd pour sa colonne encore fragile.

Cookie resta sur ses gardes même après la totale guérison de sa maîtresse. Lynda pouvait difficilement lire un livre car, dès qu'elle s'installait dans un fauteuil, Cookie insistait pour s'asseoir sur le livre. Et elle ne pouvait pas ouvrir une porte sans que Cookie se précipite dans ses jambes et essaie de l'empêcher de sortir. Cookie n'avait jamais aimé la télévision. Auparavant, quand Lynda la regardait, Cookie allait et venait dans le salon, sans trouver le repos. Maintenant, elle s'asseyait à côté de Lynda et regardait elle aussi le petit écran. Mais, à vingt-deux heures précises, Cookie sautait au bas du canapé, se plaçait devant la télévision et miaulait.

Le premier soir, Lynda ne comprit pas. « Qu'est-ce qui t'arrive, Cookie ? » demanda-t-elle.

Cookie sortit du salon. Pensant que quelque chose n'allait pas, Lynda la suivit. Cookie monta tout droit dans sa chambre, et grimpa sur le lit. Lynda, interloquée, regarda tout autour d'elle, et ne vit rien qui clochait. Elle s'apprêtait à redescendre dans le salon, quand Cookie miaula avec énergie. Il fallut un moment à Lynda pour comprendre que Cookie avait simplement décidé qu'il était l'heure, pour toutes les deux, de se coucher. À compter de ce soir-là, et sauf événement particulier, la maison Caira éteignit toujours les lumières à vingt-deux heures. Cookie se montrait intraitable sur ce point.

Ce qui ne voulait pas dire qu'on dormait nécessairement. Cookie était une boule de nerfs : elle s'agitait dans le lit, grimpait sur Lynda, jouait avec ses orteils, tournait autour de l'oreiller, frottait son museau sur le visage de Lynda… comme si elle voulait s'assurer qu'elle était bien vivante.

Ce petit manège dura très longtemps après le vertige de Lynda. À intervalles réguliers, elle réveillait sa maîtresse pendant la nuit, juste pour vérifier qu'elle était toujours de ce monde. Lynda, loin de s'en offusquer, était bouleversée par cette nouvelle preuve d'amour et de dévotion.

Alors que Cookie s'inquiétait de la santé de Lynda, celle-ci était convaincue que Cookie vivrait éternellement. Certes, elle était devenue sourde – des tests l'avaient confirmé –, mais pour le reste, malgré ses dix-huit ans, elle était en pleine forme.

Et puis Lynda lut *Dewey*. Jennifer le lui avait offert pour Noël et (surprise !), Cookie lui laissa assez de place sur les genoux pour qu'elle puisse le lire. En arrivant aux derniers chapitres, Lynda commença à s'inquiéter. Elle retrouvait chez Cookie tous les signes de vieillissement que je décrivais à propos de Dewey.

Comme Dewey, Cookie souffrait désormais d'hyperthyroïdie. Et elle n'était pas plus sage que lui pour prendre ses médicaments. Lynda croyait à chaque fois avoir réussi à lui enfourner des gélules dans le gosier, mais elle les retrouvait quelque temps plus tard recrachées derrière un meuble. Des boules de poils se formèrent dans sa fourrure, si serrées qu'elles étaient pratiquement impossibles à démêler : avec l'âge, sa langue était moins râpeuse et n'avait plus le même effet nettoyant. Et comme Dewey, là encore, Cookie se prit de passion pour les sandwiches à la viande – sans doute parce qu'ils étaient salés. Quand elle se lassait de la dinde, Lynda lui achetait du poulet, et *vice-versa*. Puis Cookie ne voulut plus manger de viande froide. Lynda essaya alors le poulet rôti à la broche. Cookie apprécia. Une fois par semaine, Lynda partagea donc un poulet rôti avec sa chatte.

Jennifer trouvait que sa mère gâtait trop Cookie, mais Lynda n'était pas de cet avis. La lecture de *Dewey* lui avait brisé le cœur. Elle avait pleuré toutes les larmes de son corps sur les derniers chapitres, en projetant la mort de Dewey sur celle de Cookie. Elle savait, désormais, que la fin approchait.

Cookie déclinait inexorablement. Par exemple, elle marchait maintenant avec difficulté.

En février de cette année-là, Cookie eut des problèmes de vessie. Le vétérinaire procéda à toute une batterie d'examens – radiographie, endoscopie… – et il conseilla un traitement très onéreux. Lynda paya sans broncher, elle voulait tout faire pour sa chatte. Mais l'état de Cookie ne s'améliorait pas. En avril, le vétérinaire cessa le traitement. Il voulait faire comprendre à Lynda que le moment était venu de lâcher prise. Mais Lynda ne pouvait pas se résoudre à l'idée que Cookie fût mourante. Sa chatte la suivait toujours comme son ombre, et elle l'attendait toujours chaque soir sur l'ottomane, lorsqu'elle rentrait du travail.

En juillet 2009, elles fêtèrent les dix-neuf ans de Cookie. Lynda expliqua à sa chatte qu'elle comptait sur elle pour célébrer ses vingt ans l'année suivante, mais au fond d'elle-même elle n'y croyait plus. Cookie n'avait jamais été très grosse : au plus fort de sa vie d'adulte, elle n'avait pas dépassé les cinq kilos. Mais, à présent, elle pesait moins de trois kilos. Elle passait désormais le plus clair de son temps sous la table de la cuisine. Lynda lui avait rapproché sa gamelle et sa litière. Cookie avait perdu le contrôle de sa vessie, et pourtant, dès qu'elle sentait une envie, elle se précipitait vers sa litière, ou à défaut vers le moindre contenant – un sac de courses, une paire de chaussures – dans lequel elle pourrait se soulager. Quoique très malade, Cookie aurait trouvé trop dégradant de s'oublier sur le carrelage.

La mère de Lynda était convaincue que Cookie restait en vie uniquement parce qu'elle ne voulait pas laisser sa maîtresse toute seule. Lynda n'était pas loin de penser la même chose, mais elle voulait croire que Cookie aimait encore vivre, et que cela ne lui coûtait pas trop d'efforts de se battre. Lynda la caressait aussi souvent que possible, et elle la gâtait avec des rapini et du poulet rôti. Quand Cookie se révéla incapable de monter l'escalier, Lynda la porta dans ses bras, jusqu'à son lit et cet oreiller sur lequel Cookie avait dormi toutes les nuits pendant dix-neuf ans. Mais la troisième nuit que Lynda l'avait ainsi portée, Cookie voulut redescendre au rez-de-chaussée. Le lendemain, elle laissa Cookie sous la table de la cuisine.

« Dors ici, ma grande, lui dit Lynda. Tu n'as pas à t'inquiéter pour moi. »

Cookie ne dormit plus jamais dans son lit. Quelques jours plus tard, alors que Lynda se trouvait à son travail, Jennifer l'appela, en larmes. Elle avait trouvé Cookie allongée dans son vomi. Le temps que Lynda rentre chez elle, tout avait été nettoyé, mais Cookie semblait avoir perdu toute énergie, et son regard était vide. Elle leva la tête vers Lynda, sembla esquisser une amorce de sourire, avant de laisser retomber sa tête sur le carrelage.

Lynda la prit dans ses bras, aussi tendrement qu'elle put, et l'installa dans sa voiture. « Tout va s'arranger, lui murmurait-elle. On va te trouver un traitement et tu vas guérir. » Tout en conduisant, elle ne cessa de parler à sa chatte, pour la rassurer, malgré sa voix qui se brisait et les larmes qui ruisselaient sur ses joues. Elle savait que c'était la fin et priait pour que tout se passe au mieux. Cookie lui avait dédié son existence, et c'était bien le moins que Lynda fasse en sorte qu'elle vive paisiblement ses derniers instants.

Elle pleurait tellement, que ses larmes obstruaient ses yeux. Mais elle serra Cookie très fort dans ses bras pendant la piqûre, et elle la tint contre elle jusqu'à ce qu'elle ne respire plus. Avant de trépasser, sa petite chatte leva une dernière fois les yeux vers elle, comme pour lui dire « Je t'aime, je suis désolée de te quitter ». Puis elle laissa retomber sa tête, et Lynda sentit que c'était fini.

« Personne ne m'a autant aimée, m'écrivit Lynda. Pas même ma fille ni mes parents, comme m'a aimée ma Cookie. »

Malgré la brièveté de sa lettre, j'avais pu deviner que Lynda n'était pas seule, ni malheureuse. Sa vie avait été bien remplie, et elle avait connu le bonheur. Mais je voulais inclure dans mon livre une histoire comme celle-ci – une histoire au fond très ordinaire –, pour la bonne raison que la plupart des gens qui m'écrivirent étaient des gens ordinaires, à l'image de Lynda. Pourquoi elle ? demanderez-vous. À cause de cette phrase magnifique, qui célébrait l'amour d'une chatte sans pathos inutile :

« Personne ne m'a autant aimée, pas même ma fille ni mes parents, comme m'a aimée ma Cookie. »

« Je sais que ça peut paraître étrange, et même un peu triste, me dit Lynda. Mais c'est la stricte vérité. Ma fille m'aime beaucoup. Mes parents m'ont sincèrement aimée. Et d'autres gens, aussi. Mais je n'ai jamais ressenti avec quiconque ce que cette chatte éprouvait pour moi. »

Et cet amour fut réciproque. Je n'essaie pas de dire que Lynda aima davantage sa chatte que les autres protagonistes de cet ouvrage, car l'amour pour les chats peut se manifester de bien des façons différentes. Mais elle fut la seule à me dire : « Merci, Vicki. Merci d'avoir fait cela *pour Cookie*. C'était une chatte merveilleuse. Elle méritait que son histoire soit racontée. » En d'autres termes, Lynda fut la seule à faire explicitement passer sa chatte avant elle, et je l'admire pour cela.

« Je ne peux pas vous dire qu'elle a accompli des choses merveilleuses, me raconta encore Lynda. Elle n'était pas une héroïne. Elle n'a sauvé la vie de personne. »

Pas même Lynda, d'ailleurs. Cookie ne l'a pas empêchée de tomber malade. Ce n'est pas une histoire de sauvetage ni de rédemption. Lynda aurait probablement été heureuse, même sans Cookie. C'est juste une belle histoire d'amour, entre deux êtres qui s'étaient choisis.

Dewey. Cookie. Et tous ces autres chats qui ont touché notre cœur, et changé nos vies ! Comment pourrons-nous jamais assez les remercier ? Comment pourrons-nous jamais expliquer ce que nous avons ressenti ?

Après la mort de Cookie, Lynda écrivit quelques lignes d'hommage à sa précieuse chatte. Son texte se terminait ainsi : « Je ne vois rien d'autre à ajouter.

La vie va continuer. Mais elle va terriblement me manquer ! Jennifer se mariera. J'aurai des petits-enfants. J'aurai d'autres animaux de compagnie. Mais une chose est sûre : aucun animal ne remplacera Cookie et ne m'apportera autant de bonheur qu'elle m'en a apporté. »

Amen.

7
Marshmallow

« C'était un chat coriace. Lui qui avait été si frêle à sa naissance, il avait fini par devenir un solide matou. Il me faisait penser à Grizzly Adams : vous savez, ces colosses au grand cœur, mais qui le cachent si bien. Marshmallow montrait rarement sa vraie nature.
– Sauf à vous, non ?
– Sauf à moi. »

Je connais Kristie Graham depuis toujours. Je me tenais derrière elle à sa communion. J'ai assisté à sa remise de prix la dernière année du lycée. J'étais responsable des arrangements floraux pour son mariage. Je lui ai même changé ses couches – quand elle était toute petite, bien sûr. Lorsque j'ai repris mes études, à trente ans, après un mariage raté avec un alcoolique qui avait ruiné ma vie et mes finances, la mère de Kristie, Trudy, fut l'une de mes toutes premières nouvelles amies. Quand j'assistais aux cours, elle faisait la baby-sitter pour ma fille Jodi. Et quand j'avais congé, nous restions assises des heures à bavarder autour d'une tasse de café, pendant que nos enfants jouaient ensemble. Dans le souvenir de Kristie, d'ailleurs, ce n'était pas seulement une tasse, mais des citernes entières de café que nous descendions. Elle n'avait que quatre ou cinq ans, à l'époque, ce qui explique que sa mémoire soit parcellaire. Elle se souvient, par exemple, que ma machine à laver n'essorait plus, et que je m'en chargeais moi-même en martelant mon linge avec une grande cuiller en bois (ça a dû m'arriver une fois). Elle prétend également que mes yeux ne dérougissaient pas quand mourut Elvis (ce qui est tout à fait faux : c'est Trudy, qui pleurait comme une madeleine). Elle assure enfin que je travaillais très, très, très dur (et sur ce point, je ne peux que confirmer : je n'avais pas le choix !).

Pour ma part, je me souviens d'une ravissante fillette. L'aînée des filles de Trudy, Kellie, avait l'âge de Jodi. Elle était très belle, et toujours impeccable. Kristie, de trois ans sa cadette, était largement aussi belle qu'elle, et elle aurait pu être tout aussi impeccable, mais elle était convaincue qu'elle ne pourrait jamais se comparer à Kellie. Alors, elle prit la direction opposée. Je l'appelais « Petite Cochonne », et ce n'était pas un surnom usurpé. Si vous lui faisiez porter une robe blanche pour aller la faire photographier à la galerie marchande, le temps d'arriver, elle sortait de la voiture sa robe toute tachée – alors que la voiture avait pourtant été nettoyée ! Kristie trouvait toujours un moyen de se salir. Ce qui ne m'empêchait pas de l'adorer, bien sûr.

Nous avons passé de merveilleux moments ensemble. Kristie et Kellie étaient les fillettes les plus enjouées qu'il m'ait été donné de connaître. Les plus facétieuses, également. Un jour, elles avaient réussi à convaincre (peut-être un peu par la force) une camarade de sauter par le vide-linge de leur immeuble. Heureusement, une pile de linge sale attendait la fillette au bas du toboggan, car c'était une chute de près de quatre mètres de haut ! J'étais parfois obligée de les calmer et d'ordonner l'extinction des feux lorsqu'elles invitaient une dizaine de leurs copines pour des pyjamas parties qui n'en finissaient pas. Mais je me souviens aussi d'une fameuse tempête de neige pendant laquelle nous étions toutes restées cloîtrées à la maison. Kelly, Kristie et Jodi avaient dansé sur les tubes des années 1970 puis, emportées par l'allégresse générale, Trudy et moi nous étions costumées et avions « chanté » quelques refrains des années 1950. Les filles avaient su, comme toujours, tirer le meilleur parti d'une situation délicate, et nous avons ri, pendant des années, au souvenir de ce mémorable « week-end du blizzard ».

Mais je me souviens surtout du chat de Kristie, Marshmallow. C'était un gros matou à la fourrure blanc cassé, qui ressemblait en vrai à un marshmallow. J'avais, en réalité, très peu d'occasions de le voir. La plupart du temps, je n'apercevais que le bout de sa queue, quand il filait se cacher dans un recoin de la maison. J'aimais bien Marshmallow, mais je crois que je ne me serais jamais intéressée à lui s'il n'avait pas eu autant d'importance pour Kristie. Elle adorait son chat, comme peu d'enfants aiment leur animal de compagnie. C'était au point qu'elle parlait tout le temps de lui.

Aussi, quand j'ai pensé réunir quelques histoires édifiantes pour ce livre, j'ai immédiatement pensé à Marshmallow. La relation privilégiée qu'il entretenait avec Kristie était très proche de ma relation avec Dewey. Et j'étais convaincue que Kristie aurait bien des anecdotes savoureuses à me raconter. En fait, j'espérais qu'elle me ferait rire. Et je n'ai pas été déçue. En revanche, je ne m'attendais pas à être également très émue. Je savais pourtant que la vie de Kristie n'avait pas toujours été parfaite. Elle a connu des moments très durs – comme tout le monde, direz-vous. Et cependant, l'histoire de Kristie – qui a aujourd'hui trente-cinq ans – m'a surprise.

Pour une fois, je vais essayer de m'effacer pour laisser Kristie raconter elle-même son histoire, avec ses propres mots.

Je suis bénie. C'est toujours ce que je dis. Tellement bénie, même, que chaque année, pour

Noël, je dresse sur une petite carte de vœux la liste de tout ce qui enchante ma vie. Et ça donne à peu près ceci :

Je suis bénie, car mes enfants ne sont pas difficiles à contenter. Ils aiment les macaronis au gratin, les hot-dogs et les pizzas surgelées.

Je suis bénie de voir que les deux garçons ont souvent un langage et des gestes un peu rudes, mais qu'ils dorment toujours avec leur ours en peluche.

Je suis bénie que mes enfants soient prêts à relever tous les défis, à condition que ce ne soit pas pécher. Comme, par exemple, de boire la « sauce spéciale de maman » : sirop au chocolat, ketchup, moutarde et jus de marinade.

Je suis bénie qu'ils arrivent à se débrouiller entre eux. Quand Reagan ouvre les yeux, elle crie « Lucas, D.J., je suis réveillée ! Venez me chercher. » Et pendant ce temps, je peux dormir quelques minutes supplémentaires.

Je suis bénie que mes enfants mangent les tomates et les haricots du jardin. Je suis bénie que Sioux City soit assez froide, l'hiver, pour qu'on puisse construire des bonshommes de neige, et assez chaude, l'été, pour qu'on ait envie de creuser une piscine au fond du jardin.

Je suis bénie car Lucas est le garçon le plus adorable qui se puisse rêver. Et l'autre, D.J., possède un caractère si affirmé qu'il a toujours refusé qu'on l'appelle par son vrai prénom – Dawson – et que tout le monde s'est incliné devant sa volonté. « Pourquoi ne m'as-tu pas baptisé Bruce Wayne ou Cowboy DJ ? » s'est-il souvent plaint à une époque. Il était dans sa phase Batman/cowboy et s'habillait en l'un ou en l'autre selon les jours – ce qui a quand même duré trois ans. Je n'avais aucun problème à pousser Batman dans mon chariot en faisant les courses au supermarché, mais son institutrice finit par lui expliquer que les cowboys n'étaient pas autorisés à l'école. Quant à ma fille de trois ans, Reagan, elle est une sorte de sirène. Elle a des cheveux orange (une perruque achetée 1 dollar !), des chaussures trois tailles trop grandes, dénichées chez Goodwill [1], et, depuis qu'elle a vu *La Petite Sirène*, elle appelle mon mari (dont le vrai prénom est Steven) Eric, comme le prince qui séduit l'héroïne. « Mon prince est de retour ! » crie-t-elle chaque fois qu'il franchit la porte. Et ils esquissent quelques pas de danse ensemble. Alors que Reagan ne danse jamais avec moi. « Désolé, maman, me dit-elle, tu es Ursula » (Ursula, la sorcière de l'histoire). Mais je suis quand même bénie, car elle a huit ans de moins que D.J. et, maintenant, la prochaine fois que je verrai un bébé dans la maison, c'est que je serai grand-mère.

1. Voir note page 31.

Je suis bénie car Steven est l'homme de mes rêves. Nous sommes mariés depuis treize ans, et je suis toujours aussi amoureuse de lui. Quand il me propose de sortir au restaurant, toute seule avec lui, j'en ai des frissons comme au premier jour. Et il me laisse commander mon plat préféré : un sandwich au fromage grillé et des frites. Il n'a jamais essayé de me faire changer. Il se contente d'éclater de rire, et il me dit : « Tu ne me coûtes pas cher en restaurant, chérie. » Et je lui réponds : « Tant mieux pour toi. »

Je suis bénie, car j'ai une belle maison. Et un travail passionnant, qui consiste à encadrer des garçons en école d'apprentissage. Leur chaleur et leur courage sont pour moi une source d'admiration. Quand ma chienne, Molly, est morte à l'âge de dix-sept ans, j'ai beaucoup pleuré, et j'étais convaincue que je n'aurais jamais d'autre animal. Mais quelques-uns des garçons que j'encadre travaillent comme bénévoles au refuge animalier de Sioux City. Ils m'ont présenté une autre chienne. Et, maintenant, je fais tous les matins mon jogging avec Princesse.

Je suis bénie car à l'automne dernier j'ai couru le marathon de Sioux City, et j'ai terminé troisième de ma catégorie – les plus de 70 kilos. Figurez-vous que j'avais réussi à prendre *volontairement* du poids pour pouvoir m'inscrire dans cette catégorie. Franchement, ce fut un exploit ! Mais ce n'est pas pour cela que je suis bénie : c'est parce que tous les kilomètres, mon mari, ma sœur et même mon père étaient là pour m'encourager, me tendre de l'eau et me crier qu'ils étaient fiers de moi. Ils en avaient les larmes aux yeux.

D'où viens-je ? Comment en suis-je arrivée là ? Voilà des questions que je ne me suis pas souvent posées. Franchement, je m'estime bénie par Dieu. Ce qui ne veut pas dire que je n'ai pas travaillé dur tout du long. Mais il m'est arrivé quelque chose d'unique. J'ai…

J'ai épousé mon chat.

Et c'est ça qui a fait toute la différence.

Je suppose que vous aimeriez une explication ? Dans ce cas, le mieux est de commencer par le commencement. Ce qui, en l'occurrence, nous oblige à remonter à 1984. Je n'avais que neuf ans, j'étais encore la « Petite Cochonne » (et j'en étais fière !), et je vivais avec mes parents à Worthington, une ravissante bourgade du Minnesota, en bordure d'un lac. J'étais ce qu'on appelle un garçon manqué. J'adorais jardiner avec mon père, et creuser la terre à mains nues pour dénicher des vers de terre. Le jour où ma mère me dit qu'une natte m'irait très bien, je me coupai les cheveux au beau milieu de la nuit. Et comme j'adorais tout ce qui était sucré, je n'hésitais pas à faire des razzias dans le garde-manger, pour vider les pots de crème chocolatée. Puis je me promenais dans la maison, la figure barbouillée de chocolat, en niant farouchement mon crime. Bref, vous voyez le genre : je n'avais peur de rien.

Mais mon grand-père tomba malade durant l'été 1984 – un cancer du colon. Il vivait dans une petite ville de l'Iowa, Whittemore, où il avait été boucher en gros. Il m'avait toujours fait l'effet d'être un géant – on m'aurait posé la question, j'aurais répondu qu'il mesurait au moins trente mètres de haut. Ses mains aussi étaient gigantesques, à force d'avoir tranché de la viande pendant des années. Au début, je fus tout excitée à l'idée d'accompagner ma mère et ma sœur à Whittemore, pour prendre soin de lui. J'avais l'impression de partir en vacances. Et puis je me représentais mon grand-père comme un héros indestructible. Mais son cancer évolua si rapidement que je le vis se ratatiner sous mes yeux. Ses grandes mains tremblaient et ne pouvaient plus rien retenir. Ma mère était coriace. Elle disait toujours : « J'ai les épaules solides. » Mais quand grand-père renonça à lutter, je vis pour la première fois le désarroi s'installer dans son regard.

De retour dans le Minnesota, aussitôt après les funérailles, c'est-à-dire seulement deux semaines plus tard, j'eus une mauvaise surprise. J'avais laissé Puff, mon chat, à la maison. À mon arrivée, mon père m'apprit qu'il était mort. Je le regardai sans rien dire et hochai la tête. Puis je montai dans ma chambre pour y pleurer. Je n'avais que neuf ans. Qu'aurais-je pu faire d'autre ?

Quelques jours plus tard, un autre chat – une femelle – se présenta à notre porte. C'était une chatte tricolore et sa fourrure était un étonnant patchwork – en fait, on aurait dit qu'elle était composée de morceaux de fourrures de trois chats différents, cousus ensemble. Ses oreilles avaient disparu (étaient-elles tombées après avoir gelé ?) et sa queue se réduisait à un moignon. Pour tout dire, elle était affreuse et personne ne pouvait avoir envie d'elle. Je crois que c'est précisément pour cela que je me mis à la nourrir. Je lui donnai du lait, et même quelques reliefs du dîner, que j'avais pu glisser dans ma poche. Alors bien sûr, elle revint. Et je décidai de l'appeler Bowser.

« Kristie, me demanda un soir mon père, après avoir remarqué que Bowser rôdait autour de la maison. Pourquoi nourris-tu cette chatte ?

– C'est grand-père qui me l'a offerte », répliquais-je, d'un ton très assuré.

De la part d'une fillette de neuf ans, une telle réponse n'a rien d'étonnant. En apparence, elle relève de la plus typique manipulation parentale. Sauf que je le croyais vraiment. Et que j'y crois encore aujourd'hui. Dieu m'avait envoyé Bowser. Et grand-père y était pour quelque chose.

Mon père était comme moi. Ou plutôt, j'étais comme mon père, dès qu'il s'agissait de nature. Il avait grandi dans une ferme, et il adorait le grand air, il adorait jardiner et il adorait les animaux. Alors que ni ma mère ni ma sœur n'avaient de penchant pour eux. En d'autres termes, mon père me comprit. Et puis, je crois qu'il se sentait un peu coupable, pour Puff. Il n'aurait jamais pensé que je réagirais aussi violemment à sa mort.

Quoi qu'il en soit, papa m'autorisa à garder Bowser. Il lui installa même une lampe chauffante dans le garage car les hivers du Minnesota sont très rudes, et Bowser n'était pas autorisée (c'était maman qui en avait décidé ainsi) à entrer dans la maison. Papa plaça ensuite au-dessous de la lampe le vieux buffet dans lequel il rangeait ses outils, et il posa à son sommet une boîte en carton, qu'il rendit plus confortable au moyen d'une couverture. Quelques mois plus tard, Bowser eut des chatons, ce qui nous surprit tous les deux. Elle mit bas dehors, pile sous la fenêtre de ma chambre. En principe, il n'est pas recommandé de déplacer des chatons qui viennent tout juste de naître, mais mon père décida de les porter dans la boîte. Après tout, puisqu'ils avaient une petite maison douillette à leur disposition, pourquoi seraient-ils restés à se traîner dans la poussière ?

Marshmallow, avouons-le, n'était pas le plus beau chaton de la portée. C'était carrément le plus moche. Un véritable avorton. En plus, il était tout timide. Sa fourrure était presque entièrement blanche. Je dis presque, car le pelage de son ventre avait des reflets jaunes, qui laissaient croire qu'il s'était taché. Et le reste de sa fourrure était si clairsemé qu'on voyait à travers. Représentez-vous une fleur de pissenlit à maturité, prête à s'envoler. C'était Marshmallow.

Papa aménagea leur « maison » en plaçant une planche qui permettait de descendre sans risques du dessus du placard jusqu'au sol. Bowser se tenait au pied de la planche et appelait ses petits un par un, comme une mère oiseau qui apprendrait à ses oisillons à voler. Marshmallow était toujours le dernier à se décider. Il se tenait en haut de la planche, les yeux écarquillés et tout tremblant de peur. Sa mère miaulait pour l'inciter à le rejoindre, tandis que ses frères et sœurs, descendus depuis belle lurette, se chamaillaient par terre.

« Allez, Marshmallow, l'encourageais-je. Tu n'as qu'à marcher tout droit devant toi, et tu vas descendre en douceur. C'est très facile. »

Finalement, il risquait un pas en avant. Mais il trébuchait aussitôt, et il dévalait jusqu'en bas, cul par-dessus tête.

« Ce n'est pas grave, Marshmallow. Tu réussiras mieux demain. »

Mais quand vint le moment de donner les chatons, Marshmallow n'était toujours pas sevré, et il n'était toujours pas capable de descendre correctement de la boîte. Mes parents m'autorisèrent donc à le garder. Sans doute s'imaginaient-ils, vu son état, qu'il ne vivrait pas très vieux.

« Ne lui donne pas de lait, me dit un jour mon père, en me voyant sortir un pack du frigo. Il va y prendre goût. Et le lait, c'est cher. »

Je remplaçai donc le lait par un substitut : de l'eau mélangée à de la farine. Ça ressemblait à du lait. Mais après avoir reniflé cette mixture, Marshmallow me lança un regard en biais.

« Qu'est-ce qui ne va pas, Marshmallow ? Il faut vider ta gamelle. Tu as besoin de grandir. »

Il refusa d'avaler la moindre goutte de ma potion. Mais il grandit quand même. Au début du printemps, quand la neige commença à fondre, il était même capable de suivre sa mère dans le jardin. Et je suivais, moi aussi. Bientôt, nous traversâmes la route, nous approchant du terrain de golf – qui, vu de ma perspective d'enfant, me paraissait une forêt. Là, je soulevais les pierres et les feuilles pour découvrir ce qui se cachait dessous. « Regarde ce ver de terre, Marshmallow ! » lui disais-je en laissant le ver de terre serpenter sur ma main et le long de mon bras.

Cette année-là, j'étais devenue assez grande pour me rendre toute seule à l'école à pied. Marshmallow me suivait jusqu'au coin de la rue. Et quand je rentrais de l'école, il m'attendait au même endroit. « Marshmallow ! » m'écriais-je à chaque fois en me précipitant à sa rencontre, sans me soucier de ce que pourraient penser les passants. J'étais fière de lui. Quand ma grand-mère, qui venait souvent nous rendre visite, m'expliqua qu'il se positionnait au coin de la rue à 14 h 30 précises tous les jours, je fus encore plus fière. « Marshmallow vient me chercher à la sortie de l'école », expliquai-je à mes copines, convaincue qu'elles trouveraient cela génial.

À l'automne, je ratissais les feuilles mortes et je faisais un gros tas, sous lequel j'enterrais Marshmallow. Il se ménageait une petite ouverture, et il lançait tout à coup une patte à l'extérieur du trou, comme s'il voulait me faire une surprise. Ou comme s'il me chassait. Marshmallow était un chasseur redoutable. Chaque fois que je faisais du vélo sur le trottoir devant la maison, il surgissait de l'ombre et se jetait sur mes pneus. J'aurais dû ralentir, car il aurait pu se blesser en passant sous une roue, mais je pédalais au contraire plus fort, en criant : « Essaie de m'attraper, Marshmallow ! » Quand nous étions épuisés d'avoir joué, nous

nous allongions dans l'herbe, l'un à côté de l'autre. Je restais immobile quelques minutes, à contempler le ciel infini. Puis, tout à coup, Marshmallow se jetait sur moi.

« Pourquoi as-tu des égratignures près de l'œil ? me demandaient mes professeurs.

– C'est mon chat, Marshmallow, leur expliquais-je. Il prend mes cils pour des araignées.

– Fais attention, Kristie. Il pourrait te blesser. »

Marshmallow, me blesser ? C'était impossible.

L'année suivante, alors que Marshmallow avait deux ans, sa mère fut tuée par une voiture. Comme Puff. Et, comme pour Puff, cela se passa pendant que j'étais absente de la maison. Je fus anéantie. Bowser était ma chatte – et la mère de Marshmallow. Elle m'avait été envoyée par mon grand-père, pour combler ma solitude. J'insistai pour qu'elle fût enterrée sous la fenêtre de ma chambre, là où elle avait donné naissance à ses petits, dont Marshmallow.

Après la mort de sa mère, Marshmallow changea. J'ignore s'il était déprimé ou si, simplement, il se sentait seul, mais c'est à ce moment-là qu'il commença à me parler. Vous allez sans doute trouver cela étrange, mais j'ai toujours parlé à mon chat. Je lui racontai ma journée à l'école, je lui parlai de mes jouets, de mes parents qui se disputaient, enfin de tout ce qui constitue le quotidien d'un enfant. Marshmallow m'écoutait, mais il ne me répondait jamais. Du moins, jusqu'à la mort de sa mère. Car ensuite, il prit l'habitude de grimper sur le rebord de ma fenêtre à mon retour de l'école, et de m'interpeller.

Miaou, miaou, disait-il, pour attirer mon attention.

« Bonjour, Marshmallow, disais-je, en déposant mon cartable. Comment vas-tu ?

Miaou.

– Ouais, moi aussi, ça ne va pas trop mal.

Miaou, miaou.

– Qu'est-ce que t'as fait, pendant que j'étais à l'école ?

Miaou, miaou, miaou.

– Génial ! J'ai fini mon devoir de maths.

Miaou.

– Youpi ! J'ai retrouvé mes chaussettes.

Miaou, miaou, miaou.

– Mais elles ne vont pas avec mes chaussures. »

Marshmallow n'était pas autorisé à entrer dans la maison, mais parfois je le faisais pénétrer en douce dans ma chambre. Il faut savoir que je n'étais pas seulement une « Petite Cochonne » avec mes vêtements : mes tendances brouillonnes et salissantes s'étendaient à tout mon univers. En clair, il y avait tellement de désordre dans ma chambre qu'on ne pouvait même pas voir le parquet. Marshmallow détestait marcher dans tout ce capharnaüm, en revanche il adorait grimper sur moi, lorsque j'étais allongée sur mon lit. Le problème, c'était mon couvre-lit en crochet. Il le rendait fou, car ses griffes se prenaient dedans à chaque pas. On aurait dit qu'il devait traverser une piscine emplie de pâte à chewing-gum toute fraîche. Même lorsqu'il réussissait à m'atteindre, Marshmallow ne restait jamais très longtemps. Au bout de dix minutes, il retraversait le champ de mines du couvre-lit et miaulait pour demander à sortir. En fait, nous nous sentions beaucoup plus à l'aise, l'un et l'autre, dans la « forêt », avec les vers de terre et les coccinelles, que dans le foutoir de ma chambre.

Le troisième été, Marshmallow avait terminé de grandir. Il n'avait plus rien à voir avec l'avorton des débuts, incapable de descendre correctement une planche inclinée. Il était devenu un bon gros chat bien solide. Nous nous promenions toujours dans la « forêt », à la recherche d'insectes, mais il avait désormais ses propres amusements. Plusieurs fois par semaine, il grimpait sur le porche de la maison, et miaulait jusqu'à ce que je sorte le rejoindre. Je découvrais alors à ses pieds le cadavre d'un écureuil mutilé. Ou d'un oiseau. Ou d'un petit lapin. Mais je savais que Marshmallow n'était pas méchant par nature. Il avait simplement besoin d'exercer ses dons de prédateur. C'est pourquoi je ne lui en voulais pas.

Notre voisin, un chasseur de canards, n'était hélas pas aussi tolérant. Un jour, vêtu de sa combinaison de chasse et sa carabine sous le bras, il s'approcha de moi et de Marshmallow et pointa un nid dans son jardin : « Si ton chat tue ces cardinaux, me dit-il, je n'hésiterai pas à lui tirer dessus. Car ce sont des oiseaux magnifiques. »

Voilà qui ne manquait pas d'air de la part d'un type qui avait accroché une mangeoire à oiseaux juste à la limite de nos deux terrains, sur la plus basse branche d'un arbre, tout près d'un endroit où Marshmallow pouvait se cacher. En gros, c'est comme s'il lui tendait un piège.

Alors, je me suis redressée d'un bond, j'ai plaqué mes mains sur mes hanches et je lui ai rétorqué : « Si vous tuez encore des canards, je vous tirerai dessus, parce que les canards ne vous ont rien fait de mal. »

Que pouvait faire ce pauvre homme contre la superbe indignation d'une fillette haute comme trois pommes ? Il nous regarda quelques instants, la fillette et son chat, puis il tourna les talons en secouant la tête.

Environ une semaine plus tard, Marshmallow tua un canard. Il l'attrapa sur le terrain de golf, lui brisa le cou, et le tira jusqu'à notre porche, pour nous montrer sa prise. Là encore, je laissais faire. J'aimais tellement Marshmallow que je tolérais qu'il puisse assassiner un canard.

Mais ma Barbie de sœur n'était pas aussi compréhensive. « Oh, mon Dieu ! s'exclama-t-elle, en voyant le cadavre. Il y a un canard mort devant la porte ! Et, oh, mon Dieu ! Il y a du sang plein les marches ! Papa ! Papa ! PAPA ! Il y a un canard… mort… à la porte ! »

Vous l'aurez compris, ma chère sœur n'appréciait pas à sa juste valeur les talents de prédateur de Marshmallow. En fait, elle était comme ma mère, elle n'aimait pas les animaux. Elle préférait passer des heures à s'habiller plutôt que de chercher des vers de terre sous les feuilles. Mais je dois lui rendre justice : si elle n'était pas fan de Marshmallow, elle faisait des efforts pour le tolérer. Et même plus que cela. Elle voyait que j'avais tissé avec lui une relation particulière et elle en était heureuse pour moi. Elle avait compris que Marshmallow était mon meilleur ami.

« Hé, Kristie ! me disait-elle parfois. Ton chat est encore à la fenêtre. Je l'entends miauler. Tu es sûre qu'il n'a pas faim ? »

Ce n'est qu'à partir de la quatrième que les choses se gâtèrent. Et sérieusement, même. Nous ne nous supportions plus, Kellie et moi, et nous passions nos journées à nous crier dessus aussi fort que possible et, de préférence, les fenêtres grandes ouvertes, pour que les voisins puissent entendre. Il nous arrivait même de nous battre avec nos brosses et nos séchoirs à cheveux. Après quoi, nous nous regardions dans la glace, pour constater les dégâts, et Kellie me lançait : « Tu es affreuse ».

– Non, c'est toi, qui es affreuse !

– Non, je ne suis pas affreuse. Et tu le sais. »

Miaou, intervenait alors Marshmallow, grattant à la moustiquaire de ma fenêtre pour que je le fasse entrer dans ma chambre. C'était il y a vingt-cinq ans, mais je ressens toujours une bouffée de nostalgie chaque fois que je revois la vieille moustiquaire de ma chambre d'enfant, avec les traces des griffes de Marshmallow encore visibles dessus.

Miaou. Miaaouuu.

– Je sais, c'est une idiote.

Miaou, miaou.

– Tu as raison. Je suis très belle.

Mia-ou, concluait Marshmallow, en se blottissant sur mes genoux. Puis il se mettait à ronronner, sortant et rétractant ses griffes, comme s'il tétait. Il me faisait mal et, en même temps, c'était délicieux.

Je sais que ça peut paraître étrange de parler ainsi à son chat. Ou, plus exactement, de se confier à lui. Et de trouver du réconfort dans ses miaulements. Mais Marshmallow était le seul à prendre mon parti.

Ma sœur avait beau me crier dessus, je savais qu'elle m'aimait. Même à l'époque, j'étais capable de le comprendre. Ces disputes étaient notre façon de conjurer les angoisses et les frustrations que nous inspirait la mésentente de nos parents. Ma mère passait son temps à crier. Et mon père à boire. À dix ou onze ans, il m'arrivait souvent de veiller jusqu'à minuit pour faire mes devoirs sur le canapé du salon en attendant que mon père rentre ivre mort à la maison. Ma mère réagissait en lui criant dessus, et Kellie… en criant sur sa petite sœur. Cependant, Kellie veillait quand même sur moi. Pas autant que Marshmallow, mais tout de même.

« Tu crois vraiment que ce chat te parle ? me demanda un jour mon père.

– Oui, papa, lui assurai-je. Je sais comprendre ses miaulements. Et c'est à moi qu'il parle. »

Il était d'ailleurs bien le seul.

Même lorsque nous ne nous disions rien, Marshmallow me réconfortait par sa seule présence. Les soirs où j'attendais mon père, je le voyais folâtrer dans le jardin, et finir par sauter sur le rebord de la fenêtre du salon pour me regarder. Quand je me rendais à la piscine, au bout de la rue, il m'accompagnait et chassait les souris dans les mauvaises herbes du terrain d'à côté (oui, nous possédions un golf et une piscine dans le voisinage, mais je vous jure que ça n'avait rien d'exceptionnel et que notre quartier n'était peuplé que de membres des classes moyennes). Et la fois où je m'étais cassé la jambe en jouant au basket, il passa des heures à affûter ses griffes sur mon plâtre.

En fait, Marshmallow était toujours à mes côtés. Si je voulais me faire les ongles de pied pendant que je prenais un bain de soleil dans le jardin, il reniflait mes orteils et laissait tomber des poils dans mon vernis, ce qui rendait ma tâche impossible. Je crois qu'il aimait être le spectateur de ma vie. Il avait pourtant sa vie, comme j'avais la mienne. Mais dès que j'avais besoin de lui, Marshmallow était là. Il ne me laissait jamais tomber.

Il tenait aussi à inspecter tous les garçons avec qui je sortais. Tous, sans exception. J'en ris aujourd'hui car, dans mon esprit, à l'époque, Marshmallow était le plus beau chat du monde. Mais un observateur extérieur n'aurait pas pu partager cet avis. Outre qu'il était trop gras et arthritique, Marshmallow arborait un kyste sur le crâne qui ressemblait à une ampoule géante et lui donnait un air maladif. Et sa fourrure, blanche tachée de jaune, qui n'avait jamais été très attractive, se clairsemait avec l'âge, tandis qu'à d'autres endroits ses poils formaient des touffes compactes comme s'ils étaient collés avec du chewing-gum. Nous le rasions au printemps – un traumatisme qui l'envoyait se cacher dans le garage pendant des jours. Mais les hivers du Minnesota auraient été trop rudes pour un chat rasé, aussi, quand les feuilles commençaient de tomber, il redevenait un gros chat obèse avec son patchwork de fourrure. En réalité, il devait être le chat le plus affreux de toute la région.

Cependant, chaque fois que je sortais avec un nouveau garçon, et que celui-ci venait me chercher pour la première fois à la maison, je ne manquais jamais de prendre Marshmallow dans mes bras, de lui donner un baiser (juste à côté de son kyste) et de le présenter sous le nez du garçon en disant : « Voilà mon chat, Marshmallow. N'est-ce pas qu'il est trognon ? »

Miaaouu, disait Marshmallow, l'haleine empestant les croquettes pour chats.

Le garçon contemplait cet étrange animal, très gros et très laid, sans savoir quoi répondre. Il devait se demander : « Qu'est-ce qu'elle me fait ? C'est un test ? »

D'une certaine manière, c'en était un, en effet. Quand un garçon n'aimait pas mon chat, je cessais de sortir avec lui.

Enfin, pas tout à fait. Je suis quand même restée deux ans et demi avec un garçon qui n'aimait pas Marshmallow. Son père était une personnalité respectée de la ville. Mon père était un alcoolique. C'était un beau garçon, aux allures charmeuses. J'étais la petite sœur anorexique de la plus belle fille du lycée. Et quand je dis que j'étais anorexique, j'étais anorexique. Mes angoisses et mes frustrations d'adolescente se traduisaient sur le plan alimentaire : j'étais incapable d'avaler plus d'une bouchée ou deux de nourriture. Pourtant, de l'extérieur, je semblais parfaitement heureuse. Je faisais du sport, j'avais un physique athlétique, j'aimais la compagnie des autres, je n'avais aucun souci de sociabilité et, au lycée, tout le monde ou presque était mon ami. En résumé, j'étais la reine du bal.

Mais, à l'intérieur, je vivais un cauchemar. Chaque matin, je me rendais au lycée la peur au ventre, comme si c'était mon premier jour d'école. Et je dormais très mal, car j'avais toujours peur du lendemain. J'étais persuadée que tout le monde lisait dans mes pensées ou auscultait le moindre de mes gestes, et je n'avais qu'une obsession : être irréprochable. J'en avais les mains moites et des palpitations au cœur. Vous avez sans doute tous connu ces moments angoissants, où vous sentez que vous allez glisser sur une plaque de verglas. Eh bien, je vivais cela vingt-quatre heures sur vingt-quatre, sept jours sur sept. Il n'y avait jamais de répit à mes angoisses. J'avais constamment peur de commettre une erreur et que quelqu'un s'aperçoive que je n'étais pas parfaite.

Tout le monde trouvait mon petit copain très bien. Pour une fille comme moi, en tout cas, disaient-ils. Vous savez, ce genre de fille… avec un problème alimentaire. Maman l'adorait. Mon père l'adorait. Ma sœur l'adorait. Je réalise, aujourd'hui, à quel point ils s'inquiétaient à mon sujet. Ils craignaient pour ma vie et ils pensaient que ce garçon pourrait me sauver. La première fois où j'ai tenté de le quitter, même mon professeur d'éducation physique me prit à part pour me conseiller de rester avec lui. « Pour mon bien », assurait-il.

Mon petit copain était le premier à le dire : « Tu n'en trouveras jamais un aussi bien que moi », aimait-il à me répéter.

Je ne pense pas qu'il me voulait de mal. C'était juste un garçon en pleine adolescence, qui se débattait avec ses problèmes de garçon. Mais pendant l'époque où je sortis avec lui, je trouvai la force d'entamer une thérapie. J'avais l'impression que ma mère se moquait de moi. Elle devait penser que je n'aurais pas le courage d'aller jusqu'au bout. En réalité, c'est moi, à l'époque, qui était convaincue que tout le monde me prenait pour une perdante. Quant à mon père, il traversait une période de chômage et il fut obligé d'annuler mon assurance santé, car le traitement, disait-il, était trop cher. Heureusement, ma marraine du Texas accepta de puiser dans ses économies pour payer ma thérapie. Et cette thérapie ne tarda pas à me faire comprendre que je n'avais pas besoin d'un petit ami qui me répétait qu'une fille comme moi devrait être contente de sortir avec un garçon comme lui.

Mais comment une fille anorexique, et donc mal dans sa peau, trouverait-elle jamais l'énergie de rompre avec un type pareil ? Avec l'aide de son chat, bien sûr. Parce que, pendant deux ans et demi, je n'avais pas cessé de me répéter : « Il n'aime pas Marshmallow. Ce n'est pas le bon candidat. Il n'aime pas Marshmallow. » Chaque fois qu'il me disait : « Ne caresse pas ce chat stupide.

Nous allons manger dehors, en public, et tu auras des poils de chat sur ton sweater », ma volonté s'affermissait davantage. Je caressais Marshmallow depuis que je l'avais, et cela devait donc faire une bonne dizaine d'années que j'avais des poils de chat sur mes vêtements, sans même m'en apercevoir. Si un garçon détestait voir les poils de Marshmallow sur mon sweater, alors c'est qu'il ne m'aimait pas. Je rompis finalement avec lui – à cause de cette histoire de poils de chat. Et ce fut l'acte le plus important de mon adolescence.

Je me suis souvent demandé pourquoi j'avais épousé mon mari. Je l'aime, bien sûr, la question n'est pas là. Mais pourquoi lui ? Steven est l'un des garçons les plus calmes que j'aie jamais rencontrés. Il ne parle que lorsqu'il y est obligé, et ses conversations ont principalement un caractère informatif. Sauf avec moi. Nous nous parlons tout le temps. Et nous n'avons aucun secret l'un pour l'autre. Il sait tout de moi, comme je sais tout de lui. En revanche, très peu de gens le connaissent aussi bien que moi. Ils l'appréhendent par son apparence extérieure : un grand gaillard, sportif et bon chasseur. Mais ils ne savent rien du reste. Ils ignorent tout de la tendresse qu'il me manifeste constamment. Certes, il ne m'achète jamais de fleurs, mais ce n'est pas un problème, car je n'en veux pas. « Ne m'offre pas de cadeaux, lui ai-je souvent répété. Contente-toi d'être à mes côtés. Je n'ai pas besoin d'une grande maison, ni d'une bague rutilante. Je veux juste quelqu'un sur qui m'appuyer pour traverser la vie. »

On prétend que les filles cherchent souvent à épouser leur père – ou une image de leur père. J'en doute. Mon père était alcoolique. Et il se disputait avec ma mère. Une fois par mois, elle partait passer un week-end entre filles, avec des amies. Dès qu'elle rentrait, une nouvelle dispute éclatait aussitôt. « J'ai passé le week-end avec des gens qui m'aiment ! » lançait-elle alors à mon père.

Steven ne boit pas. Et ses parents, pour autant que je sache, n'ont jamais touché à l'alcool de leur vie. Ils ne se disputaient jamais. Steven et moi non plus. Bien sûr, il nous arrive de ne pas être d'accord, mais en quinze ans de mariage, nous n'avons jamais eu à monter le ton.

« Kristie, me dis-je parfois, tu as épousé ton chat. »

Et c'est vrai. Je ne l'avais pas réalisé avant de mettre en forme cette histoire, mais c'est la pure vérité. Toute ma vie, j'ai cherché un homme qui ressemblât à Marshmallow. Inconsciemment, bien sûr. Mais Marshmallow incarnait pour moi l'image de l'homme idéal. Quelqu'un qui sache m'écouter. Quelqu'un qui me parle. Quelqu'un de solide et d'autonome. Quelqu'un qui m'aide à me construire, et non pas à me rabaisser. Quelqu'un qui ait assez confiance en moi pour me laisser une marge de liberté, mais qui soit aussi assez amoureux pour être toujours là quand j'aurais besoin de lui. Et, bien sûr, quelqu'un à qui je pourrais rendre la pareille.

Aussi étrange que cela puisse paraître, ce quelqu'un existait. J'ai fini par trouver un homme aussi parfait que mon chat !

Mais le plus bizarre, c'est que Steven est le seul homme de mon entourage que Marshmallow n'ait jamais aimé. Il faut dire que Steven n'a jamais été une personne à chat, et les chats le sentent aussitôt. Steven préférait les chiens, et notamment son golden labrador, Molly, qui avait deux ans à l'époque de notre mariage. Mais la question n'est pas là. Aucun de mes petits amis n'aimait Marshmallow – je précise qu'il m'a fallu des années pour en prendre conscience. Sans doute étaient-ils jaloux de lui. Ou pensaient-ils que j'étais bizarre, à toujours parler de lui. Plus vraisemblablement, je crois simplement qu'ils le trouvaient affreux – et que j'avais trop de poils de chat sur mes robes de sortie. Mais la vie est ainsi faite : j'ai passé mon temps à dire que je voulais d'un homme qui aimerait Marshmallow, et je ne sortais qu'avec des garçons qui le détestaient.

Enfin, pas Steven. Lui, il ne détestait pas Marshmallow. Je n'irais pas non plus dire qu'il l'aimait. Disons qu'il réagissait plutôt comme ma sœur : il était content pour moi que je m'entende aussi bien avec mon chat. Et, s'il ne bondit pas précisément de joie, il ne s'opposa pas à ce que Marshmallow nous suive à Sioux City, dans l'Iowa, où nous devions nous installer après notre mariage. Il avait compris que Marshmallow comptait énormément pour moi.

Du reste, Steven était persuadé – comme mes parents, en 1984 – que Marshmallow ne vivrait pas longtemps. Il avait déjà onze ans, ce qui n'est pas très vieux pour un chat, mais son pelage était dans un tel état qu'il en paraissait facilement le double. Sans parler de son arthrose, qui lui infligeait une démarche titubante. Et, outre qu'il avait perdu beaucoup d'énergie – et d'appétit –, son kyste avait développé un abcès. Le vétérinaire refusait de l'opérer car il le jugeait trop faible pour supporter l'anesthésie. De toute façon, l'abcès une fois résorbé, il ne restait plus qu'un trou qui, disait-il, ne menaçait pas la vie de Marshmallow. Cependant, même si je pensais moi aussi qu'il n'en aurait peut-être plus pour très longtemps, je voulais au moins que ses derniers mois soient aussi confortables que possible.

Steven essaya de l'amadouer. Je dois lui en faire crédit. De temps en temps, il s'agenouillait sur le carrelage et disait : « Approche, Marshmallow. Viens, que je te caresse. » Mais Marshmallow lui jetait un regard dédaigneux et tournait les talons.

Il y eut pire. Un jour où j'avais décidé de lui couper les poils, je demandai à Steven de le tenir pendant que j'opérerais avec les ciseaux. Marshmallow était peut-être vieux, mais ses griffes n'avaient rien perdu de leur tranchant. Tandis que ses pattes de devant griffaient les mains de Steven, celles de derrière griffaient son avant-bras. Et il y mettait une énergie qui n'était pas innocente. Comprenez bien : Marshmallow attendait depuis longtemps une occasion de faire payer à Steven son déménagement forcé à Sioux City, et surtout de m'avoir enlevé à son affection exclusive.

Steven finit par le relâcher et descendit, lèvres pincées et bras ensanglantés, au sous-sol. Il en remonta quelques minutes plus tard, vêtu de son blouson Carhartt, de son casque de hockey et de ses gants de chasse. « Je suis prêt », dit-il, marchant les jambes écartées, comme un gardien de but de hockey. Steven entendait bien ne pas laisser Marshmallow remporter la bataille.

C'est pourtant ce qui se passa. Marshmallow gagna. Il gigota si bien et griffa si fort – sans donner de signe de vouloir s'arrêter – que nous dûmes renoncer. Tant pis pour ses touffes de poils. Marshmallow était peut-être vieux et arthritique, mais il était toujours le patron. D'ailleurs, lorsqu'il pénétrait dans une pièce, Molly, le gros labrador de Steve, faisait profil bas. Molly n'était pas à proprement parler terrifiée, disons plutôt qu'elle témoignait du respect à ce vieux chat, digne de jouer les patriarches. Même s'il passait désormais la plupart de son temps sagement couché sous une plante verte, près de la porte d'entrée, Marshmallow savait – et approuvait – tout ce qui se passait chez nous. Aussi bien dedans que dehors.

Comme mon jogging, par exemple. À force de travail sur moi-même, mais aussi grâce à l'amour de mon mari (et de mon chat, bien sûr !), j'étais parvenue à triompher de mes désordres alimentaires. (Maintenant, vous comprenez sans doute mieux pourquoi j'étais si heureuse d'avoir pris *volontairement* du poids pour courir le marathon dans la catégorie supérieure des plus de 70 kilos, et pourquoi mon père et mon mari étaient si fiers de moi.

Je n'ai peut-être terminé que troisième, mais d'une certaine manière, j'ai gagné !) Je ne suis plus jamais malade, ce qui ne veut pas dire que je ne dois pas prendre soin de mon corps. Je fais attention à ce que je mange, et je cours tous les jours. Pour le plus grand plaisir de Molly. Chaque matin, elle me poussait pratiquement vers la porte, sa laisse dans la gueule. Et, le temps que je lace mes chaussures de course, elle s'impatientait en salivant. Marshmallow, assis sous sa plante verte, nous observait. Il n'avait pas besoin de parler pour que je devine ses pensées : « Toi, le chien, je t'autorise à sortir avec elle, mais uniquement parce que je suis trop vieux pour vous suivre. »

Quand nous partions enfin, Molly et moi, Marshmallow se transportait sur le dossier du canapé, d'où il pouvait nous voir nous éloigner, par la fenêtre du salon. À notre retour, il me regardait m'étirer. Et il me parlait. Car Marshmallow était toujours aussi bavard.

Il avait même appris à Molly à moduler sa voix. Au début, elle avait commencé par une sorte de gémissement, comme une vieille porte qui grincerait sur ses gonds. Puis cela s'enrichit de grommellements gutturaux – ah-reur, ah-reur, ah-reur – qui évoquaient une débroussailleuse patinant sous un épais buisson. Quand je rentrais le midi déjeuner à la maison, nous nous installions tous les trois dans la cuisine pour bavarder.

« Comment s'est passée votre matinée, les cocos ?

Miaou.

Ah-reur.

– Ouais. Pour moi aussi, la journée a bien commencé.

Mi-aou.

– Oh tu sais, c'est une tartine ordinaire, au beurre de cacahuète.

Mi-aouu.

– Non, tu ne peux pas en avoir.

Miaou. Miaou. Mia-ouuu.

Ah-rrreurrr.

– Oh, non ! s'exclamait mon mari, en nous découvrant. Le chien ne va pas s'y mettre à son tour ! »

Quelques années plus tard, je tombai enceinte. Steven décida qu'une femme enceinte ne devait plus s'occuper de nettoyer une litière de chat, ni de le nourrir. « Maintenant, je lui achète ses croquettes, marmonnait-il. Et je lui nettoie sa litière. Mais il m'ignore toujours autant. »

Marshmallow laissait dire et retournait dormir sous sa plante verte.

Je crois que je chérirai jusqu'à ma mort la soirée où débuta l'accouchement de mon fils Luke. Il y a toujours un moment très pénible à vivre – et qui vous semble interminable – quand il est encore trop tôt pour partir à l'hôpital, mais que vous n'êtes déjà plus vraiment en état de vous détendre. Je faisais donc les cent pas dans mon salon, en m'efforçant d'ignorer les tiraillements dans mon ventre et en me concentrant sur ma respiration. Marshmallow avait maintenant seize ans. Cela faisait déjà quatre ans qu'il vivait avec Steven et moi. Et son arthrose ne s'était pas arrangée. Ces derniers mois, il n'avait pratiquement pas décollé de son poste, sous la plante verte, sauf pour se rendre à sa gamelle, ou à sa litière. Mais ce soir-là, il fit l'effort de marcher avec moi. Il avait toujours été auprès de moi lorsque j'étais malade. Mais là, c'était différent. Pendant deux heures, Marshmallow m'accompagna pas à pas, en miaulant tout le temps. Molly, couchée au pied du canapé, ajoutait de temps en temps sa voix, et la pièce résonnait alors d'un étrange concert – *ah-reur, ah-reur, miaou, miaou, respire, respire, miaou* – qui était la musique de l'amour. Un amour animal, spontané et direct. Mes deux animaux de compagnie m'encourageaient, et j'étais parfaitement heureuse avec eux. Je n'aurais pas pu rêver meilleur soutien pour la circonstance.

À mon retour de l'hôpital, Marshmallow me surprit encore. Il abandonna sa plante verte, pour se coucher sous le landau de mon fils. Et quand Luke était dans le salon, il s'asseyait à côté de lui. Les gens me disaient de faire attention : « Ton chat pourrait se jeter sur ton bébé et lui faire du mal. »

Marshmallow ? Faire du mal à Luke ? Certainement pas. Et puis, à son âge, cela fait bien longtemps que je ne l'ai plus vu se jeter sur personne. Depuis mes années de lycée, en fait.

Du reste, après la naissance de Luke, la santé de Marshmallow continua de décliner. L'année suivante, il devint incapable de se rendre jusqu'à sa litière. Et il ne pouvait plus ni monter, ni descendre un escalier. C'est tout juste s'il pouvait encore marcher jusqu'à sa gamelle. Et j'avais l'impression que certains jours, il ne savait plus très bien où il était. En plus, il n'entendait plus rien. Je n'avais pas besoin d'un vétérinaire pour comprendre que c'était la fin. Mais ce ne fut pas une décision douloureuse. À dix ans, j'avais vu partir mon grand-père, en l'espace de deux semaines, dans d'atroces douleurs. Je ne voulais pas que Marshmallow souffre.

Je pris un jour de congé. Je m'installai dans le salon, la télévision éteinte, et je fis monter Marshmallow sur mes genoux, tandis que je tenais Luke contre mes hanches. Je caressai Marshmallow – ses poils s'envolaient avec mes caresses, et se collaient partout – et je dis à Luke : « Je te présente Marshmallow. Souviens-toi bien de lui. »

Et je regardai alternativement mon fils et mon chat, tandis que les poils de Marshmallow dansaient dans les rayons du soleil qui filtraient par la fenêtre. Ma fenêtre. Ma maison. Mon monde d'adulte. La pièce était silencieuse, excepté un petit bruit de ronronnement. Et, même à dix-sept ans, Marshmallow me labourait encore les genoux avec ses griffes. C'était légèrement douloureux, mais je souris, goûtant ce moment un peu triste, mais si doux, avec deux des personnes que j'aimais le plus au monde.

Puis j'ouvris mon album photo. Un cliché me montrait fillette, avec mes cheveux en bataille. Marshmallow n'était encore qu'un chaton, et je le tendais en direction de l'objectif. J'étais si fière de lui ! Cela se voyait à mon sourire. Ce n'était qu'un Polaroïd, aussi commençait-il déjà à pâlir, mais on voyait mon bonheur rayonner dans mes traits. Comme nous n'avions pas de Polaroïd à la maison, je suppose que c'est notre voisine, Katherine, qui avait pris la photo. C'était une vieille dame, et elle adorait Marshmallow. Elle l'observait depuis sa fenêtre ou lorsqu'elle jardinait, et je suis sûre qu'elle écoutait aussi nos conversations. Elle devait même entendre les disputes de nos parents – ou les miennes, avec ma sœur. Elle prit la photo et me la donna parce que j'étais fière de mon chat. Voilà comment les choses avaient dû se passer.

Je tournai les pages. Il y avait d'autres photos de nous deux : moi et Marshmallow fouillant sous les feuilles, à la recherche d'insectes ; moi et Marshmallow dans le jardin… Il y avait aussi toute une série de clichés me représentant en robes de sortie. Je tenais à chaque fois Marshmallow dans mes bras. Je me rappelai alors que je me faisais photographier avec Marshmallow chaque fois que je me rendais à un bal du lycée. Moi et Marshmallow dans le jardin, prenant le soleil sur une couverture. Moi et Marshmallow le jour où j'avais décroché mon diplôme de fin d'études secondaires. Moi dans ma robe de mariée, tout sourire, et avec Marshmallow. « Maman ! avais-je crié. Vite, maman, va chercher l'appareil photo. Je veux une photo avec Marshmallow. »

Je préfère ne pas raconter la fin de cette journée. C'est trop pénible. Vous allez peut-être me trouver bizarre, mais je ne veux pas parler de sa mort. C'est au-dessus de mes forces. Il me manque trop. Même quinze ans après, il me manque encore terriblement.

Ma seule consolation, c'est de penser qu'il a été heureux. Je l'ai connu quand j'avais dix ans. J'en avais vingt-sept lorsqu'il a disparu. Nous avons fait un beau voyage ensemble. Mais je sais que je ne serais pas là où j'en suis aujourd'hui s'il n'avait pas été à mes côtés pendant tout ce temps. Voilà pourquoi sa présence me fut une bénédiction. D'ailleurs, combien de gens vivent dix-sept ans avec un animal ? Et partagent avec lui un tel amour ?

8
Le Chat d'Église

« Votre livre, Dewey, *m'a marquée comme vous ne pouvez pas l'imaginer… Il y a de cela plusieurs années, nous avons recueilli une petite chatte dans notre église. Elle était pleine, et quand elle mit bas plusieurs fidèles adoptèrent ses bébés. D'autres rassemblèrent les fonds pour que nous puissions la conduire chez le vétérinaire afin de la faire stériliser. Elle vécut dans l'église jusqu'à ce que d'importants travaux de rénovation soient engagés. Et alors, nous la prîmes chez nous. »*

Carol Ann Riggs avait réussi à me surprendre. Sa courte lettre au sujet de ce Chat d'Église – ou cette

Chatte d'Église, si vous préférez –, recueilli par la paroisse méthodiste de Camden, dans l'Alabama, avait piqué ma curiosité. Mais j'avoue que les dix premières minutes de notre conversation téléphonique me jetèrent dans la plus extrême perplexité. Non pas tant en raison de ce que me racontait Carol Ann Riggs que de la façon dont elle le racontait. Mme Carol Ann Riggs (ainsi que l'appellent toutes ses amies) s'exprime avec un accent sudiste à couper au couteau – vous savez, cette façon de mâchouiller ses phrases et d'arrondir tous les mots, comme si vous aviez la bouche pleine de miel.

Pour tout dire, j'adore cet accent. Et j'aime aussi beaucoup Carol Ann Riggs. Elle est née dans la minuscule bourgade de Bragg, dans l'Alabama, où le plus proche lycée se trouvait à plus de trente kilomètres. Quand elle épousa Harris Riggs, à dix-neuf ans, et qu'elle emménagea dans la ville natale de son époux, Camden, elle pensa s'installer dans la « grande ville ». Camden ne possédait-il pas deux feux rouges, deux restaurants, deux banques et pas loin de 1 500 habitants ? Malgré ses dimensions « gigantesques », c'était tout de même un bien bel endroit. Les gens n'étaient pas riches, à Camden, mais quand quelqu'un mourait, les voisins apportaient à manger, et la ville entière assistait aux funérailles. « Tout le monde, ou presque, était serviable avec tout le monde », me résuma Carol Ann. Un jugement qui incluait bien sûr la famille de son mari, les Riggs, laquelle tenait depuis des générations la quincaillerie de la ville. Carol Ann n'était pas bibliothécaire – elle travaillait pour l'unique avocat de la ville –, mais elle siégeait au conseil d'administration de la bibliothèque municipale de Camden. Et malgré mes pénibles démêlés avec mon propre conseil d'administration, j'avoue que j'aime cet aspect de sa personne. En fait, j'aime tout, chez elle. Et surtout son accent !

« Je sais, je sais, me dit son amie Kim Knox. C'est le genre d'accent que vous entendez à la télévision, dans des séries, et vous pensez qu'on ne parle pas comme ça en vrai. Mais c'est l'accent de Camden. Et la plupart des gens de Camden parlent ainsi. »

Kim est née à Laurel, dans le Mississippi, et elle connaît toutes les variantes de l'accent sudiste. Elle pense que c'est leur isolement qui rend les habitants de Camden si « charmants ». La ville est le chef-lieu du comté de Wilcox, dans le sud de l'Alabama. Le comté au complet ne totalise pas plus de 13 000 habitants (moins que le comté de Clay, dans l'Iowa !) et le revenu moyen annuel par habitant n'y est que de 16 000 dollars, soit trois fois moins que le revenu moyen national, et 6 000 dollars au-dessous du seuil de pauvreté. Beaucoup de gens se représentent le sud de l'Alabama comme une contrée de plantations, avec de splendides demeures entourées d'immenses champs de coton. Mais, dans le comté de Wilcox, il n'y a que de petites exploitations, prises en sandwiches entre des hectares et des hectares de forêts de résineux.

« C'est une ville au milieu de nulle part, m'expliqua encore Kim Knox. Mais c'est ce qui fait son charme. » En entendant cela, je pensai à Spencer, avec ses larges trottoirs, et les boutiques bordant Grand Avenue.

Mais Camden ne peut pas se comparer à Spencer. À Camden, la vie sociale n'a jamais été centrée sur les cafés ou les magasins. À Camden, Alabama, le cœur de la vie sociale a toujours battu dans les églises. Les quatre principales s'élevaient sur Broad Street, laquelle rue était méticuleusement entretenue, à l'inverse du quartier commerçant. La plus grande était l'église baptiste. Les deux églises presbytériennes, construites côte à côte, lui faisaient face. Et la quatrième était juste un peu plus loin, avant d'arriver à la station-service Exxon : c'était l'église méthodiste. Aucune n'était riche ni puissante (à elles quatre, elles totalisaient environ sept cents fidèles, soit à peu près la moitié de la population de la ville), mais elles proposaient toutes des activités pour les jeunes et les adultes, et elles conjuguaient leurs efforts au moment de Noël.

C'est Kim Knox, nouvelle habitante de Camden et adhérente depuis peu de l'Église méthodiste – elle en était également la secrétaire à temps partiel –, qui repéra la première la chatte qui se tenait souvent à proximité du vieux presbytère qui servait de local administratif. C'était une petite chatte grise et, chaque fois que Kim sortait faire une pause, elle l'apercevait tapie sous un buisson. Mais quand Kim se tournait dans sa direction, la chatte ne s'enfuyait pas et soutenait son regard. Puis elle se mit à miauler. Kim finit par lui répondre – « Hé, bonjour toi ! » –, et aussitôt la chatte bondit sur le porche du presbytère. Évidemment, Kim ne put résister à l'envie de la caresser. La chatte se laissa faire. Et quand Kim ouvrit la porte pour retourner travailler, la chatte se faufila à l'intérieur.

Hmmm.

Cela dit, l'Église méthodiste de Camden n'avait rien d'une congrégation formelle – sauf pour les questions d'ordre strictement religieux. C'était typiquement le genre d'endroit rassemblant les fidèles dans une atmosphère simple et sans prétention. Et les bureaux n'avaient rien de clinquant ! Le vieux presbytère datait des années 1920, et le petit espace dévolu au secrétariat était encombré de cartons et de dossiers. Le pasteur se promenait presque tout le temps le col ouvert, et il avait toujours une plaisanterie à servir à ses paroissiens. Même Kim n'avait rien de la secrétaire de paroisse traditionnelle. Aussi, après un court instant de réflexion, jugea-t-elle qu'un chat errant aurait parfaitement sa place dans les lieux.

Cependant, elle aurait voulu en avoir le cœur net. Le presbytère était ouvert à tous les vents : les paroissiens y passaient régulièrement, et pas seulement pour exposer leurs problèmes, mais le plus souvent pour colporter les derniers ragots, ou simplement bavarder. Aimeraient-ils trouver un chat sur place ? Et Kim avait-elle le droit de laisser vivre un chat dans l'église alors qu'elle n'était que secrétaire à temps partiel et qu'elle n'avait emménagé à Camden que depuis quelques mois ?

Miaou, disait la petite chatte grise.

Heureusement, la première personne à pénétrer dans le presbytère ce jour-là fut Mme Carol

Ann Riggs. Carol Ann était membre de l'Église méthodiste de Camden depuis son arrivée en ville, en 1961. Elle chantait dans le chœur, participait à plusieurs comités et connaissait tout le monde. Ses grandes filles avaient depuis longtemps quitté Camden pour aller à l'université et voler de leurs propres ailes, aussi Carol Ann avait-elle plus ou moins pris l'habitude de « materner » la congrégation. Elle passait régulièrement au presbytère s'assurer que tout allait bien. Et Kim découvrit, à cette occasion, qu'elle adorait les chats.

« Oh, il faut la garder, décréta Carol Ann, quand la petite chatte vint lui renifler la main. Elle est trop chou. » Elle se garda bien de dire à Kim qu'à son avis, elle venait de recueillir une chatte de la prison. Il y en avait tout un groupe qui vivait dans la ruelle derrière l'établissement pénitentiaire, à attendre que le cuistot leur jette ses restes. La petite chatte avait dû remonter Broad Street et traverser la chaussée, pour atterrir au presbytère.

« Je compte sur vous pour bien vous occuper d'elle », se contenta d'ajouter Carol Ann. Et, comme elle était membre de la congrégation depuis des décennies et que la famille de son mari vivait à Camden depuis des générations, Kim considéra que son opération d'adoption était officiellement adoubée.

À la visite suivante de Carol Ann – et elle semblait soudain trouver beaucoup plus de prétextes qu'avant pour s'inviter au presbytère –, la petite chatte trônait au centre du fauteuil de Kim, tandis que cette dernière était perchée sur le rebord du siège.

« Elle voulait s'asseoir sur mes genoux, expliqua Kim, un peu embarrassée. Mais comme elle détestait me voir me lever et me rasseoir sans cesse, elle s'est annexé la partie la plus confortable du fauteuil. »

Miaou, fit la chatte, en guise d'acquiescement, avant de sauter par terre pour s'approcher de Carol Ann et la laisser la caresser. Elle passait le plus clair de ses journées à dormir sur le fauteuil de Kim mais, dès que quelqu'un entrait, elle se portait à son devant pour l'accueillir.

« N'est-elle pas adorable ? » disaient à peu près tous les visiteurs en se penchant pour la caresser.

Elle l'était, en effet. Cette petite chatte était irrésistible. Même Carol Ann, qui avait possédé plusieurs animaux de compagnie, devait bien reconnaître que cette chatte avait quelque chose de spécial. Peut-être était-ce dû à sa bouille toute ronde, qui lui donnait un air de bébé. Ou à sa douceur naturelle. C'était une chatte très attachante – c'est le mot qui lui convenait le mieux : attachante. Dès que vous baissiez les yeux sur elle, vous aviez le sourire aux lèvres.

Cependant, les quelques paroissiens les plus collet monté ne réagirent pas avec le même enthousiasme que les autres membres de la congrégation. Oh, ils ne firent aucun commentaire particulier, et en tout cas pas à Kim, mais rien de ce qui se passait dans leur petite communauté n'échappait à Carol Ann.

« Ils n'aimaient pas les animaux, voilà tout, m'expliqua-t-elle. Je serais prête à parier qu'aucun d'entre eux n'avait d'animal chez lui. Et ils ne jugeaient pas très convenable qu'une église héberge un chat. »

Les tensions, toutefois, s'il y en avait, furent vite apaisées par le pasteur. Encore jeune homme, il exerçait à Camden sa première charge, mais c'était quelqu'un d'attentif aux autres et il était impossible de ne pas l'aimer. Il n'était pas *a priori* une personne à chat, et il souhaitait faire plaisir à tous ses paroissiens – après tout, il n'était pas là depuis beaucoup plus longtemps que Kim –, mais il n'était pas non plus homme à congédier ceux qui n'avaient pas de toit. Quand bien même ceux-ci s'ingénieraient à réduire son papier toilette en lambeaux ou laisseraient tout plein de poils sur son fauteuil.

Franchement, où est le mal ? semblait dire son sourire, chaque fois qu'apparaissait le Chat d'Église.

Même les plus réfractaires furent bien obligés d'admettre que les enfants étaient particulièrement friands du Chat d'Église. Une pelouse séparait le vieux presbytère de l'église proprement dite, et les paroissiens avaient coutume de s'y rassembler au sortir de l'office – les adultes pour converser entre eux, les enfants pour se courir après et tacher leurs beaux habits. Chaque dimanche, la petite chatte s'asseyait au bord de la pelouse et les regardait. Elle ne jouait pas avec eux – ce n'était pas dans son caractère –, mais elle aimait qu'ils s'arrêtent pour la caresser.

« Reculez, les enfants, leur lançait Carol Ann. Donnez-lui un peu d'espace. » Les enfants obéissaient, jusqu'à ce qu'une petite fille – elle devait avoir deux ans –, incapable de contrôler son excitation, s'élance vers la chatte en criant. C'était ainsi tous les dimanches, et Kim et Carol Ann ne pouvaient pas s'empêcher de rire à ce spectacle. Cependant, si la fillette ne voulait que du bien à la chatte, celle-ci, effrayée par ses cris, courait se réfugier dans le presbytère, où elle pouvait se cacher dans une bonne dizaine de recoins.

« Où est le chat ? hurlait la fillette. Où est le Chat d'Église ? »

Et c'est ainsi que la petite chatte hérita de ce nom. Un beau dimanche, elle ne fut plus simplement « le chat », mais elle devint pour tout le monde « le Chat d'Église ». « C'est pour le Chat d'Église », disaient les dames en mettant de côté un morceau de viande froide chaque fois que les paroissiens se réunissaient autour d'un buffet.

Un jour, le mari de Kim roulait en voiture dans Broad Street quand il aperçut une vieille dame à quatre pattes devant le presbytère. Il s'arrêta aussitôt et se précipita à son secours, reconnaissant, à mesure qu'il approchait, la belle-mère de Carol Ann – une femme de plus de quatre-vingts ans. « Mme Hattie ! lui cria-t-il, très inquiet, que vous arrive-t-il ? Vous avez eu un malaise ? »

Mais en rejoignant la vieille dame, il aperçut le Chat d'Église couché à côté d'elle. « Je la caressais », expliqua Mme Hattie, se redressant avec un grand sourire. De ce jour, la petite chatte grise fut adoptée, non pas seulement par Kim Knox et Carol Ann Riggs, mais par tous les paroissiens de l'Église méthodiste de Camden.

Quand l'hiver arriva, soufflant un vent glacial quelques jours avant Noël, Carol Ann et Kim décidèrent que la chatte devait désormais dormir à l'intérieur du presbytère. Ils lui achetèrent une litière, des croquettes, et l'animal ne fut pas long à convaincre qu'il serait plus agréable pour elle de passer ses nuits au chaud. Cependant, elle était si habituée à vivre dehors qu'elle s'ennuyait à rester enfermée. Quelle ne fut pas la stupéfaction du jeune pasteur de découvrir, chaque matin, les papiers de Kim éparpillés à travers le secrétariat. *Pourtant,* se disait-il, *je n'ai vu personne entrer*. Puis il entendait un miaulement, et il finissait par trouver la chatte installée sur son bureau. Elle s'excusait du désordre, il riait, et cela se terminait par une embrassade, la petite chatte ronronnant dans les bras du pasteur.

Mais enfermer la chatte pendant la nuit obligea à d'autres accommodements. Carol Ann et Kim étaient les deux principales responsables de l'animal, toutefois, en leur absence, il fallait que quelqu'un d'autre se charge de la nourrir et de changer sa litière. Quand le secrétariat était fermé pour plusieurs jours, il fallait aussi s'occuper de la sortir. Enfin, il fallait s'assurer qu'elle ne pénétrerait jamais dans l'église proprement dite – c'était la condition implicite pour que ceux qui la détestaient ne puissent pas l'accuser de troubler le sanctuaire et n'en profitent pour réclamer son expulsion. Heureusement, Carol Ann n'était jamais en peine pour réclamer de l'aide : le Chat d'Église comptait de nombreux admirateurs, qui se portaient volontaires avec enthousiasme pour veiller à son bien-être.

Une fois la présence de la chatte dûment établie au sein de la paroisse, Kim et Carol Ann passèrent à la phase 2 : sa vaccination et sa stérilisation. Mais c'est alors qu'elles eurent une belle surprise : la chatte était déjà pleine.

Au mois de mars, la nouvelle se répandit, dans la communauté méthodiste, qu'une mère célibataire se cachait en son sein. La Chatte d'Église, pour sa part, ne cachait rien du tout. Son ventre gonflé se balançait au rythme de ses pas, comme une cloche d'église. Toute la communauté était excitée, mais les enfants encore plus. Et la chatte, malgré son état, continuait à se montrer très accueillante.

Mais le dimanche des Rameaux, elle disparut. Pourtant, la veille encore, Carol Ann l'avait aperçue sur la pelouse, en passant devant l'église en voiture. Mais, quand les paroissiens sortirent de l'office et que les enfants voulurent jouer avec elle, la chatte n'était plus visible. Ils la cherchèrent partout, y compris dans le sanctuaire. Sans succès.

« Peut-être qu'elle a eu ses bébés ? suggéra la fameuse fillette, plus excitée que jamais.

– Peut-être, en effet, acquiesça Carol Ann. Mais nous n'en savons rien pour l'instant. »

Le lendemain, Kim chercha assidûment la chatte. Cette année-là, l'Église méthodiste de Camden s'apprêtait à mettre en chantier un vaste projet d'agrandissement. L'église serait élargie, le presbytère serait déplacé pour lui faire de l'espace et un ancien motel en ruine, acheté par la congrégation, serait démoli pour être transformé en parking. Kim se douta que l'ancien motel, avec toutes ses chambres, dont plusieurs avaient déjà perdu leur porte, offrirait un refuge idéal pour une chatte désireuse de mettre bas. Elle fouilla donc le bâtiment, et la chatte ne tarda pas à répondre à ses appels. Elle s'était installée dans une chambre remplie de matelas et elle y dorlotait ses quatre petits chatons nés le dimanche des Rameaux.

Pendant une semaine, Kim et Carol Ann lui portèrent à manger sur place. Kim repassait souvent en fin de journée, pour s'assurer que tout allait bien, mais durant huit jours la chatte fut à peu près seule avec ses petits. Le dimanche suivant, les enfants découvrirent sa cachette. Alors qu'ils s'assemblaient sur la pelouse, après l'office, quelques-uns aperçurent la chatte qui rôdait autour de l'ancien motel. Aussitôt, six d'entre eux – l'aîné n'avait pas plus de six ans – la suivirent jusque dans la chambre où elle abritait ses petits. Carol Ann se précipita, pour s'assurer qu'ils se contenteraient de s'extasier devant les chatons, sans leur faire de mal, mais dès le lendemain, la chatte avait déserté le motel.

Il y a des moments, et je parle d'expérience, où il est bon de pouvoir s'appuyer sur un solide réseau d'amis. Par exemple quand il prend l'idée au conseil d'administration de vouloir se débarrasser du chat qui fait l'émerveillement des usagers de la bibliothèque municipale. Par chance, Carol Ann disposait d'un tel réseau à Camden. L'une de ses connaissances, une jeune femme qui habitait sur Broad Street, à quelques pas de l'église, aperçut la chatte porter ses chatons, un par un, à l'intérieur d'une vieille maison abandonnée, juste en face de chez elle.

La jeune femme téléphona à Carol Ann. Et Carol Ann téléphona à Kim. Elles décidèrent d'un commun accord qu'il serait préférable de déménager les chatons avant le retour du propriétaire. Personne n'habitait plus cette masure depuis des lustres, mais Carol Ann savait que son propriétaire y entreposait tout un bric-à-brac dans lequel il puisait régulièrement. C'était un brave type, cependant elle ne pouvait pas présager de sa réaction lorsqu'il découvrirait les chatons. Et, comme toute la paroisse attendait avec impatience le retour de la chatte, mieux valait ne prendre aucun risque.

« Je n'ai pas pour habitude d'enfreindre la loi, m'expliqua Kim. Mais certaines occasions le justifient. » Et voilà comment, un soir, Kim Knox se retrouva à pénétrer par effraction dans la maison – en passant par une fenêtre du rez-de-chaussée –, pendant que Carol Ann faisait le guet.

Précisons qu'elle éprouva quand même quelques scrupules. Elle, une secrétaire de paroisse, violer la propriété d'autrui ! Pour se donner du courage, elle se convainquit qu'elle faisait cela pour les enfants : ils seraient rassurés de savoir que la chatte et ses petits étaient en sécurité. Peut-être le faisait-elle un peu aussi pour la chatte – encore qu'elle fût parfaitement consciente qu'une ancienne chatte errante saurait toujours se tirer d'affaire. Quoi qu'il en soit, elle le fit. Et, pour être vraiment honnête, elle savait qu'elle le faisait également pour elle.

Une fois à l'intérieur, elle alla ouvrir la porte de derrière, afin de livrer passage à la jeune femme amie de Carol Ann. Cette dernière, en revanche, resta à faire le guet : elle s'était laissé convaincre qu'elle était trop avancée en âge pour une mission aussi périlleuse. « Chat d'Église », murmurèrent Kim et sa compagne, en essayant de ne rien déranger. Mais la maison était encombrée de piles de vieux meubles et de caisses de toutes sortes dont l'équilibre semblait précaire et entre lesquelles les araignées avaient tissé leurs toiles. *Une vision de cauchemar*, songea Kim, alors qu'elle marchait sur du verre brisé. L'escalier n'était pas beaucoup plus engageant, mais elles montèrent tout de même à l'étage. Et c'est là, dans la chambre du fond, qu'elles entendirent miauler la chatte. Dès que Kim s'encadra sur le seuil de la pièce, la chatte, comme à son habitude, se précipita au-devant d'elle pour l'accueillir.

En mère parfaite, elle avait su dénicher l'endroit le plus confortable pour abriter sa portée : un empilement de matelas et de caisses. La chatte y avait fait son « nid ». Et, dans le nid, il y avait quatre adorables chatons : un tout blanc, un tout noir, un tricolore, et un gris, à l'image exacte de sa mère.

Kim et la voisine firent un peu de place au centre de la pièce pour s'asseoir à même le parquet. Puis elles attendirent, murmurant des encouragements de temps à autre, dans l'espoir que les chatons viendraient à elles. L'endroit était idéal pour élever une petite famille, mais elles voulaient que les chatons apprennent à les connaître et à leur faire confiance, au cas où elles auraient besoin de les déménager prestement. Le premier jour, la mère fut la seule à s'aventurer au centre de la pièce. Kim la caressa, heureuse de sentir la chaleur du félin se communiquer à sa main, puis au bout d'une demi-heure les deux femmes redescendirent. Kim fit sortir la voisine par la porte de derrière, ferma le verrou et ressortit elle-même comme elle était entrée : par la fenêtre.

Elle revint le lendemain. Et tous les jours suivants, pendant deux semaines. Son désir de s'assurer que tout allait bien pour les chatons était presque compulsif – ce qui en disait certainement plus long sur ses propres désirs que sur leurs besoins véritables. Quoi qu'il en soit, les chatons s'habituèrent très vite à sa compagnie. Comme leur mère, ils s'approchaient pour renifler sa main et se laisser caresser. Tous, sauf le chaton gris, qui feulait et reculait vers les cartons dès que Kim faisait un mouvement dans sa direction. C'était l'unique mâle de la portée, ce qui le rendait peut-être plus méfiant que les autres. À moins qu'il fût le seul à ne pas avoir hérité de la nature chaleureuse de sa mère, alors même qu'il était celui qui lui ressemblait le plus.

Au cours de la deuxième semaine, Carol Ann apprit que le propriétaire de la maison n'allait plus tarder à revenir. Il voulait vider les pièces, avant de vendre. Une dernière fois, Kim enjamba donc la fenêtre du rez-de-chaussée. Carol Ann lui tendit plusieurs paniers pour chats, puis elle contourna la maison pour aller attendre à la porte de derrière. Kim monta les paniers à l'étage et s'assit comme à son habitude au centre de la chambre. Le premier chaton fut très facile à attraper : il entra de lui-même dans le panier. Les deux suivants se montrèrent plus coriaces, mais, avec l'aide de la voisine, Kim réussit finalement à les enfermer dans leurs paniers.

Il ne restait plus que le mâle. Au lieu de tenter de s'échapper, il se tapit derrière les matelas et les caisses, et feulait dès que Kim voulait l'approcher. Les deux femmes furent obligées de déplacer tous les matelas pour parvenir à l'attraper. Puis elles remirent les matelas en place. Et elles redescendirent – il s'était écoulé une bonne heure – pour tendre les paniers à Carol Ann. Après quoi, Kim verrouilla la porte de derrière et ressortit une dernière fois par la fenêtre de la maison abandonnée. Le temps de s'assurer que personne ne l'observait, elle contourna la maison et aida Carol Ann et la voisine à enfourner les paniers dans le coffre de la voiture de Carol Ann.

Les chatons étant trop jeunes pour être sevrés, Carol Ann décida de ne pas les installer au presbytère. Et, comme elle avait déjà un chat chez elle, c'est Kim qui hérita de la portée. La mère s'installa dans la chambre d'amis, pour y élever sa petite famille. Quelques semaines plus tard, les chatons enfin sevrés, le pasteur autorisa Kim et Carol Ann à passer une annonce dans le bulletin de la paroisse pour informer que la portée était désormais disponible à l'adoption. Elles en profitèrent pour demander une aide financière afin de faire stériliser la mère. Elles reçurent une telle avalanche de dons que tout cet argent servit non seulement à payer l'opération, mais aussi les croquettes et la litière de la chatte. De ce jour, Kim et Carol Ann n'eurent plus à débourser un centime pour elle.

Les trois chatons femelles, tous aussi adorables que leur mère, furent très vite adoptés. Le mâle, en revanche, refusait de se montrer dès qu'un maître potentiel se présentait chez Kim : il se cachait sous le lit et feulait méchamment.

Les trois femelles parties chez leurs nouveaux maîtres, Carol Ann vint récupérer la mère pour la réinstaller dans le presbytère. Après son départ, Kim et son mari s'assirent sur leur porche, en se demandant quoi faire du dernier chaton. Au bout d'une demi-heure, Kim décida de monter le voir, pour s'assurer que tout allait bien : après tout, c'était la première fois qu'il se retrouvait seul. Mais cette fois, à peine eut-elle ouvert la porte qu'il se précipita vers elle en miaulant. Sans doute avait-il compris qu'il jouait son avenir.

« Ah, dit-elle. Alors, comme ça, tu as changé d'humeur ? »

Elle regarda son mari, lequel leva les yeux au plafond, avant de sourire et de hocher la tête. Et voilà comment le petit chat gris resta chez eux. Ils l'appelèrent Chi-Chi. Il devint un gros matou, et cependant il rappelait à Kim sa mère. Pourtant, il n'était pas du tout chaleureux comme elle – il se montrait plutôt distant. « C'était son caractère, jugeait Kim. Pour le reste, c'était un bon chat. Exactement comme sa mère. »

Une ville évolue perpétuellement, et habiter en ville vous oblige à intégrer ces changements dans votre existence. Quand Carol Ann s'installa à Camden, la quincaillerie de son beau-père était le poumon commercial du centre-ville. On y trouvait de tout, depuis les pelles jusqu'aux gâteaux secs, en passant par les clous et les assiettes. Mais l'établissement proposait aussi toute une gamme de services aux habitants : des crédits à court terme à destination des fermiers, dans l'attente de la vente de leur récolte ; du troc de marchandises agricoles et même un service de pompes funèbres – la maison allait jusqu'à employer un croque-mort. Après être passé par l'université, Harris annonça qu'il ne souhaitait pas reprendre la quincaillerie à la suite de ses parents. Il voulut d'abord se lancer dans la banque, mais il abandonna deux ans plus tard, quand MacMillan-Bloedel, une entreprise canadienne, implanta dans la région une usine de pâte à papier. L'année où son père prit sa retraite, Harris était devenu l'un des directeurs de l'usine.

La quincaillerie fut vendue et transformée en enseigne franchisée de la chaîne True Value, qui ne vendait plus que des clous et des outils standard. Le magasin ne tarda pas à péricliter, à l'image d'ailleurs de tout le centre-ville.

Quand le Chat d'Église fit son apparition, le centre de Camden s'enfonçait toujours un peu plus dans la léthargie. Le premier Walmart se trouvait à plus de cinquante kilomètres, et pourtant la plupart des habitants de Camden trouvaient toujours un prétexte pour s'y rendre au moins une fois par mois[1]. « Ma mère n'a jamais pu passer devant un Walmart sans vouloir y faire un tour, m'expliqua Harris en riant. Où que nous nous trouvions, en Alabama ou ailleurs, il fallait absolument s'arrêter. »

Mais la religion avait toujours occupé une place très importante à Camden et, même si les commerces du centre-ville déclinaient, on consacrait toujours beaucoup d'argent et d'efforts pour les quatre églises de Broad Street. Au début des années 1990, chacune d'entre elles entreprit d'importants travaux de rénovation.

Le coup d'envoi fut donné par le déplacement du presbytère de l'église méthodiste. Le bâtiment, dont les planchers grinçants témoignaient de l'âge – il avait plus de quatre-vingts ans d'existence –, fut vendu à un jeune couple. Le jour où le camion-grue vint le soulever de ses fondations, une petite foule

---

1. Walmart est la plus grande enseigne nord-américaine d'hypermarchés.

s'était amassée sur la pelouse de l'église et beaucoup d'yeux étaient humides, notamment chez les anciens. Ce n'était qu'une banale construction en bois, toute simple et dénuée d'ornementations, mais elle avait été bâtie pour durer. Elle se dresse à présent à moins de deux kilomètres de l'église, et elle résonne des rires de la famille qui l'habite.

L'ancien motel, depuis longtemps abandonné, fut rasé, et son emplacement pavé pour accueillir des voitures. On ne garda que le restaurant, transformé en centre de loisirs pour les enfants. Une partie serait également affectée au secrétariat de la paroisse, le temps que le nouveau bâtiment de l'église soit construit. Pendant presque un an, la chatte et les enfants coexistèrent joyeusement dans le même espace. La chatte préférait la compagnie de Kim – dont elle squattait toujours le fauteuil –, mais il ne lui déplaisait pas de rendre visite aux enfants et de miauler pour attirer leur attention. Sauf quand la fameuse fillette pointait le bout de son nez : elle criait toujours aussi fort, mais désormais le volume caverneux de l'ancien restaurant amplifiait tellement le bruit que la chatte courait se réfugier dans les cuisines.

En fait, durant cette année qui suivit la naissance de ses petits, la chatte du presbytère ne connut qu'un seul vrai problème, lors de l'assemblée générale annuelle de l'église. Kim ne se trouvait pas à Camden ce soir-là, et Carol Ann ne savait pas trop bien quoi faire de la chatte. C'était juste après Pâques, une période merveilleuse dans le sud de l'Alabama car les soirées y sont encore fraîches.

Aussi, Carol Ann décida de laisser la chatte dehors pour la nuit. Puis elle se rendit à l'assemblée générale, un événement d'importance, qui rassemblait la hiérarchie méthodiste de tout le district ainsi que des représentants d'autres paroisses méthodistes voisines. Plantée près de la porte, Carol Ann voulait s'assurer que la chatte ne s'introduirait pas dans l'église à la faveur de l'arrivée des participants. Mais l'animal profita probablement d'un retardataire. Quoi qu'il en soit, en plein milieu de la réunion, elle remonta l'allée centrale de l'église en miaulant pour attirer l'attention.

Carol Ann était *mortifiée*, selon son propre terme. Quel dommage que je ne puisse pas transcrire, par écrit, le savoureux accent qu'elle mit dans ce mot, car personne mieux qu'une femme du Sud n'est capable d'exprimer ce genre d'embarras mondain. *Catastrophe !* pensa-t-elle. *On va me demander d'expulser définitivement la chatte.*

C'est alors qu'elle entendit quelqu'un rire sur l'estrade. Puis le jeune pasteur dit quelque chose, ce qui provoqua d'autres rires. Et finalement le faux pas de la chatte tourna à la bonne histoire drôle qu'on se répéterait encore, des années plus tard, sur la pelouse de l'église au sortir de l'office.

Peu de temps après, le pasteur les quitta. Carol Ann, Kim et de nombreux paroissiens s'attristèrent de son départ, mais l'Église méthodiste avait pour règle de faire tourner ses pasteurs à intervalles réguliers, et les instances nationales avaient décidé qu'il était temps pour lui de changer d'affectation. Les projets d'agrandissement étaient presque achevés.

C'est alors qu'une rumeur arriva aux oreilles de Carol Ann : certains paroissiens entendaient bien profiter de l'installation dans les nouveaux locaux pour en bannir la chatte.

En réaction, Kim et Carol Ann décidèrent de passer une annonce dans le bulletin de la paroisse : la chatte était désormais libre à l'adoption. Elles s'attendaient à un flot de réponses mais, au bout d'une semaine, personne ne s'était encore manifesté. Certains paroissiens, bien sûr, n'avaient jamais voulu de la chatte dans les parages de l'église, et encore moins chez eux. Mais ceux qui l'aimaient – et ils étaient nombreux –, jugèrent que ce n'était pas à eux de l'adopter. Tout le monde savait que Carol Ann avait récemment perdu son chat, Hogan, et qu'elle espérait, à sa façon discrète de femme sudiste, que personne ne réclamerait le Chat d'Église. Ce qui expliquait leur silence.

Et voilà comment en 2001, un peu moins de quatre ans après avoir franchi pour la première fois le seuil du presbytère, la chatte cessa de fréquenter l'église méthodiste de Camden. Elle s'installa chez Carol Ann, où elle se glissa avec une facilité déconcertante dans l'existence d'un chat d'appartement trop gâté. Chaque fois que Kim Knox venait la visiter, elle en restait bouche bée.

« Je sais, je sais, disait Carol Ann. Pourtant, je ne lui donne pas tellement à manger. Je ne comprends pas pourquoi elle grossit autant. »

Peu de temps après, les paroissiens baptisèrent leur nouvel édifice. Et ils n'y trouvèrent plus jamais un seul poil de chat.

Carol Ann demeure convaincue que cet agrandissement était une bonne idée, même s'il coûta au Chat d'Église son refuge. La paroisse méritait un plus beau sanctuaire, et des espaces pour les classes du dimanche [1].

Kim Knox partageait son avis. Et elle décrétait à qui voulait l'entendre que les nouveaux bâtiments étaient magnifiques. Tout en briques rouges, avec des encadrements de bois peints en blanc. Et ils étaient assez vastes pour supporter une éventuelle augmentation de fréquentation, au cas où la ville de Camden et sa paroisse méthodiste se développeraient. De toute façon, c'était toujours mieux que cet affreux motel.

Cependant, Kim Knox ne peut pas s'empêcher de penser qu'ils ont tous perdu quelque chose à ce changement. « C'est plus fonctionnel, dit-elle de la nouvelle église. Mais c'est moins chaleureux. » Les portes de l'ancien presbytère, où elle avait travaillé avec la chatte, grinçaient sur leurs gonds. Les fenêtres fermaient mal. Et l'hiver, les pièces sentaient le pétrole des poêles chargés de réchauffer l'atmosphère. Pourtant, même au plus fort de l'hiver, Kim ressentait dans ces lieux le poids de leur histoire, qui les rendait plus accueillants.

Certes, la nouvelle église est superbe. Et parfaitement entretenue. Les habitants de Camden peuvent en être fiers. Mais ce n'est plus qu'un bâtiment. Il n'a pas d'histoire. Pas de passé. Du

1. L'école du dimanche, réservée aux enfants, est l'équivalent protestant et anglo-saxon du catéchisme des catholiques.

moins, pas encore. En d'autres termes, la nouvelle église méthodiste de Camden n'est certainement pas un endroit où aurait pu se passer l'histoire du Chat d'Église.

C'est tout le problème du progrès. Soit vous le refusez, soit vous y souscrivez totalement. Mais pour tout ce que vous aurez gagné, vous aurez perdu quelque chose en contrepartie.

Cette histoire est à présent pratiquement terminée. Mais il manque l'épilogue. La chatte aima beaucoup vivre chez Carol Ann, qui la gâtait comme la grand-mère qu'elle est. Hélas, il ne lui restait plus beaucoup à vivre. Durant l'été 2005, elle contracta une infection qui l'emporta alors qu'elle n'avait que huit ans. Carol Ann était si effondrée qu'il lui fallut plusieurs semaines avant de l'annoncer aux autres paroissiens. Encore aujourd'hui, la chatte lui manque terriblement, ainsi qu'à son mari, Harris. Ils l'ont enterrée dans le carré familial, à côté de tous leurs ancêtres qui se sont succédé dans ce petit coin d'Alabama.

L'année suivante, Carol Ann et Harris Riggs déménagèrent. Leur dernière parente, Mme Hattie, la vieille femme qui s'était mise à quatre pattes pour caresser la chatte du presbytère, était morte, et ils s'étaient promis depuis longtemps qu'ils quitteraient Camden aussitôt qu'ils n'y auraient plus de responsabilités familiales. Quand leurs filles étaient jeunes, ils avaient souvent voyagé très loin : sur la côte ouest des États-Unis, au Canada et même jusqu'en Australie. Pour leur retraite, ils partirent s'installer à deux heures et demie de route de Camden, à Tuscaloosa, où se trouve l'Université d'Alabama et où ils peuvent assister à des matches de base-ball sans avoir à parcourir des kilomètres pour rentrer ensuite chez eux.

Ils jurent que c'est pour cela qu'ils ont quitté Camden : pour jouir d'un environnement plus animé. Mais je suis convaincue qu'il y a d'autres raisons. Aucune de leurs filles ne voulait habiter leur coin perdu. Elles s'étaient mariées, l'une à un avocat, l'autre à un fonctionnaire, et elles poursuivaient toutes deux des études de médecine. Elles n'auraient jamais trouvé de travail dans le comté de Wilcox.

En outre, l'usine de pâte à papier où Harris avait fait l'essentiel de sa carrière fut revendue deux fois, d'abord à Weyerhaeuser, puis à International Paper. À son apogée, l'usine employait près de deux mille personnes. À présent, Harris pense qu'il n'y a pas plus de quatre cents employés, et encore ne le jurerait-il pas. « Vous savez, dit-il, avec ces compagnies internationales, une fois que vous êtes parti à la retraite, vous disparaissez des fichiers et vous n'existez plus. »

L'histoire pourrait donc se terminer là. Mais, bien sûr, ce n'est pas la seule histoire de chat qui concerne Camden. La ville se trouve au cœur de la zone qui vit fleurir, dans les années 1960, la lutte pour les Droits civiques – à une soixantaine de kilomètres au Nord de Selma, où eurent lieu les fameuses marches, et à une quarantaine de kilomètres à l'est du comté de Lowndes, qui tenta de refuser jusqu'au bout le droit de vote aux Noirs. Ce qui explique qu'il existe à Camden sinon deux « camps », du moins deux histoires parallèles, et deux façons de voir le monde. Si vous interrogiez un autre habitant de Camden, par exemple un Noir, résident de longue date, vous auriez évidemment une tout autre histoire de chat que celle que vous venez de lire.

Toutefois, mon but n'était pas d'écrire l'histoire de toute une ville, mais simplement de raconter l'histoire du Chat d'Église, qui vécut quatre ans dans un presbytère avant de mourir aux côtés de sa bienfaitrice, Mme Carol Ann Riggs. J'ai essayé de la rendre aussi simplement que Mme Carol Ann me l'a racontée. Mais je sais bien que même les histoires les plus simples en apparence peuvent donner lieu aux interprétations les plus diverses.

J'en ai eu la preuve à l'issue de mes trois longues conversations, espacées de plusieurs mois, avec la meilleure amie de Carol Ann, Kim Knox. Kim porte un regard différent sur le Chat d'Église – et qui est lié à sa propre histoire. Il faut savoir que Kim n'était pas très heureuse d'avoir emménagé à Camden, une bourgade dont elle n'avait jamais entendu parler, avant que son mari n'y soit nommé professeur. Elle aimait la ville et ses habitants, là n'était pas la question, mais elle connut à cette époque, comme on dit dans la Bible, « le temps des épreuves ». Sa mère mourut peu de temps après son emménagement et, n'ayant encore aucune amie sur place, Kim n'avait personne avec qui s'épancher. Et ce n'était pas tout : après plusieurs années de tentatives infructueuses, elle venait d'apprendre qu'elle ne pourrait jamais avoir d'enfants.

Son cas n'avait rien à voir avec celui de Mary Nan Evans et de ses vingt-huit chats, sur Sanibel Island. Mary Nan me certifia, sans l'ombre d'une hésitation, qu'elle ne regretta jamais de ne pas pouvoir avoir d'enfants. Certes, elle était plus âgée que Kim, et elle avait donc eu tout le temps de ranger sa déception dans un tiroir. Cependant, je pense qu'elle était parfaitement sincère en assurant ne pas avoir de regret. Pour une raison toute simple : avoir des enfants n'était pas, chez elle, un désir viscéral. Elle n'avait pas besoin de cela pour être heureuse.

Pour Kim Knox, en revanche, c'était différent. Je pouvais l'entendre rien qu'au son de sa voix. Elle voulait désespérément des enfants. Ce fut donc pour elle un coup terrible d'apprendre que ce serait impossible. Avec son mari, ils essayèrent tous les traitements possibles, sauf la fécondation in vitro, au-dessus de leurs moyens. Ils se tournèrent ensuite vers l'adoption mais, au bout d'un an de démarches, ils s'aperçurent que ce n'était pas davantage une solution à la portée de leur bourse. Kim pleura beaucoup, son mari aussi. Mais, pour elle, c'était une douleur de tous les instants. Ce n'était pas facile de voir tous ses espoirs s'envoler un à un. Heureusement, elle pouvait compter sur l'affection de la chatte du presbytère pour lui réchauffer le cœur.

Cette affection lui était plus importante que ne pouvait l'imaginer Carol Ann. Pour Kim, cette chatte n'était pas seulement une chatte très mignonne. C'était une amie qui lui inspirait du réconfort et sur qui elle pouvait déverser sa compassion maternelle.

Soyez présents. C'est le meilleur conseil qu'on puisse donner aux gens qui souhaitent aimer des proches dans la douleur. Soyez présents *pour eux.* Eh bien, c'est ce que faisait la chatte pour Kim.

Et c'est aussi grâce à cette chatte que Kim put se faire des relations au sein de la communauté. C'est grâce à elle qu'elle se lia d'amitié avec Carol Ann Riggs, qui devint ensuite sa confidente. Et encore grâce à elle qu'elle développa une relation enrichissante avec le pasteur.

Cela change-t-il vraiment l'histoire du Chat d'Église ? Je ne saurais l'affirmer. Le mari de Kim, plus âgé qu'elle, avait déjà un fils issu d'un premier mariage. Mais cet enfant était gravement malade depuis la naissance. En 1999, l'année où la chatte mit bas ses petits dans l'ancien motel, les médecins du garçon recommandèrent une transplantation. Le mari de Kim lui donna un rein. Il savait, et Kim également, que le coût de l'opération, puis de la convalescence de son fils, anéantiraient leurs derniers espoirs d'adopter un enfant. Cependant, ils n'hésitèrent pas un instant. Mais je ne peux pas m'empêcher de penser que, pendant que Kim s'asseyait tous les soirs au milieu de la chambre du motel pour encourager les chatons à lui faire confiance, elle disait en même temps adieu à la maternité. Et que les petits chats l'aidaient à faire passer son chagrin.

Plus tard, en août 2002, Kim reçut un coup de fil de l'ancien pasteur – le jeune, qui avait été muté dans une autre paroisse. Une fidèle était venue lui expliquer que sa nièce connaissait une jeune femme qui n'aurait pas les moyens financiers de garder son bébé. Elle était enceinte de sept mois, et elle cherchait quelqu'un pour l'adopter.

Huit semaines plus tard, en octobre 2002, Kim Knox fit quatre heures de route pour rencontrer la mère. Elle n'emportait rien avec elle, sinon quelques langes et un siège pour bébé, qu'elle avait préféré laisser dans le coffre. Après tant d'années d'espoirs contrecarrés, elle ne voulait pas tenter le sort.

Deux jours plus tard, elle assistait à la naissance de son fils adoptif, Noah. La mère ne parlait pas anglais, mais elle fit comprendre à Kim, par des gestes, qu'elle voulait qu'elle reste auprès d'elle, pour tenir le bébé dans ses bras. Onze mois plus tard, Kim et son mari l'adoptaient définitivement.

« Nous étions tous ravis de faire la connaissance de Noah, m'expliqua Mme Carol Ann. C'était un bébé adorable. Toute la paroisse en était tombée amoureuse. »

En 2005, Kim et son mari partirent vivre à Laurel, dans le Mississippi – la ville natale de Kim. Ils aimaient Camden, mais ils n'avaient aucun parent dans la région et ils voulaient que leur garçon grandisse au milieu de la famille. Ils emménagèrent deux mois seulement avant l'ouragan

Katrina. Ce jour-là, ils se trouvaient chez la tante Lee, et ils assistèrent, horrifiés, au spectacle des arbres déracinés par la force du vent. Ils serrèrent leur fils très fort dans leurs bras, et ils prièrent pour que leur chat, Chi-Chi, qui était resté chez eux, survive à la tempête.

Il survécut. Mais c'est une autre histoire. Pour conclure celle-ci, il vous suffit de savoir que la chatte du presbytère ne fut pas seulement une gentille chatte, mais que son amour fut une source de réconfort pour Kim Knox – et sans doute pour beaucoup d'autres paroissiens de Camden. Et que Kim Knox, avec l'aide de cette chatte et d'un pasteur dévoué, triompha de ses épreuves et put réaliser son rêve de maternité. Et, enfin, que le fils de la chatte du presbytère, Chi-Chi, adore son petit frère, Noah.

9
Dewey et Rusty

« Je travaillais sur le câblage de ma voiture, la tête sous le tableau de bord, quand je sentis quelque chose sur ma poitrine. Je levai les yeux, et découvris un petit chat orange et blanc. Il devait avoir six ou huit semaines. Et il miaulait sur mon torse. "Comment ça va, Rusty ?" lui demandai-je. Je le caressai et il s'allongea sur mon torse, pour n'en plus bouger. »

Première partie

Pour nous autres habitants du nord de l'Iowa, Sioux City est « la » grande ville de la contrée. Nous nous y rendons pour nos achats de Noël, pour voir un spectacle, pour des réunions professionnelles, pour y danser et pour nous y faire soigner, dès qu'il s'agit d'une opération ou d'un traitement délicats. Mais, aux yeux des habitants de Spencer, c'est une ville beaucoup trop bruyante. Et trop agitée.

Enfin, c'est péjoratif de dire cela. La vérité, c'est que Sioux City ne ressemble à rien de ce que nous connaissons dans nos plaines. Les villes, par chez nous, sont aussi plates que les champs qui les cernent et aussi ouvertes que l'horizon. Sioux City, au contraire, est dense et toute en hauteur. À l'image de Cleveland ou de Pittsburgh, ces villes qui semblent avoir surgi de terre sous l'effet d'un violent séisme. Pittsburgh était la ville de l'acier. Cleveland, celle du pétrole. Sioux City fut construite pour le bétail. Les bêtes arrivaient par milliers, transportées par bateaux ou par trains entiers, pour être parquées, engraissées et finalement abattues dans l'une des nombreuses usines à viande qui bordaient le fleuve Missouri.

Le centre-ville de Sioux City rassemble les meilleurs restaurants et hôtels de la région. Et les immeubles de Lower Fourth Street sont le centre du vice – au moins pour la consommation d'alcool – à des milles à la ronde. Les maisons des ouvriers se pressent au niveau du fleuve tandis que les propriétaires d'abattoirs ou les directeurs d'usines habitent Rose Hill, une colline qui domine la ville, dans d'imposantes demeures construites en granit de la région.

Glenn Albertson grandit dans le quartier ouvrier de Pierce Street, au pied de Rose Hill, à la grande époque du commerce de la viande dans l'Iowa. C'étaient dans les années 1950. Des bateaux sillonnaient sans cesse le fleuve. Et, autour de Pierce Street, vous trouviez des commerces à chaque coin de rue. Les enfants jouaient sur le trottoir, se poursuivaient à vélo et allaient à l'école à pied, même en hiver. L'été, il s'agglutinaient devant la vitrine de Williams Television pour regarder les premiers postes couleur.

Ils n'étaient pas malheureux, ces enfants de Pierce Street. Leurs pères travaillaient aux abattoirs ou dans une quelconque autre usine de la ville. Et leurs mères, pour la plupart, apportaient un deuxième revenu au foyer grâce à des emplois « de femmes » : serveuse, couturière, femme de ménage… La mère de Glenn travailla ainsi pour un traiteur, puis dans les cuisines d'un petit restaurant, et même comme serveuse au Warrior, le grand hôtel qui était un peu l'âme du centre-ville depuis sa construction dans les années 1930. Pour finir, elle dirigea les cuisines d'une maison de retraite pour femmes. Elle commençait son travail à l'aube et se dépêchait de rentrer le soir car elle savait que son mari lancerait, en ouvrant la porte : « Y a-t-il quelqu'un pour préparer le dîner, dans cette maison ? » Puis il souriait et serrait sa femme dans ses bras. Car, bien sûr, elle avait toujours quelque chose de prêt pour lui.

Le père de Glenn travaillait pour l'Albertson Tool Company, une usine métallurgique qui fabriquait des outils et des pièces détachées. Le nom de l'entreprise n'était pas qu'une pure coïncidence. Glenn Albertson Senior (le père de Glenn), originaire du sud de l'Indiana, avait épousé Christel Mai, une fille de fermier du Nebraska, à la fin de la Seconde Guerre mondiale. Ils auraient voulu vivre dans le Nebraska rural, mais ils vinrent assez vite s'établir à Sioux City, où il était beaucoup plus facile de trouver du travail. Avisant les panneaux indiquant l'Albertson Tool Company, Glenn décida qu'avec un nom pareil cette entreprise lui était forcément destinée. Et voilà comment il fit toute sa carrière chez Albertson Tool.

Glenn Senior était un homme de l'ancien temps, habitué à travailler à la dure. Il mesurait un mètre quatre-vingt et pesait plus de cent kilos de muscles sculptés par le travail en atelier. Le jour, il usinait des pièces de métal. Le soir, il fréquentait les bars de Lower Fourth Street. Il aimait sortir en bande et il avait beaucoup de « potes ». À neuf ans, Glenn Junior connaissait déjà tous les barmen de Lower Fourth.

« Assieds-toi, mon gars, et bois une grenadine, lui disaient-ils. Je vais te trouver ton père. »

Et, peu après, le père de Glenn arrivait, des poches sous les yeux mais un grand sourire aux lèvres, et lui mettait une tape dans le dos.

« Rentrons, disait-il. J'ai faim. »

À dix-huit ans, Glenn Junior mesurait un mètre quatre-vingt-dix et pesait près de cent vingt kilos. Il dépassait son père de quelques centimètres, mais tout le monde l'appelait encore « Petit ». Glenn était le type même du géant débonnaire. Et l'ami de tout le monde.

Six mois plus tard, il était marié et père (et très fier de l'être, même si c'était un peu par accident). Les études n'ayant jamais été son fort, il travaillait dans une station-service de Court Street, à quelques pâtés de maisons du quartier où il avait grandi. Pour rentrer chez lui, il empruntait les trottoirs de son enfance, où d'autres gamins continuaient de jouer. Mais ils ne s'agglutinaient plus devant la vitrine de Williams Television. C'étaient les années 1960 et tous les foyers possédaient désormais un petit écran.

Glenn était heureux. Il ne désirait rien de plus que d'être un bon père pour son fils. Il le couchait lui-même chaque soir. Il lui lisait des livres, lui expliquait comment marchaient les moteurs, et il lui disait qu'il l'aimait et qu'il serait toujours là pour lui. Son premier hiver à la station-service fut glacial. Glenn travaillait en extérieur la plupart du temps, et la bise descendue des grandes plaines souffla sans répit, cette année-là. Glenn prit un deuxième travail – cuisinier –, à la fois pour se faire davantage d'argent mais aussi pour se réchauffer. Au bout de quelques années, il abandonna la station-service pour l'atmosphère plus clémente des chaînes d'assemblage de Sioux Tools – le nouveau nom de l'Albertson Tools.

Pendant son temps libre, il suivit une formation pour devenir policier. Comme il n'existait pas, à cette époque-là, d'école de police à Sioux City, la formation se faisait sur le tas, sous la conduite d'un gradé. Pendant un an, Glenn s'occupa de régler des conflits domestiques ou de dégriser des ivrognes. Il montrait de bonnes dispositions pour le métier. Malheureusement, la police ne paie pas. Aussi, à la naissance de son deuxième fils, il entra dans le cabinet d'assurances de son beau-père. Il ne tarda pas à réaliser qu'il était encore meilleur pour vendre des polices d'assurance qu'il n'avait été bon policier de proximité. Il savait comment mettre les gens à l'aise et, si son physique en imposait, il n'était pas intimidant. Au contraire, il dégageait une force qui emportait la conviction. En d'autres termes, vous aviez envie d'acheter ce que Glenn Albertson cherchait à vous vendre parce qu'il vous inspirait confiance. Et parce que vous saviez qu'il croyait à ce qu'il racontait.

Cette honnêteté et cette ouverture aux autres lui furent profitables et, à trente ans, Glenn gagnait soixante-dix mille dollars par an en vendant des assurances. Il habitait une maison en lisière de Rose Hill, avec quatre chambres, un grand porche et une clôture blanche qui faisait le tour du terrain. Son fils aîné jouait dans une équipe junior de football américain, l'autre était chez les scouts, et Glenn était également le père d'une petite fille, encore bébé, qu'il berçait le soir avant de l'endormir, en s'émerveillant du miracle de la vie. Comme sa femme avait tendance à déclencher l'alarme incendie chaque fois qu'elle cuisinait, c'était lui aussi qui, le plus souvent, préparait le dîner. Il emmenait ses garçons partout avec lui : chercher de l'essence, au supermarché et, le samedi, dans le garage où il retapait des vieilles voitures des années 1950. Il possédait en outre une grosse chienne joyeuse, baptisée Maggie. Les garçons couraient avec elle dans le jardin pendant que Glenn grillait la viande sur le barbecue.

Le dimanche, ils allaient à la messe. Leur église n'était pas l'un de ces bâtiments gigantesques et modernes qu'on a vu fleurir dans la région, mais un vieil édifice construit à l'ancienne mode, dans un souci de simplicité et de modestie. La communauté était si minuscule que Glenn devint le professeur de l'école du dimanche pour toutes les tranches d'âge, depuis les tout-petits jusqu'aux adolescents. Comme il n'y avait que trois garçons intéressés par l'équipe de basket, Glenn recruta d'autres candidats dans les quartiers alentour, si bien que l'équipe se trouva incarner le melting pot de Sioux City, avec sa population afro-américaine, amérindienne ou récemment immigrée. Ces garçons devinrent une seconde famille pour Glenn, dont le grand cœur semblait ne pas avoir de limites.

Et puis sa fille, Kari, tomba malade.

Elle n'avait que six mois. C'était un dimanche d'hiver glacial, et l'une des élèves de l'école du dimanche des filles vint trouver Glenn et lui dit : « Kari est toute chaude. »

Glenn toucha le front de sa fille. Il était brûlant.

« Je la ramène à la maison », décida-t-il.

Il prit ses fils avec lui et rentra sur Rose Hill. Il s'était mis à neiger et tout était blanc et silencieux. La neige, lourde, collait à la chaussée. Glenn parvint de justesse jusqu'à chez lui, enveloppa sa fille dans une couverture, et courut jusqu'à sa porte.

Ne pouvant attraper ses clés, avec sa fille dans ses bras, il sonna. Sa femme était censée être là. Elle leur ouvrirait.

Sauf qu'elle ne répondit pas.

Glenn sonna de nouveau. Les garçons, à ses côtés, frissonnaient de froid, malgré leur blouson. Il resserra la couverture sur sa fille. Toujours pas de réponse.

Il sonna, sonna et sonna encore.

La porte finit par s'ouvrir. Mais, au lieu de sa femme, Glenn découvrit l'un de ses meilleurs amis.

« Où est ma femme ? demanda-t-il.

– Sous la douche », répondit son ami.

Leur mariage se brisa à cet instant. La confiance – le socle de l'existence de Glenn – n'existait plus. Il laissa traîner pendant quelques mois, ne parla jamais de ce qui s'était passé, mais la grande maison, la clôture blanche et la vie heureuse qu'il y avait menée avaient été emportées dans la froidure de ce dimanche neigeux.

Ils divorcèrent. Glenn quitta la maison pour s'installer dans un appartement de célibataire à peine meublé. Peu de temps après, il arriva un matin tôt à son travail et découvrit que sa clé n'ouvrait plus la porte du cabinet d'assurances : son beau-père avait fait changer les serrures.

Et, comme son beau-père avait également fait révoquer sa licence de courtier en assurances, Glenn se recentra sur ce qu'il savait faire – vendre – et ce qu'il aimait – les voitures –, et il devint vendeur de voitures. Le soir, il était barman dans un établissement de Lower Fourth Street, ce quartier où il avait vu son père tenir sa cour avec une bouteille à la main. Il avait pris ce deuxième travail pour payer les frais d'avocat, car il voulait se battre pour obtenir la garde de ses enfants. Mais, dans l'Iowa du début des années 1970, les pères n'étaient pas encore considérés comme des parents acceptables. Glenn fut débouté et n'obtint qu'un droit de visite le dimanche. Il perdit sa maison. Il perdit son chien. Et il perdit aussi une bonne partie de ses amis. Mais il récupéra une chatte errante, Chloé, qui lui tint compagnie dans son nouvel appartement. Elle était très indépendante, mais elle aimait parfois se lover sur ses genoux.

Environ un an plus tard, le fils aîné de Glenn lui téléphona un samedi après-midi. Ce qui était assez rare : ses fils ne lui parlaient plus beaucoup.

« Maman boit, lui apprit-il de sa voix d'enfant. Et il y a des motos dans le jardin. »

Glenn sauta dans sa voiture. Quand il arriva à son ancien domicile, il vit quatre motos dans le jardin. Un motard se montra sur le porche et lui demanda :

« T'es qui, toi ?

– Son ex-mari, répondit Glenn.

– Alors, tu n'as rien à faire ici.

– Je suis juste venu pour mes enfants. »

Les autres motards sortirent sur le porche. Deux d'entre eux descendirent les marches et s'avancèrent à la rencontre de Glenn.

« Je n'ai pas de mauvaises intentions, expliqua Glenn, ouvrant ses mains pour montrer qu'elles étaient vides. Je veux juste m'assurer que les enfants vont bien. »

Une batte de base-ball appartenant à l'un de ses fils traînait sur la pelouse. Glenn ne la remarqua que lorsqu'un des motards se pencha pour la ramasser. Le voyant la brandir dans sa direction, Glenn ne s'enfuit pas. Au contraire : il arracha la batte des mains du motard et lui en assena un coup sur les tibias. Ses amis dévalèrent aussitôt le porche. S'il y en avait eu un de plus, ou s'ils n'avaient pas été soûls, Glenn aurait sans doute passé un mauvais quart d'heure. Mais, pour avoir travaillé dans les bars, il savait comment se dépêtrer des ivrognes. La seconde d'après, un autre motard roulait par terre, l'épaule démise, et les deux derniers préférèrent s'enfuir sur leurs machines. Glenn jeta sa batte dans l'herbe, rentra dans la maison, récupéra ses enfants et repartit chez lui.

Trois heures plus tard, un agent frappa à sa porte. Glenn avait fait sa connaissance lorsqu'il se formait au métier de policier.

Glenn lui raconta toute l'histoire.

« C'est très bien, Glenn, lui répondit le policier. Mais les parents de ton ex-femme ne l'entendent pas de cette oreille. Tu ferais mieux de rendre les enfants. Ils ont porté plainte contre toi pour kidnapping. »

Après cela, l'existence devint invivable à Sioux City pour Glenn Albertson.

Un jour, alors qu'il travaillait encore pour son beau-père, Glenn s'était fait aborder par un vieil homme dans la rue.

« Vous avez une bonne tête, jeune homme, lui avait dit l'inconnu, l'accrochant par son veston. Vous avez une minute ?

– J'ai ça », avait répondu Glenn.

Ils s'étaient assis sur le trottoir. L'homme portait un costume crème froissé et taché. Ses chaussures n'avaient pas été cirées depuis une éternité.

« Autrefois, j'ai été banquier, avait raconté le vieillard, en tendant une carte de visite sur laquelle Glenn avait pu lire “First National Banque de Chichago – vice-président”. « Mon père était banquier, et son père avait été banquier avant lui. Je ne connaissais que des banquiers. C'était tout mon monde. Mais arriva la Grande Dépression. Ma banque s'enfonça dans le rouge et je perdis mon poste. »

Glenn avait hoché la tête, attendant la suite.

« Que faites-vous dans la vie, jeune homme ?

– Je vends des assurances.

– Eh bien, je vais vous donner un conseil, au cas où ça ne marcherait plus pour vous. Apprenez le plus de choses que vous pourrez car, de cette façon, vous n'aurez jamais de souci pour trouver du travail. »

Glenn le remercia de son conseil et lui rendit sa carte de visite, avec quelques pièces de monnaie. Il ne le revit jamais, et il ne sut donc jamais s'il avait été vraiment banquier ou si c'était juste un vieil ivrogne qui faisait son numéro avec une carte d'emprunt. Mais ses paroles restèrent imprimées dans sa mémoire. Glenn n'avait pas eu l'occasion de fréquenter l'université, mais il devint un étudiant de la vie. Quand ses garçons étaient petits, il apprit à couper les cheveux. Il connaissait les rudiments du travail de policier et des métiers de la sécurité. Il savait vendre des assurances, tenir un bar, ou réparer n'importe quel modèle de voiture. Il maîtrisait la charpente, la plomberie, et même un peu d'électricité. Il avait pour credo « Apprends à faire » et pour leitmotiv « Apprends *et* fais ». Mais il avait grandi dans un monde où il était plus facile de dégringoler au bas de l'échelle que de grimper à son sommet. Et, après son divorce, Glenn fut souvent très près de se retrouver tout en bas. Cependant, il s'accrocha. Contrairement à beaucoup de gars de Pierce Street qui finissaient dans les bars de Lower Fourth dès que les choses se gâtaient, Glenn refusa de sombrer dans l'alcool. Le soir, il se contentait de fréquenter un petit restaurant à côté de chez lui. Il finit par épouser l'une des serveuses de l'endroit et ils partirent s'installer à St. Petersburg, en Floride.

« Il y avait trop de fantômes, là-bas, m'expliqua-t-il, pour justifier sa décision de quitter Sioux City. Et je croisais trop de gens qui s'imaginaient connaître mon histoire. J'en avais marre. »

En Floride, Glenn travailla dans la construction, jusqu'à ce que le propriétaire de la salle de gym où il s'entraînait, constatant sa popularité parmi les clients, lui propose de l'employer. En moins d'un an, Glenn se retrouva diriger le club. Il prit même des cours pour devenir masseur certifié. Il travaillait sept jours sur sept, mais pas seulement pour l'argent. C'était un col bleu de Sioux City, et il ne savait faire que cela : travailler dur.

Mais le propriétaire connut des déboires financiers et le club dut fermer ses portes. Glenn déménagea pour le Texas, où l'un de ses amis avait décroché un contrat pour l'entretien en peinture de toutes les écoles de Dallas. Il avait trente-cinq ans et aucune clé ne pendait à son trousseau : il n'était propriétaire de rien, ni maison, ni appartement. Il n'avait pas de compte bancaire. Il n'avait même pas de voiture. Mais il possédait l'essentiel : une femme, un nouveau bébé et un chien. Le travail, il n'en manquait jamais. Et il était heureux dans toutes les branches. La seule chose qui lui importait, c'était d'avoir une famille, afin qu'il puisse se sentir chez lui.

Mais le Texas n'était pas vraiment chez lui. Pas plus que la Floride, d'ailleurs. Chez lui, c'était à Sioux City, dans l'Iowa, où ses parents avaient acheté une petite maison en bardeaux de bois blanc pour leur retraite, et où grandissaient sans lui les trois enfants de son premier mariage. Au bout de quelques années, quand le contrat de peinture expira, Glenn et sa nouvelle famille repartirent pour l'Iowa et ses hivers glaciaux. Il reprit son ancien travail : la réparation automobile. Sa femme partait souvent en voiture dans le Michigan, rendre visite à ses parents, et elle emmenait leur fils avec elle. Ces voyages coûtaient cher, et Glenn regrettait de ne pas voir son fils pendant plusieurs jours, mais il ne songeait pas à protester car il ne désirait que le bonheur de sa femme.

C'est sa cousine qui finit par lui révéler le pot aux roses.

« Elle revoit son ancien petit copain du lycée, lui apprit-elle un jour. Elle n'a jamais pu tourner complètement la page avec lui. »

Glenn tomba de haut. Malgré l'échec de son premier mariage, Glenn Albertson était resté trop honnête et confiant pour s'imaginer que sa deuxième épouse puisse aussi le tromper.

Au moins, cette fois, il était averti. Quand sa femme lui annonça qu'elle repartait définitivement pour le Michigan, avec leur fils, il ne demanda pas pourquoi. Et il ne chercha pas à se battre pour garder son fils car il s'avait d'expérience que c'était un combat perdu d'avance.

Il essaya encore. Cette fois, il épousa une amie de longue date, qu'il connaissait depuis plus de dix ans. Il se sentait capable de l'aimer et elle lui jurait qu'elle l'aimait, aussi le mariage leur parut-il la solution qui s'imposait. Comme ils n'étaient plus tout jeunes, ils voulurent avoir tout de suite un enfant. Elle tomba enceinte après bien des déboires, mais elle fit une fausse couche, et ils pleurèrent plus d'un mois dans les bras l'un de l'autre. Puis le médecin leur annonça qu'il était trop périlleux de retenter l'aventure. Ils n'auraient pas d'enfant ensemble, et ce fut pour tous les deux une terrible nouvelle.

Ils devinrent une famille d'accueil pour enfants en difficulté. C'était un sacerdoce qui vous apportait autant de souffrance que de bonheur. Glenn s'investissait totalement pour un enfant, lui assurait une sécurité matérielle et affective, puis un beau jour l'enfant lui était retiré, pour des raisons qu'il ne comprenait pas toujours très bien. En tout, ils élevèrent ainsi onze enfants. Onze expériences de bonheur et de déchirement. Puis ils décidèrent d'adopter le douzième. C'était une Sioux, abandonnée par sa mère qui n'avait pas les moyens de l'élever, et Glenn assista à sa naissance. Aussitôt qu'il la vit, il sut qu'elle était celle qu'il attendait. Son cœur se gonfla d'amour pour elle. Sa femme était du même avis : elle espérait depuis longtemps avoir une fille. Ils la baptisèrent Jenny et, dès qu'elle vint habiter chez eux, ils eurent le sentiment que leur univers était complet.

Ou, du moins, c'est ce que pensait Glenn. Il n'avait pas compris la vraie nature de son mariage jusqu'à ce qu'un jour il rentre plus tôt du travail et ne surprenne, dans la cuisine, une conversation entre sa mère et sa belle-mère.

« Je n'ai plus besoin de lui, à présent, entendit-il sa femme dire.

– Alors, quitte-le, répondit sa mère. Tu as ta fille, et tu peux avoir son argent. Que te faut-il de plus ?

– Rien. »

Avec ce dernier mot, une nouvelle porte se referma sur la vie et le cœur de Glenn Albertson. Il avait maintenant cinquante ans, il avait été marié à trois femmes, pour un total de vingt-quatre années, et il ne lui en restait plus rien. Alors qu'il n'avait jamais désiré qu'une chose, dans la vie : avoir une famille. Et de l'amour, bien sûr. *Je n'essaierai plus*, se dit-il. *C'est terminé.*

Un homme peut tomber à terre de bien des façons. Je ne parle pas d'un K.O. définitif, mais d'une chute assez sévère pour que, lorsqu'il se relèvera, il ne soit plus le même homme. Peut-être sera-t-il meilleur. Peut-être sera-t-il pire. Ou peut-être sera-t-il pire dans les premiers temps, avant de devenir meilleur qu'il ne l'avait jamais été. Peut-être ne s'en remettra-t-il jamais totalement. Après tout, s'il y a mille façons différentes de tomber à terre, il y a mille façons de se relever.

Quand on habite l'Iowa, et plus encore le nord de l'État, c'est le genre de choses auxquelles on pense souvent. Car, ici, c'est toute la région qui s'est écroulée à plusieurs reprises, tout au long de son histoire. Le pire coup que j'aie connu de mon vivant affecta la ferme familiale. Mon père était fier de descendre d'une lignée de fermiers. Mais, dans les années 1950, le changement d'échelle de l'agriculture américaine le mena tout droit à la faillite. Comme nous n'avions pas les moyens de nous payer les grosses machines qui faisaient désormais la loi dans les champs, notre production ne nous rapporta bientôt plus de quoi vivre correctement. Mon père fut obligé de vendre l'exploitation à un voisin, qui coupa nos arbres, rasa notre maison, et laboura nos terres.

À Sioux City, une évolution analogue – l'industrialisation de la production de la viande – entraîna des changements à peu près aussi drastiques. Quand le fleuve Missouri était encore l'artère principale de tout le nord du Midwest, la ville était un nœud majeur de communication et de commerce, et son port était l'un des plus animés d'Amérique. À son apogée, la ville compta 120 000 habitants… et environ dix fois plus de têtes de bétail. Les maisons des patrons d'abattoirs de Rose Hill étaient construites dans un granit qu'on pensait indestructible.

Mais, au lendemain de la Seconde Guerre mondiale, le Missouri commença de voir s'effriter sa domination. Les autoroutes remplacèrent les bateaux et les chemins de fer, ce qui permit de rapprocher les abattoirs des centres de production. Sioux City connut alors une hémorragie de ses habitants : de 120 000, ils tombèrent à moins de 100 000, puis à moins de 90 000. L'aéroport ferma un terminal et n'assura plus que quelques vols quotidiens. Le centre-ville parvint à se redynamiser, et Lower Fourth Street devint le nouveau poumon commercial de la ville. Mais partout ailleurs, c'était la débandade. La plupart des fières demeures de Rose Hill furent découpées en appartements. La boulangerie qui s'était longtemps dressée au coin de la rue où habitaient les parents de Glenn céda la place à une épicerie de proximité ouverte en nocturne. Quant au père de Glenn, lui qui avait tant aimé boire avec ses amis, il développa une tumeur au foie qui se révéla inopérable.

Des années plus tôt, bien avant que Glenn ne fonde sa propre famille, son père était parti. Glenn ne sut jamais pourquoi, même s'il se douta que cela avait un rapport avec l'alcool. Mais quand Glenn Albertson revint – trois ans plus tard ! –, il n'était plus le même homme. Il buvait toujours, et il travaillait toujours aussi dur, mais il était plus chaleureux, et il savait davantage apprécier ce qu'il avait chez lui. Tant et si bien que sa femme retomba amoureuse de lui, qu'il se remaria avec elle, et qu'ils furent heureux jusqu'à la fin de leurs jours. Il regagna également le cœur de son fils – même si Glenn n'avait jamais cessé d'aimer son père – et il chérissait à présent leur relation soudée. Même lorsqu'il partit au loin, en Floride et au Texas, Glenn appelait son père toutes les semaines. Après son troisième divorce, ils montèrent ensemble une entreprise de peinture, et se déplacèrent au gré des commandes, partageant souvent la même chambre d'hôtel. C'est ainsi qu'ils furent chargés de repeindre la base militaire aérienne de Trenton, dans le New Jersey ; le lycée de Madison, dans le Nebraska (Glenn y réalisa notamment une fresque avec un dragon, la mascotte du lycée) et les locaux de Donnelly Marketing, à Sioux City, un gros chantier, qui leur prit trois mois.

Mais le « contrat » le plus important que décrocha Glenn fut de repeindre la Buick LeSabre de son père, qui datait de 1984, après avoir été endommagée par une averse de grêle. Glenn y travailla toute une semaine, sous le regard attentif de son père. Il la repeignit à l'identique, dans le même coloris bordeaux, n'hésitant pas à ôter tous les chromes pour les replacer ensuite. Quand ce fut terminé, son père prit la voiture et la montra à tous ses amis. Il était si stupéfait – et si fier – de ce qu'avait fait son fils qu'il voulait que tout le monde pût l'admirer. Glenn avait espéré toute sa vie l'approbation de son père, et il avait fini par la gagner – à cinquante ans. Quelques années plus tard, Glenn Albertson Senior mourut.

Peu après, Glenn emménagea chez sa mère. Ils vivaient tous les deux une époque de transition : Christel Albertson apprenait à être veuve, tandis que Glenn désapprenait à être mari et père. Glenn faisait les courses, réparait la maison, et il lui arrivait parfois de cuisiner, même si sa mère était réputée pour être la meilleure cuisinière du quartier. Il appelait sa chambre sa cellule monacale : le mobilier se réduisait au lit et à la penderie. Ni radio, ni télévision. Le soir, il jouait de la guitare. Le jour, il travaillait à New Car Row, le quartier où s'étaient implantés à peu près tous les concessionnaires automobiles de la ville. Au fil des ans, il travailla pratiquement pour tous. Et si une Porsche avait besoin d'être poussée à fond, uniquement pour la tester avant de la revendre à un client, ma foi, Glenn ne songeait jamais à s'en plaindre.

Il voyait sa fille adoptive, Jenny, tous les dimanches, pour la messe, et se pliait ensuite aux désirs de la gamine – une glace, une promenade dans le parc, un tour en calèche… Il téléphonait à ses autres enfants, leur envoyait des cartes pour leurs anniversaires, s'efforçant de garder le contact, mais ils lui rendaient rarement la pareille. Il était très déçu de voir que son amour ne lui était pas retourné, mais il en prenait sa part de responsabilité, estimant qu'il n'avait pas su être le père qu'il aurait rêvé d'être. Et, quand sa guitare ne lui donnait pas toutes les réponses qu'il attendait, il passait ses soirées à réconforter ses semblables. Il devint ainsi l'un des animateurs d'un groupe de pères divorcés. Pendant une heure ou deux, il écoutait, dans la fumée des cigarettes, les histoires d'autres pères qui avaient été jetés hors de chez eux ou qui avaient préféré partir. Puis il prenait la parole, parlant lentement, d'une voix profonde, qu'il voulait réconfortante plutôt que donneuse de leçons. Lui-même s'exprimait rarement sur son parcours. Un soir, il dit simplement que jouer de la musique avait été l'un des grands plaisirs de sa vie, et la religieuse qui dirigeait le groupe lui demanda d'apporter sa guitare. C'est ainsi qu'il se retrouva à jouer devant une assistance de maris désavoués et de pères abandonnés.

Peu de temps après, alors qu'il faisait son jogging dans la campagne environnante avec le chien d'un voisin, il aperçut un camion à plateau garé sous un bosquet d'arbres.

« Vous faites quoi ? demanda-t-il au chauffeur du camion.

– Il y a une vieille guimbarde, sous les arbres. On essaie de la dégager pour la conduire à la casse. »

Glenn reconnut l'épave : c'était une Studebaker Commander, modèle 1953. Ses courbes élancées, malgré les arbres qui la cachaient à moitié, lui rappelèrent des souvenirs d'enfance. Pas à Sioux City, mais à Pierce, dans le Nebraska, où il passait ses vacances d'été chez sa grand-mère. Pierce comptait moins d'un millier d'habitants. C'était le genre de bourgade assoupie où les hommes conduisaient d'antiques bagnoles, où les femmes cuisaient des tartes et où certains fermiers – comme celui qui habitait en face de chez sa grand-mère – fauchaient encore l'herbe avec des chevaux. Quelle que soit la pièce de la maison où il se trouvait, Glenn pouvait entendre approcher le train à vapeur qui traversait l'agglomération, et il se précipitait pour le voir passer dans un nuage de fumée. La ville ne comptait qu'un seul policier, et tout le monde connaissait tout le monde, d'autant que les liens de parenté étaient nombreux entre habitants, sinon directement par le sang, du moins par leurs communes origines germaniques.

Sa grand-mère passait ses journées dans sa cuisine, parlant à Glenn dans un patois de sa façon qui mélangeait l'allemand et l'anglais, un peu à la manière dont ses mains mélangeaient la farine et le beurre pour préparer de la pâte à tarte. L'après-midi, Glenn attendait le retour de son grand-père. Quoique ayant dépassé la soixantaine, il travaillait encore comme charpentier. S'il commençait par allumer une cigarette et arroser le jardin, Glenn comprenait qu'il était épuisé. S'il laissait sa Studebaker de 1941 devant la maison, au lieu de la ranger dans le garage, Glenn en déduisait qu'ils iraient pêcher. Le grand-père conduisait, et Glenn tenait les cannes à pêche, dont les extrémités dépassaient par la vitre ouverte de la portière. Son chien, Spook, aboyait joyeusement sur la banquette arrière, tandis que la Studebaker dévalait le chemin terreux qui menait à la rivière.

Quand Glenn ne tenait pas compagnie à sa grand-mère, dans la cuisine, on pouvait le trouver chez le voisin garagiste. C'est en voyant leurs entrailles mécaniques démantibulées pour être réparées qu'il tomba amoureux des voitures. À dix ans, il savait déjà conduire la Studebaker de son grand-père. À douze ans, il avait parfaitement intégré le fonctionnement de son moteur. Un grand champ, juste en face du garage, accueillait les véhicules en attente de réparation ou promis à la casse. Un jour, une dépanneuse apporta une Studebaker Commander, modèle 1953. Elle brillait sous le soleil. *Un jour, j'en aurai une comme ça*, se jura Glenn.

Ce n'était pas seulement l'envie de posséder une voiture de sport, le genre de joujou qui fait croire à n'importe quel garçon américain que, ça y est, il est « un homme ». C'était plus largement l'idée que, s'il était capable d'avoir une telle voiture, c'est qu'il aurait réussi sa vie et qu'il pourrait être fier de lui. Mais, bien des années plus tard, alors qu'il faisait son jogging sur une route de campagne, c'était plutôt le désir de satisfaire une nostalgie. La Studebaker Commander, modèle 1953, lui rappelait les tartes aux pommes de sa grand-mère, les parties de pêche avec son grand-père et Spook dans le petit chariot qu'il tirait derrière son vélo d'enfant.

« Je veux cette voiture, annonça Glenn au chauffeur du camion.

– Ça ne m'a pas l'air d'être une bonne idée, l'ami, lui répliqua le chauffeur. La carrosserie est toute rouillée. Et elle n'a pas dû rouler depuis des lustres.

– Je la veux quand même », s'entêta Glenn.

Quelques heures plus tard, la Commander avait pris place dans le garage le plus proche de la maison de sa mère. Et Glenn passa son après-midi à en faire le tour – une bonne vingtaine de fois, sinon plus –, rien que pour se repaître de ses courbes parfaites. Elle était pourtant dans un piètre état, comme le lui avait fait remarquer le chauffeur du camion. Et même pire que cela. Mais Glenn n'en avait cure : il savait qu'il avait trouvé le projet de sa vie.

Il commença par débarrasser la voiture de sa couche de rouille. Il n'y a rien de pire qu'une bonne couche de rouille sur une carrosserie pour vous faire croire qu'une voiture n'est plus réparable. Mais ôtez la rouille, et vous aurez une idée précise de ce qui se cache dessous. Contrairement à ce que beaucoup de gens s'imaginent, il est facile de réparer des trous dans une carrosserie. Il suffit de prendre le temps. Et Glenn prit son temps. Il gratta la rouille jusqu'au métal. Puis il reboucha tous les trous. La Studebaker Commander, modèle 1953, est une voiture mythique, semblable aux véhicules que conduisait Sean Connery dans les anciens James Bond. Glenn chouchouta sa carrosserie, jusqu'à ce qu'elle soit digne d'être la voiture d'un agent secret.

Puis il s'attaqua au moteur, qu'il enleva complètement, avant de le démonter pièce par pièce, changeant toutes celles qu'il était nécessaire de changer. Il travaillait à son rythme, sans cesser d'assister aux réunions des pères divorcés ni de jouer de la guitare. Mais il économisait sur son salaire pour acheter les pièces nécessaires. Parfois, le soir, il allumait une cigarette et sortait du garage pour la fumer sous la voûte étoilée du ciel. Il pensait alors à la cuisine de sa grand-mère ou à la Buick de son père. Puis il retournait au travail. Il y passa plus d'un an, mais, quand le moteur réintégra sa place sous le capot, il était entièrement refait à neuf.

Ce n'était pas terminé. Avant de la faire rouler, il lui fallait encore réparer les freins, la colonne de direction, et tout le reste. Une autre année s'écoula avant qu'il ne puisse enclencher le contact. Ce soir-là, il se rendit avec la voiture jusqu'à la réunion des pères divorcés, sa guitare posée sur la banquette arrière, puis il fit un crochet pour la montrer à sa fille Jenny. Mais il n'était pas question de l'emmener faire un tour dedans. La voiture était encore trop dangereuse : les phares fonctionnaient, mais pour le reste, le circuit électrique était rudimentaire. En outre, la carrosserie n'avait toujours pas été repeinte. La Studebaker n'avait pas exactement fière allure, mais au moins, elle avait repris vie.

Quelques semaines plus tard, Glenn travaillait sur le circuit électrique, sifflotant la tête sous le tableau de bord, quand il sentit quelque chose sauter sur sa poitrine. Il releva les yeux – manquant de peu de se cogner la tête contre le tableau de bord – et se trouva nez à nez avec un chaton orange et blanc. Il ne devait pas avoir plus de six ou huit semaines, et il regardait Glenn en penchant la tête de côté. Glenn ignorait d'où pouvait venir l'animal, mais la couleur de son pelage lui rappela l'état de la Studebaker quand ils l'avaient sortie de son linceul de végétation.

« Comment ça va, Rusty[1] ? » lui demanda Glenn, le caressant sur le crâne.

Le chaton renifla sa main puis reprit sa contemplation quelques instants, avant de s'allonger sur le torse de Glenn et de ronronner. Glenn laissa passer une minute avant de retourner à son travail. Le ronronnement du chaton accompagnait désormais le bruit de ses outils.

Le lendemain, le chaton l'attendait lorsqu'il arriva au garage. « Content de te revoir, Rusty », lui dit Glenn. Rusty leva les yeux vers lui, pencha la tête de côté et miaula. « C'est bon, c'est bon, je t'ai entendu », lui dit encore Glenn. Puis il se glissa, comme la veille, sous le tableau de bord. Et Rusty en profita encore pour faire la sieste sur son torse. Le lendemain soir, il était de nouveau là. Au bout d'une semaine, Glenn comprit que le chaton dormait dans la Commander en l'attendant. Il

1. Rusty : de la couleur de la rouille.

commença de lui offrir des morceaux de son dîner. Le chaton les reniflait avidement et les dévorait avec un appétit féroce.

« Tu veux venir chez moi, Rusty ? » lui demanda un soir Glenn. Il avait pris l'habitude de parler à Rusty comme à un vieil ami pendant qu'il bricolait sa voiture. Et Rusty lui répondait. Il semblait avoir toujours quelque chose à dire.

« Non, ça ne te dit pas ? » demanda encore Glenn, voyant que le chaton ne lui emboîtait pas le pas. « C'est pas grave. On se reverra demain. »

Glenn savait s'y prendre avec les animaux. Gamin, il essayait de ramener à la maison tous les animaux errants qui croisaient son chemin. Jumper, un labrador énergique, ne resta que quelques jours, avant que son père ne le confie à un fermier de sa connaissance. Il trouva ensuite un terrier ensanglanté au bord de la route et l'installa dans leur sous-sol, où il s'occupa de le panser et de le nourrir. Voyant que le terrier avait survécu à sa première nuit dans le sous-sol, il le baptisa Rocky. Un an plus tard, l'ancien propriétaire de Rocky, l'apercevant qui jouait avec Glenn, vint réclamer son chien. Peu de temps après, Spook suivit Glenn jusqu'à la maison. Au Texas, Glenn devint même le copain du lion que possédait l'un de ses amis (le lion finit sa carrière dans un zoo, mais cette histoire se passait dans les années 1970, et il n'était pas extraordinaire, alors, de voir un habitant d'une banlieue de Dallas se promener avec un lion). Glenn l'emmenait en promenade dans sa Pontiac Grand Prix, la tête du lion dépassant par la vitre arrière d'un côté de la voiture et sa queue dépassant par la vitre du côté opposé.

Aussi Glenn ne fut-il pas surpris quand, quelques jours après son invitation, Rusty se décida à le suivre chez lui. Malheureusement, la mère de Glenn possédait déjà un chat. Un chat distant et plutôt froid. Glenn l'avait découvert un an plus tôt, prisonnier d'une citerne désaffectée – il avait dû lécher l'humidité des parois et se nourrir d'insectes pour survivre, mais ça, c'est une autre histoire. Mais, bien qu'il lui eût sauvé la vie, le chat n'entendait accorder aucune faveur à Glenn. Et, pour des questions de pure territorialité, il n'était pas question qu'il laisse Rusty entrer dans la maison. Rusty n'était pas un guerrier. Il n'était pas non plus lâche, mais l'agressivité n'était pas dans sa nature. Il s'inclina.

Glenn s'excusa et lui proposa de retourner au garage, dormir dans la Commander. Mais Rusty décida de s'installer sur le porche. Il était toujours là quand Glenn partait travailler, ou quand il rentrait le soir. Après dîner, ils se rendaient ensemble au garage, où la Studebaker les attendait. Une ou deux fois, Glenn songea même à emmener Rusty à sa réunion de pères divorcés.

Cet été-là, la municipalité engagea d'importants travaux de rénovation sur Court Street, la grande avenue qui passait près de la maison de la mère de Glenn. La route étant coupée pour les voitures, Glenn prit l'habitude d'emmener Rusty avec lui, chaque fois qu'il allait boire une bière chez Bill, le troquet où il avait ses habitudes. Rusty l'attendait dehors. La plupart du temps, quand Glenn ressortait, il s'était fait de nouveaux amis.

« C'est votre chat ? demandait la femme – car c'étaient presque toujours des femmes.

– Oui.

– Il est si mignon ! Et tellement sociable !

– Ouais, confirmait Glenn. C'est tout Rusty. Il n'y a pas plus cool, comme chat. »

L'automne arriva et les jours raccourcirent. Court Street fut rouverte à la circulation, et c'était trop dangereux pour que Rusty continue à le suivre. Quand Glenn rentrait chez lui et qu'il se préparait à se coucher, il voyait Rusty qui le regardait depuis le rebord de la fenêtre. Et, dès que leurs regards se croisaient, Rusty miaulait et grattait sa patte sur la vitre.

« Il faudrait le laisser rentrer, maman, finit par dire Glenn. Il commence à faire froid dehors. »

Mais la mère de Glenn n'était pas de cet avis – en raison de l'autre chat et de son attitude agressive. Aussi, quand une maison s'offrit à la location, quelques dizaines de mètres plus loin, Glenn s'y installa. Son nouveau logement était une version agrandie de son ancienne cellule monacale : les pièces étaient à peu près vides. Mais au moins, Glenn n'y vivait plus seul. Il laissait toujours une fenêtre ouverte pour que Rusty puisse entrer et sortir à sa guise. Si Glenn était là, Rusty n'était jamais loin. En revanche, il faisait le difficile pour manger, et reniflait tout ce que Glenn préparait. Quand il aimait le fumet, il consentait à goûter, et s'il aimait le goût, il miaulait pour que Glenn lui en donne une assiette. Le dîner terminé, la vaisselle lavée, Glenn s'installait généralement sur le canapé, pour que Rusty puisse le rejoindre et lui labourer le dos avec ses griffes. C'était le meilleur massage dont Glenn pût rêver après une dure journée de travail.

Chez sa mère, Glenn jouait de la guitare tous les soirs au lit, et il se réveillait souvent le matin, sa guitare encore dans les mains. « Elle était devenue ma meilleure amie », me dit-il un jour.

C'était d'ailleurs sans doute pour cela que Rusty détestait la guitare. Aussitôt que Glenn s'en emparait pour gratter ses cordes, Rusty s'enfuyait par la fenêtre.

« Ce n'est que du rock and roll ! » lui lançait Glenn, amusé.

À force, Rusty finit par s'y habituer. Quand Glenn sortait sa guitare de son étui, le chat se glissait dans celui-ci tout le temps que Glenn jouait de son instrument. Puis, le concert terminé, Rusty sautait hors de l'étui, et Glenn pouvait ranger sa guitare dedans. Il se mettait ensuite au lit et Rusty le rejoignait pour se coucher à ses côtés.

Même quand Rusty, devenu paresseux, cessa de l'accompagner jusqu'au garage, Glenn continua de retaper la Studebaker, jusqu'à ce qu'elle soit repeinte – en noir mat, une couleur volontairement peu voyante. Cependant, Glenn passait de plus en plus souvent ses soirées dans son jardin, avec Rusty. La maison était construite pratiquement en bord de rue, mais le jardin de derrière regorgeait d'arbres, de fleurs sauvages et de papillons – pour la plus grande joie de Rusty. À deux ans, Rusty pesait près de dix kilos. À sa manière aussi, c'était un géant. Et s'il connaissait chaque recoin du jardin par cœur, il n'en franchissait jamais les limites.

« Je l'ai souvent observé, lui dit un jour son voisin, stupéfait. Votre chat ne sort jamais de votre jardin.

– C'est Rusty », avait répondu Glenn avec un haussement d'épaules.

On ne pouvait rêver compagnon plus loyal. Quoi que lui racontât Glenn – ses joies, ses peines, l'histoire drôle qu'il avait entendue au travail ce jour-là... –, Rusty l'écoutait. Et répondait. Miaou-miaou-miaou-miaou. Si Glenn n'avait pas le moral, Rusty le sentait. Il sautait sur ses genoux et le regardait comme le premier jour, dans la Studebaker : en penchant la tête de côté. Puis il frottait ses moustaches contre la barbe de Glenn. C'était sa façon de lui demander « Ça va ? ». Et Glenn répondait que oui, finalement ça allait, en frottant sa barbe contre le crâne de Rusty.

Rusty aida aussi Glenn dans ses relations avec Jenny. Il n'avait pas réussi à rester proche de ses autres enfants, et Jenny était sa dernière chance d'être le père qu'il aurait voulu être. Par décision de justice, elle passait un week-end sur deux chez lui, et Glenn lui donnait tout ce qu'il pouvait. Il avait beau savoir que Jenny l'aimait beaucoup, il avait peur qu'elle ne finisse par se détourner de lui, comme ses autres enfants. C'était compter sans

Rusty. Jenny adorait Rusty. Dès que Glenn venait la chercher chez sa mère, elle lui demandait des nouvelles du chat. Et, à peine arrivée à la maison, elle se précipitait vers Rusty, qui se jetait dans ses bras.

Rusty était de plus en plus… disons, costaud. À cinq ans, il devait approcher des douze kilos – du moins c'est ce qu'estimait Glenn, car Rusty refusait catégoriquement de monter sur une balance. Glenn voulait croire que ce n'étaient que des muscles, puisque Rusty passait son temps à grimper aux arbres du jardin, mais il était bien obligé de reconnaître que lorsque son chat s'asseyait sur ses pattes de derrière, il ressemblait à un gros bouddha. Jenny – qui n'avait que huit ans – le trouvait flasque, et décida de le faire mincir. Elle l'obligeait à marcher sur ses pattes de derrière, où elle l'allongeait sur le dos et elle faisait décrire des cercles à ses pattes, comme s'il faisait du vélo. Elle appelait cela ses « exercices ».

« C'est l'heure de tes exercices ! » lançait-elle à Rusty chaque samedi matin, après les pancakes au sirop. Rusty soupirait – du moins, cela ressemblait à un soupir –, mais il se laissait faire, car il était prêt à exécuter tous les désirs de Jenny. D'ailleurs, malgré cette gymnastique obligatoire, il continuait de dormir avec elle. Il aimait Jenny. C'était aussi simple que cela.

Les années passèrent. La vie de Glenn ne changeait pas beaucoup. Il travaillait toujours dans des garages, se rendait souvent chez sa mère pour y dîner, assistait encore aux réunions des pères divorcés et il continuait de bichonner sa Studebaker

Commander. Parfois, il se rendait aussi à des concerts. Glenn comptait beaucoup d'amis dans le milieu musical local. Au point qu'il n'était pas rare qu'on lui demande de monter sur scène jouer un morceau avec sa guitare. En revanche, il ne dansait jamais. Les femmes lui demandaient souvent, mais il refusait. Pas par impolitesse. C'était juste qu'il ne s'en sentait pas l'énergie. Il n'était venu que pour la musique.

Quand l'un de ses vieux amis, Norman Schwartz, lui annonça qu'il comptait ouvrir un dancing avec orchestre à Waterbury, une petite ville du Nebraska à une trentaine de kilomètres de Sioux City – « Comme au bon vieux temps, lui dit Norman, on ne jouera que du rock and roll » –, Glenn accepta de l'aider à installer le parquet de danse que Norman avait racheté à une salle de gym.

« Je te croyais allergique au travail manuel, le railla Norman, qui savait à quoi s'en tenir.

– Je le suis. Mais je fais des efforts pour les amis », répliqua Glenn, sur le même mode.

Ils burent deux ou trois bières en parlant du passé. Glenn approchait de la soixantaine. Il réalisait qu'il n'y aurait, désormais, plus que deux femmes dans sa vie : sa mère et Jenny. Et, en dehors de Norman, son meilleur ami était un chat. Mais il y avait pire, comme destin. Bien pire.

Peu de temps après, il décida de prendre sa retraite. Il se voyait déjà se promener dans sa Studebaker, partir à la pêche quand ça lui chanterait, jouer de la guitare avec ses copains, ou donner un coup de main à Norman. Mais, l'après-midi de son dernier jour de travail, une cliente du garage vint le voir et lui dit de but en blanc : « Vous n'allez pas prendre votre retraite. Vous allez travailler pour moi. »

Cette femme dirigeait un centre d'aide aux adultes handicapés baptisé Nouvelles Perspectives.

« J'apprécie votre offre, lui répondit Glenn. Mais je suis désolé. Je ne connais rien à ce genre de travail.

– Cela vous plaira, j'en suis sûre, insista la femme. Venez donc jeter un coup d'œil. »

Nouvelles Perspectives occupait plusieurs petits immeubles dans l'est de Sioux City. Cela ne payait pas de mine, ni de l'extérieur, ni de l'intérieur, en revanche ses pensionnaires y faisaient vibrer une âme particulière. Bobby, un simple d'esprit, collectait les bouteilles en verre pour le recyclage avec un enthousiasme communicatif. Une jeune femme avait perdu une grande partie de ses fonctions cérébrales après un accident de voiture, mais elle était capable de se souvenir de la date d'anniversaire de n'importe qui et de dire quel jour de la semaine cela tomberait pour n'importe quelle année donnée. Le centre avait besoin de quelqu'un de costaud pour juguler Ross, un diabétique de plus de cent trente kilos, atteint également de trisomie, lorsqu'il avait ses crises. Plus il découvrait les locaux, et plus il rencontrait de bénéficiaires du centre, et plus Glenn était enchanté. Pendant toutes ces années où il n'avait vécu qu'avec Rusty, il avait appris à vivre comme un chat : sans aigreur ni ressentiment. En quelque sorte, il avait accompli un travail sur lui-même.

Mais il fallait que ce travail serve à quelque chose. Et l'occasion s'en présentait soudain.

« Vous m'avez conquis, dit Glenn à la femme. Je commence demain. »

En moins d'un mois, Glenn n'eut plus besoin de retenir Ross pendant ses crises. Il avait appris à le connaître, et il était capable de les voir venir. Aussi gardait-il toujours des confiseries dans sa poche, pour l'empêcher de sombrer dans l'hypoglycémie. Il présenta le plus possible de gens à la jeune femme accidentée, car il avait compris qu'elle aimait montrer son don pour les dates anniversaires et qu'elle se sentait valorisée. Un lundi matin, il dit à Bobby, le collecteur de bouteilles :

« J'ai un cadeau pour toi, mon gars. Mais je veux quelque chose en échange.

– Quoi, Glenn ?

– Tu vas me donner ton chapeau.

Bobby recula. Il portait le même chapeau crasseux tous les jours, et refusait de s'en séparer.

– J'ai un nouveau chapeau pour toi, Bobby. Il y a même encore l'étiquette dessus. »

Glenn lui montra alors un chapeau de chasse orange, marqué « Graham Tire » sur le devant. Bobby s'en saisit et l'approcha de son nez – il avait pour habitude de tout renifler. Puis il se tourna, ôta lentement son vieux chapeau crasseux et le tendit à Glenn. Quand il se retourna, il arborait le chapeau orange sur son crâne, un grand sourire aux lèvres.

« Voilà deux ans que nous tentions de le convaincre de renoncer à son chapeau, dit à Glenn la femme qui l'avait embauché. Mais il ne voulait pas en entendre parler. »

Glenn cessa de fréquenter les réunions de pères divorcés. En revanche, il consacra davantage de temps à la musique. Et quand son ami Norman ouvrit sa salle – le Storm'n Norman's Rock'n'Roll Auditorium –, Glenn ne se contenta pas d'y jouer de temps à autre, il donna aussi des coups de main au bar. Il n'y eut pas d'inauguration officielle, encore moins d'annonce dans la presse, mais la nouvelle s'était vite répandue parmi les amateurs et, le premier soir, il vint plus de cent cinquante personnes. Les toilettes se révélèrent insuffisantes, et il fallut emprunter des chaises au funérarium voisin. Mais qu'importe, on s'amusa bien quand même.

D'une certaine manière, après des années de labeur harassant et de déceptions sentimentales, on pourrait dire que Glenn avait maintenant une vie bien remplie. Il avait sa mère, Rusty, sa fille Jenny, ses amis, sa musique, un travail qui le passionnait… Et il ajouta encore une autre activité. Il avait remarqué, en effet, que beaucoup de femmes qui fréquentaient le club de Norman ne parvenaient pas à convaincre leur mari de danser avec elles. Aussi décida-t-il de servir de cavalier pour toutes les épouses frustrées du Nebraska et de l'Iowa réunis. Cela dit, il n'y prenait pas de plaisir particulier. Certes, il avait toujours aimé danser. Mais, dans son esprit, ce n'était qu'une autre façon d'écouter la musique. C'est à peine s'il s'intéressait à ses cavalières. Plus exactement, il préférait ne pas les voir.

Sauf un soir. Seize ans après son dernier divorce, et dix ans après que Rusty fût entré dans sa vie, Glenn remarqua une femme. Il était au bar, à servir, quand il l'aperçut dans la salle. Elle était assise à une table, en lisière de la piste de danse, avec deux autres amies. Mais il aurait juré que les projecteurs n'étaient braqués que sur elle.

Et puis, leurs regards se croisèrent.

« Prends la relève, Joe, dit-il à l'autre barman. Je vais faire danser cette femme. »

Il s'approcha d'elle. Elle leva les yeux, hésita, avant de répondre : « Volontiers ».

Ils s'avancèrent sur la piste. Elle était plus petite qu'il ne l'avait imaginé : le sommet de son crâne n'arrivait qu'au milieu de son torse. Cependant, ils semblaient s'accorder parfaitement ensemble. Leur danse était fluide, naturelle. Et leurs regards se croisaient sans cesse.

« Je m'appelle Glenn, dit-il.

– Et moi, Vicki. »

Ils firent quelques tours supplémentaires sur la piste.

« Vous habitez le coin ?

– Je suis de Spencer. »

Le morceau terminé, il fit glisser sa main sur les hanches de sa cavalière. Si elle voulait partir, il ne la retiendrait pas. Mais elle resta, s'appuyant même contre lui. Et elle le laissa lui prendre la main. Quand la musique reprit, ils recommencèrent à danser. Et Glenn, cette fois, la serra plus fort contre lui, en espérant que l'orchestre ne s'arrêterait plus jamais.

« J'ai passé une bonne soirée, dit-il à Rusty quand il rentra chez lui. Une très bonne soirée. »

Son chat le regarda, et miaula pour réclamer des croquettes.

Deuxième partie

J'ai toujours aimé danser. Quand j'étais petite, mes parents nous avaient appris à danser au son de la vieille radio qui trônait dans le salon de la ferme familiale, à Moneta, dans l'Iowa. À dix-neuf ans, alors que je travaillais dans une usine de Mankato (dans le Minnesota), je sortais danser pratiquement tous les soirs. C'est en dansant que je connus mon premier mari, et c'est la danse qui m'aida à surmonter la période sombre qui suivit mon divorce. À trente ans, alors que j'étais une maman solo et que j'avais repris les études, je n'aurais pas dû avoir de temps pour un tel « loisir », comme on dit. Mais la danse, pour moi, a toujours été plus qu'un simple loisir. Elle m'est essentielle. Dès que j'entends la musique et que je me lève pour danser, j'oublie tout – mes dix ans de mariage avec un alcoolique, mon hystérectomie et tout le reste. Souvent, dans ces années-là, après avoir couché ma fille, fait la vaisselle et terminé mes devoirs, je mettais un disque dans la cuisine, et je dansais pour moi toute seule.

Et j'ai continué à danser toutes les années où j'ai travaillé à la bibliothèque municipale de Spencer. Après la fermeture, je dansais avec Dewey entre les rayonnages. Rien que nous deux. Mais il m'arrivait aussi de sortir dans des clubs. Pas à Spencer, bien sûr. Il n'aurait pas été jugé convenable que la directrice de la bibliothèque se pende aux bras d'inconnus sur une piste de danse. Les gens auraient jasé.

Alors, je quittais la ville. Et j'écrémais les clubs les plus respectables de la région. Je fis quelques rencontres, mais qui n'allèrent jamais très loin. L'un de mes « soupirants » m'exhiba son certificat de divorce dès le premier soir. Dans le but évident de m'inspirer confiance. Mais le lendemain, sa femme me téléphona pour me menacer de me tuer. Je découvris que son mari s'appelait comme son oncle, et il m'avait montré le certificat de divorce de son oncle.

Un cowboy rencontré à Sioux City me fit visiter des terrains où étaient parquées les bêtes promises à l'abattage car il trouvait que c'était un beau spectacle au clair de lune. Puis il m'emmena chez lui et me montra comment fabriquer des balles de fusil. Un type de Minneapolis m'invita à passer un week-end sur son voilier. Une tempête inattendue se leva, et je fus si malade que je vomis sur ma robe. Le lendemain matin, il m'expliqua que son endroit préféré se trouvait en Italie, puis il me demanda où était le mien. J'avais la trentaine et je n'avais encore jamais été plus loin que l'Iowa ou le Minnesota. Je compris que cette relation ne marcherait pas non plus.

Je précise toutefois que je n'étais pas obsédée par l'idée de me trouver un homme. J'aimais en avoir autour de moi, surtout pour danser, mais je ne passais pas mes nuits à pleurer après eux. J'étais parfaitement heureuse avec ce que j'avais : un travail passionnant mais qui me prenait beaucoup de temps, une famille aimante, de bons amis et un merveilleux chat de bibliothèque, nommé Dewey Readmore Books. Je n'avais pas besoin de gaspiller mon énergie ailleurs.

Et puis, Dewey mourut.

Ma relation avec Dewey ne saurait se résumer en quelques phrases. Mais quand je pense à lui, je reviens toujours à ces quelques lignes tirées de mon premier livre : « Dewey était mon chat. J'étais la personne qu'il avait décidé d'aimer et de réconforter. Et je l'aimais également. Il n'était ni un mari ni un enfant de substitution. Je n'étais pas seule : j'avais beaucoup d'amis. Je n'étais pas frustrée : mon travail me comblait. Je ne recherchais rien de particulier. Du reste, nous ne vivions pas l'un sur l'autre. Je pouvais passer une journée entière sans pratiquement le voir. Mais, même si je ne le voyais pas, je savais qu'il était là. J'ai fini par comprendre que nous avions choisi de partager nos existences. Et pas seulement pour le présent, mais pour toujours. »

Hélas, rien ne dure éternellement. Dewey était mon meilleur ami, mais il m'avait quittée.

Mon travail ne fut plus le même après sa disparition. J'avais dirigé cette bibliothèque pendant vingt ans, et pendant vingt ans j'avais consacré toute mon énergie à la développer. Mais quelque chose s'était brisé. Le premier coup avait été porté lorsque le conseil d'administration avait voulu expulser Dewey de la bibliothèque parce qu'il devenait trop vieux. Et la mort de Dewey laissait un tel vide que le bâtiment, tout à coup, me paraissait glacial et désert.

Mais, comme toujours lorsque je traversais une épreuve, je m'abrutis de travail. J'avais des projets en cours. Je voulais parachever ce que j'avais commencé avec Dewey : faire de cette bibliothèque non pas un simple entrepôt de livres, mais un lieu de rencontre et de solidarité.

Je voulais aussi écrire l'histoire de Dewey. J'estimais lui devoir cela, pour le remercier de ce qu'il m'avait donné, et de ce qu'il avait donné à Spencer. Et je le devais aussi à ses admirateurs, qui méritaient de connaître toute son histoire. J'étais convaincue que ce livre avait sa raison d'être car je pensais – et je le pense toujours – que Dewey nous avait laissé un message : Ne renoncez jamais. Trouvez votre place sur terre. Vous pouvez changer le monde.

Mais je tombai malade. Après la mort de Dewey, je développai une grave affection pulmonaire. J'étais habituée à être malade depuis des années. La faute en incombait à cette hystérectomie sauvage, que j'avais subie sans le vouloir alors que j'avais à peine plus de vingt ans, et qui m'avait bousillé le système immunitaire. Tous les trois ou quatre ans, ce qui avait commencé par une banale angine, ou quelque chose du genre, se terminait par un séjour à l'hôpital. Mais bon, c'était ma vie, et Dewey m'avait aidé à le supporter.

Sauf que, cette fois, c'était différent. Cette fois, mon cœur aussi souffrait. En décembre, j'essayai de tenir bon. En janvier, je commençai à flancher : j'étais épuisée. En février, la fatigue gagna mes poumons. En mars, je pouvais à peine sortir du lit. En avril, pour ménager mes forces, je ne travaillais plus que de chez moi – avec un salaire moindre. Mon médecin essaya toutes sortes de traitements, mais mon état ne cessait de se détériorer. Nausées, migraines, fièvres… Je ne mangeais plus que quelques crackers salés – c'était tout ce que je pouvais avaler. Je subis une batterie d'examens – coloscopie, endoscopie, IRM… – mais on ne trouvait rien. En mai, je repris le travail au bureau, mais je n'étais plus vraiment moi-même. On m'envoya consulter des spécialistes à Sioux City et dans le Minnesota, mais faire la route pour me rendre à ces rendez-vous m'épuisa encore un peu plus. Durant l'été, j'étais devenue si faible que je ne pouvais pas prendre de douche sans être obligée de m'allonger ensuite pour récupérer.

Tout le monde pensait que j'étais tombée en dépression. Et de fait, *j'étais* déprimée. La mort de Dewey, conjuguée à ma fâcherie avec le conseil d'administration, avait fait s'écrouler mon petit monde bien confortable. Mais je ne faisais pas de dépression au sens médical du terme. Ma maladie n'avait rien à voir. Le problème, c'est que personne ne trouvait ce dont je souffrais. J'étais inquiète pour l'avenir. Je me demandais si je n'allais pas végéter dans cet état le restant de ma vie, à ne plus pouvoir sortir de mon lit, ou presque.

Vingt ans plus tôt, j'étais une maman solo qui ne gagnait pas plus de vingt-cinq mille dollars par an. Mais, pour conserver mon travail, je devais absolument décrocher mon diplôme de bibliothécaire – j'étais entrée dans la profession sans aucune qualification. Ce qui m'obligeait à faire quatre heures de voiture tous les week-ends pour dix heures de cours. La semaine, je devais faire mes devoirs tous les soirs. En plus de travailler et de m'occuper de ma fille. J'avais parfois l'impression que c'était trop pour moi toute seule, et que je ne résisterais pas. Et, quand je suis devenue officiellement directrice, je passai encore certains soirs à travailler toute seule dans la bibliothèque.

C'est alors que Dewey venait me consoler. Il sautait sur mes genoux et faisait tomber mon stylo, ou il mettait ses pattes sur le clavier de l'ordinateur, jusqu'à ce que je capitule et que je le caresse.

Une fois de plus, Dewey se porta à mon secours. Avant de tomber malade, je m'étais engagée à écrire un livre. Et je ne suis pas du genre à me dédire facilement. Tous les soirs, après avoir travaillé autant que possible à la bibliothèque, je m'asseyais donc à ma table de cuisine et je parlais de Dewey avec mon coauteur, Bret Witter. Et plus je parlais de lui, et plus je le sentais revivre. Je me souvenais de la façon précise dont son nez bougeait lorsqu'il reniflait sa nourriture – avant de généralement la dédaigner. Je riais en me rappelant sa triste figure après son premier bain. Je le revoyais faire sa toilette…

Certains soirs, nos conversations m'étaient douloureuses. Le suicide de mon frère. La mort de ma mère. Et, au début, je refusais d'évoquer ma mastectomie. J'avais gardé mon opération secrète et, même dix ans après, j'avais encore peur d'en parler. Je n'osais pas avouer – et surtout pas à moi-même – que, lorsque le médecin avait dit « cancer du sein », j'avais senti le monde s'écrouler. Heureusement, Dewey avait été là. Heure après heure, jour après jour, il avait su me réconforter.

Mais le plus dur, bien sûr, fut d'évoquer sa mort. Quand je racontai à Bret comment Dewey, chez le vétérinaire, m'avait regardé dans les yeux, en me suppliant silencieusement de l'aider, je fondis en larmes au téléphone. Cela remontait pourtant maintenant à plusieurs mois, mais je revivais l'horreur qui m'avait saisie quand le docteur Beale m'avait annoncé : « Je sens une grosse boule. C'est une tumeur agressive. Il souffre. Et nous ne pouvons rien faire. » Ce souvenir, bien sûr, en entraînait d'autres, tout aussi douloureux. Jusqu'à cet instant ultime où j'avais serré Dewey dans mes bras en lui murmurant « Tout va bien se passer, Dewey. Tout va bien se passer. »

On pourrait penser, vu mon extrême faiblesse, que toutes ces conversations n'auraient fait qu'aggraver mon état. Ce fut tout le contraire. La préparation de ce livre me sauva la vie. Quand vous êtes si malade qu'un rien vous épuise, que vous n'êtes pas capable d'avaler autre chose que quelques crackers et que personne ne peut vous dire si votre santé va s'améliorer ou non, il est facile de se laisser glisser.

Mais j'ai tenu bon. Et pour une excellente raison : j'étais impatiente de retrouver, chaque soir, mon Dewey. Même les jours où je n'avais plus assez de forces pour me lever, je pouvais au moins tenir le téléphone et parler de Dewey.

Quand je reçus les premières épreuves de l'ouvrage, je pouvais presque le sentir qui les lisait avec moi, par-dessus mon épaule. *Non*, aurait-il parfois protesté. *Je n'étais pas ainsi.* Dès que ce doute se formulait dans mon esprit, je relisais la page, le paragraphe ou le mot incriminé. Je voulais être le plus juste possible – encore une fois, je devais bien cela à Dewey. Et, plus je me concentrais sur les détails, plus je sentais sa présence à mes côtés. La « Magie Dewey » m'enveloppait…

En août, je pris une grande décision. J'étais lasse de faire des heures de route pour raconter mon cas à un nouveau spécialiste, qui ne saurait pas davantage me dire ce dont je souffrais exactement. J'étais lasse de tituber de fatigue tous les soirs et de devoir m'extirper du canapé dès que je sentais la nausée m'envahir. Je compris que je n'avais qu'une seule chance d'aller mieux : c'était de me prendre en charge. Au bout de six mois où je n'avais cessé de penser à lui, j'étais imprégnée de l'esprit de Dewey. Et ce n'est pas juste une formule : j'y croyais réellement. Son assurance tranquille, sa certitude que tout finirait par s'arranger m'inspiraient.

Je pris ma retraite de la bibliothèque. Et je ne le fis pas en courbant le dos, comme une femme battue : j'imposai mes propres conditions, estimant avoir largement rempli mes objectifs. Le conseil d'administration, grâces lui en soient rendues, le reconnut aisément. Cette source de stress en moins, je me sentis déjà mieux.

Puis je modifiai mon alimentation. Et je cessai de prendre mes médicaments. Au lieu de me focaliser sur mes faiblesses, je me concentrai sur mes points forts. Je savais que je devais faire de l'exercice, mais j'ai toujours détesté le sport. Alors, je repris la danse. Au début, je me contentai de glisser quelques minutes à travers mon salon, au son d'un disque, avant de m'effondrer, épuisée, sur le canapé. Puis je me mis à taper du pied pour battre la mesure. Et enfin, au bout de quelques mois – oui, cela me prit plusieurs mois –, je pus danser. Toute seule, chez moi, mais au moins je dansais.

À Noël, je me sentais assez ragaillardie pour envisager de me lancer sur une piste de danse. Mais j'attendais pour cela une grande occasion. Elle se présenta quand j'appris que mon groupe local favori, les Embers, se produirait dans le meilleur dancing de la région : le Storm'n Norman's Rock'n'Roll Auditorium.

Le Storm'n Norman's était un petit club discret, dans une petite bourgade à deux heures de route de Spencer. On ne pouvait pas y arriver par hasard car, en fait de petite bourgade, Waterbury, dans le Nebraska, ne compte que quelques pâtés de maisons et un panneau « Stop » implantés au milieu de nulle part. L'endroit me rappelait un peu Moneta, dans l'Iowa, qui rassemblait encore cinq cents habitants quand j'y étais née, au début des années 1950, mais qui n'avait cessé de décliner, pour ne plus compter aujourd'hui qu'une cinquantaine d'habitants. Moneta commença à mourir quand son cœur – l'école de Moneta, construite en briques rouges – fut fermée par l'État de l'Iowa, en 1959. Waterbury avait connu un sort analogue. Il n'y vivait plus que quatre-vingts personnes, et le seul autre commerce, en dehors du Storm'n Norman's, était le Buzzsaw Bar.

Vu de l'extérieur, le Storm'n Norman's ne payait pas de mine. C'était un bâtiment carré ayant servi autrefois de gymnase, à moitié caché par une rangée d'arbres. Le parking était mangé par l'herbe. Un escalier en bois conduisait à la porte d'entrée métallique. À l'intérieur, un petit couloir menait jusqu'à la caisse que tenait ordinairement Jeanette, la femme de Norman.

Puis vous franchissiez une petite porte et vous vous retrouviez dans la grande salle. La piste de danse était dominée par la scène, mais celle-ci n'était qu'une simple estrade en bois, comme on pouvait en trouver dans toutes les écoles américaines construites durant les trois premiers quarts du XXe siècle. À ceci près qu'il y avait une Chevrolet de 1955, qui trônait en son centre. Elle était noire, avec des flammes peintes sur le côté, et quand l'orchestre appuyait sur un bouton, son moteur rugissait et ses roues tournaient.

La Chevrolet donnait le ton : en franchissant la porte du Storm'n Norman's Rock'n'Roll Auditorium, vous vous trouviez projeté cinquante ans en arrière. La salle, dépourvue de fenêtres, était éclairée par plusieurs rangées de projecteurs, qui mettaient en valeur les éléments du décor : trois grosses motos des années 1950, montées sur des piédestaux de six mètres de haut, des guitares, des statues, et des photos en noir et blanc d'Elvis, de Marilyn ou de James Dean, ou encore le tableau de bord au complet d'une autre Chevrolet. Il y avait deux bars, aux deux extrémités de la salle, chacun précédé d'une série de tables et de chaises sagement alignées comme à l'école. Et les anciens paniers de basket du gymnase pendaient encore aux murs ! Quand deux cents personnes se retrouvaient là pour écouter un orchestre interpréter les classiques du rock ou du blues, vous ne pouviez pas rêver meilleur endroit au monde.

J'étais résolue à m'y rendre, pour voir la prestation des Embers. Et je n'avais pas l'intention de faire tapisserie. Je voulais danser. Pas me trouver un homme, non, non, mais me prouver que je pouvais me sortir de mon canapé et profiter encore un peu de la vie.

Et voilà comment, le 15 mars 2008, seize mois après la mort de Dewey, je pris la direction de Waterbury, Nebraska, avec deux de mes meilleures amies, Trudy et Faith. Je n'étais pas totalement rétablie – je me sentais encore très faible et je dus souvent baisser ma vitre, pendant la route, pour dissiper un sentiment de nausée –, mais je le gardai pour moi. J'en avais soupé de me plaindre et de me traîner entre mon lit et mon canapé. Je voulais prendre du bon temps, et le meilleur moyen d'y parvenir était de faire comme si tout allait bien. En plus, j'avais promis cette sortie à Trudy et Faith, et il n'était pas question de les décevoir.

Nous arrivâmes avec un peu d'avance (un miracle, quand on sait que Faith met toujours un temps infini à se préparer), mais les tables se remplirent rapidement. Je ne savais pas exactement à quoi m'attendre, après un an passé au lit, ou presque, mais je sentais l'énergie qui parcourait la salle. Dès que les Embers attaquèrent leur premier morceau, mes orteils commencèrent à battre la mesure. À la deuxième pause, j'avais déjà dansé avec quatre cavaliers différents. J'ai toujours été menue – à peine plus d'un mètre cinquante de haut, et un petit squelette –, mais avec ma maladie, j'étais descendue à moins de quarante-cinq kilos. J'étais trop faible pour monter des escaliers, et rester debout me donnait le vertige. Mais la danse, c'était autre chose. Tant que je ne compliquais pas les choses en parlant à mon cavalier, mon corps suivait. C'était entre deux morceaux, quand la musique s'arrêtait, que je me sentais mal. Aussi, quand l'un de mes cavaliers me proposa de danser encore avec lui, je lui répondis que j'étais trop fatiguée, et je retournai m'asseoir à ma table.

C'est durant l'une de ces pauses, où je m'efforçais de reprendre mon souffle, qu'il apparut. Je ne me souviens pas de l'avoir vu approcher. En revanche, j'étais certaine de ne pas l'avoir repéré avant. Mais j'ai levé les yeux, et il était là. Il me tendit sa main et me proposa de danser.

« Volontiers », répondis-je.

Il était grand, large d'épaules mais, à ma grande surprise, il semblait ne rien peser sur la piste. Nous glissions facilement, emportés par la musique. J'appréciai qu'il ne me serre pas trop dans ses bras et qu'il n'essaie pas d'engager la conversation, en disant quelque chose d'idiot – ou même quelque chose, tout court. Nous nous contentions de danser, avec un parfait naturel. À un moment, quand même – ce devait être au milieu du morceau –, je levai les yeux pour le regarder. Je le trouvai magnifique, avec un grand sourire qui illuminait son visage orné d'une barbe fournie. Mais c'est son regard qui me captiva le plus. C'était le regard le plus doux et le plus affectueux que j'aie jamais vu. Et il était centré sur moi. Pas simplement moi, sa cavalière pour la circonstance, mais la personne que j'étais vraiment. Je compris, à cet instant, qu'il serait capable de sentir une éventuelle défaillance de ma part et qu'il me reconduirait aussitôt à mon siège.

Mais pour une fois, je n'avais plus envie de me rasseoir. Aussi, quand la musique s'arrêta, et qu'il glissa son bras autour de ma taille, je m'appuyai contre lui et je le laissai prendre ma main. Je sus, à son regard, qu'il était intrigué, mais il ne dit rien. Il m'aida simplement à me soutenir. Et quand la musique reprit, nous recommençâmes à danser.

« Je dois aller me rasseoir », dis-je à contrecœur à la fin du quatrième morceau.

Il m'escorta jusqu'à la table et s'assit en face de moi. Trudy et Faith l'assaillirent de questions. Pour ma part, j'étais un peu dans le brouillard, j'avais besoin de reprendre mon souffle, et je n'écoutais pas vraiment ses réponses. Sentant tout à coup la tête me tourner, je voulus prendre mon verre d'eau, mais il m'échappa, et le contenu se renversa sur la table. Il le ramassa, trouva un linge, et nettoya la table. Au bout d'un moment, nous retournâmes sur la piste. Je ne saurais pas dire combien de temps, mais je me souviens que l'assistance commençait à se clairsemer.

« Je dois partir, dit-il finalement, prenant ma main pour la baiser. Ce fut un plaisir de vous rencontrer. »

Je le remerciai de cette soirée et, avant que j'aie pu réaliser ce qui se passait, il m'embrassa sur la joue. Son geste aurait dû me refroidir – je n'ai pas pour habitude d'accorder ce genre de privauté à un inconnu –, mais, en le regardant s'éloigner, je ne pensais qu'à une chose : *Ma foi, ce fut bien agréable.*

« Comment s'appelle-t-il, déjà ? demandai-je à mes amies, une fois dehors. Paul, c'est ça ?

– Enfin, Vicki ! protesta Trudy. Il s'appelle Glenn. »

J'avais peut-être oublié son nom, mais il y avait quelque chose, chez lui, que je n'étais pas prête d'oublier : ses yeux. Cela vous paraîtra peut-être étrange, mais ce soir-là, au Storm'n Norman's, chaque fois que je regardais Glenn Albertson, je pensais à Dewey. Le jour où je sortis Dewey de la boîte des retours pour l'envelopper dans une couverture et le serrer contre ma poitrine, il était au bord de mourir de froid. Les coussinets de ses pattes avaient littéralement gelé, et c'est à peine si son cœur battait encore. Pourtant, il leva la tête et me regarda avec un mélange d'affection et de confiance.

J'avais compris que Glenn était un gentleman parce qu'il n'avait pas cherché à me coller de trop près en dansant. Et qu'il m'avait soutenue entre deux danses sans poser de questions. J'avais compris aussi qu'il était quelqu'un d'attentif aux autres, par la façon dont il avait parlé avec mes amies. Mais il y avait autre chose, dans ses yeux. Une sincérité particulière. Comme Dewey, il ne se contentait pas de me regarder : il me *voyait*. En retour, il me laissait voir en lui. Et il me laissait tout voir, sa gentillesse, ses fiertés, mais aussi ses blessures.

C'est Dewey qui me l'a envoyé, pensais-je, en voyant ses yeux. Et ce fut, pour moi, comme une révélation. *Dewey me l'a envoyé.* Je savais pourtant que c'était impossible, du moins en théorie, mais l'amour est si complexe et si peu logique que nous ne pouvons jamais être sûrs de rien.

En tout cas, j'étais au moins sûre d'une chose : je voulais le revoir. Et donc j'appelai Jeanette, la femme de Norman. « J'ai rencontré chez vous, la semaine dernière, un homme qui s'appelle Glenn, lui expliquai-je. Un barbu, avec un beau sourire. C'est un excellent danseur.

– Je le connais, me répondit Jeanette.

– À votre avis, c'est un mec bien ou pas ?

– Oh, un mec très bien, m'assura Jeanette. Un mec très bien. »

Évidemment, j'ignorais que Glenn donnait un coup de main à Norman et Jeanette, qu'il connaissait tous les deux depuis le lycée. En fait, à ce moment-là, je ne savais rien de lui, sinon qu'il était l'homme le plus charmant que j'aie jamais rencontré.

« Je peux vous organiser un rendez-vous, reprit Jeanette, soudain très excitée. J'avais l'habitude de le faire au lycée, et je crois que je ne me débrouille pas trop mal pour ce genre d'histoire. Voulez-vous que je l'appelle ? »

Quelques heures plus tard, Glenn me téléphonait. Nous parlâmes pendant une demi-heure. Il me rappela deux ou trois jours plus tard, et cette fois la conversation dura plus longtemps encore. Bientôt, nous nous appelâmes deux ou trois fois par semaine. Nous parlions de tout et de rien : de notre travail, de nos chats (mais je ne mentionnai pas le livre) et même de politique et de religion. Et quand revint le moment d'aller danser au Storm'n Norman's (le club n'ouvrait qu'une ou deux fois par mois), nous étions l'un et l'autre très impatients de nous revoir. *Juste pour danser*, me disais-je. *Il est si bon danseur*. Mais ma nervosité, alors que nous reprenions, avec Trudy et Faith, le chemin de Waterbury, me fit comprendre que ce n'était pas l'unique raison. Tant de papillons s'agitaient dans mon estomac que j'aurais pu m'envoler de la voiture.

Cette fois, nous arrivâmes en retard (à cause de Faith, évidemment), et il y avait déjà une file d'attente à la caisse. Quand l'attroupement s'éclaircit, je l'aperçus qui se tenait derrière la porte, à m'attendre. Il portait un jean noir et une chemise de la même couleur, et je devinai, à la façon dont il se tenait, qu'il avait dû passer un certain temps à se préparer pour la soirée. Puis je vis la rose rouge dans sa main et, surmontant ma nervosité, je m'avançai vers lui et l'embrassai sans hésiter sur la joue. Je ne me souviens plus de ce que nous nous dîmes. Je me souviens seulement d'avoir dansé, dansé, comme si nous l'avions fait ensemble toute notre vie. À un moment, dans la soirée, nos regards se croisèrent pour la énième fois, et je vis dans ses prunelles la tendresse que je connaissais déjà, mais aussi autre chose – une invitation : « Je suis libre, je suis disponible pour toi, je ne te ferai jamais de mal. »

« C'est mon morceau préféré, me dit-il alors que l'orchestre attaquait les premières mesures de *Lost in the Fifties tonight*, le tube de Ronnie Milsap [1].

– Moi aussi », répliquai-je, avant d'abandonner ma tête contre la poitrine de Glenn, en pensant : *Ça y est, j'ai trouvé mon port d'attache.*

J'ignorais tout, alors, de ses trois mariages et de ses cinq enfants. Mais, à supposer que je l'aie su, je me serais tout de même intéressée à Glenn Albertson. Enfin, si je l'avais su *avant* notre première danse, les choses se seraient peut-être passées différemment. Mais pas après cette seconde soirée. Nous avions déjà atteint le point de non-retour. Même si nous avions encore à peu près tout à apprendre

1. Célèbre chanteur de country.

l'un de l'autre, j'en savais déjà assez sur lui pour lui faire confiance. De toute façon, plus je découvrais la vie de Glenn, et plus je le trouvais extraordinaire. J'avais rencontré, jusque-là, beaucoup d'hommes qui étaient parfaitement incapables de parler de leurs émotions. Mais Glenn n'hésitait pas à partager ses souffrances avec moi. En plus, il était assez fort pour me soulever dans ses bras comme si je ne pesais pas plus lourd qu'une plume. Il savait réparer ma voiture. Il pouvait me masser et même me couper les cheveux. Il pouvait m'offrir une rose et un baiser et me donner l'impression que j'étais la plus belle femme de tout l'Iowa. Mais surtout, et c'était le plus important, il était sincère avec moi, et il me dévoilait son cœur.

Il y avait cependant un obstacle à notre relation. J'étais habituée, depuis si longtemps, à vivre seule que je n'entendais pas changer de mode d'existence. Comme je l'ai déjà expliqué dans un autre chapitre, je voulais bien d'un homme pour m'emmener danser, mais cela s'arrêtait là. À bientôt soixante ans – dont plus de trente ans de célibat –, je n'avais aucune envie d'avoir un homme à la maison. J'étais fière de mon parcours professionnel, fière d'avoir bien élevé ma fille et fière d'être restée proche de ma famille, en particulier de mon père, qui n'avait jamais eu autant besoin de moi que depuis la mort de ma mère. Et puis j'avais de bons amis, que je connaissais, pour certains ou certaines, depuis des décennies. Tout cela suffisait à mon bonheur. J'avais pris ma retraite, mais je siégeais dans plusieurs conseils d'administration de bibliothèques à travers tous les États-Unis, ce qui me faisait souvent voyager. Je me souviens notamment d'un trajet en taxi, à La Nouvelle-Orléans, après une soirée bien arrosée entre collègues. Au bout de quelques minutes, le chauffeur se retourna et nous dit : « J'ai peine à croire que vous êtes bibliothécaires. Vous vous amusez tellement. »

Évidemment que nous nous amusions ! Les bibliothécaires ne sont pas des dames à chignon qui passent leur temps à dire « chut ! ». Nous sommes des femmes – et des hommes – qui dirigeons une entreprise. Nous avons été parmi les premiers à recourir aux e-books et au travail en réseau, *via* des ordinateurs. Nous maîtrisons aussi bien le marketing que la création. Notre travail est délicat, complexe – et encore plus quand un chat fait partie de l'équipe –, mais c'est bien pour cela que nous l'aimons.

Bref, j'avais beau ne plus me rendre à mon travail tous les jours et ne plus avoir Dewey à mes côtés, j'étais parfaitement heureuse de mon sort. J'appréciais d'être tranquille le soir, de pouvoir manger quand j'avais faim, de monter me coucher quand j'avais sommeil, et de regarder ce qui me plaisait à la télévision. Pourquoi diable aurais-je été compromettre tout cela pour un homme ?

Et pourtant, j'avais été emportée. Et cela me plaisait ! J'avais beau, à intervalles réguliers, me convaincre que je n'avais pas besoin d'une telle relation, mes bonnes résolutions tenaient rarement plus d'une heure ou deux. Glenn m'appelait (nous en étions rendus à sept ou huit coups de fil par jour) et sa tendresse me faisait fondre. Je finis par lui parler de Dewey, et il ne se contenta pas de m'écouter. Il me posa des questions. Il comprenait. Beaucoup d'hommes auraient été désarçonnés de me voir aimer autant un chat – et sans doute m'auraient-ils tourné le dos –, mais pas Glenn. Il comprenait qui j'étais, et il m'aimait telle que j'étais.

D'autant qu'il avait, bien sûr, un chat dans sa vie. Et qui comptait beaucoup pour lui. Je l'avais deviné à la façon dont il me parlait de Rusty. C'était un chat très intelligent, m'assurait-il. Il connaissait son nom et venait dès qu'on l'appelait. Je savais que je l'aimerais. Ce n'était pas un vulgaire chat d'appartement, timide et effacé. Il dormait dans un étui à guitare, mangeait des nachos et se battait contre des pitbulls. Et quand Glenn lui criait « C'est l'heure de ton bain, Rusty ! », Rusty détalait ventre à terre. Non pas pour fuir la baignoire, mais pour *se jeter dedans*. Rusty adorait l'eau et se prélasser dans une baignoire.

« Il faudrait que tu voies ça, me dit Glenn. C'est quelque chose. »

Je crois bien que c'est comme cela qu'il m'a attirée chez lui la première fois : avec la promesse de rencontrer Rusty. J'étais encore convalescente, alors, et à peine m'étais-je assise sur le canapé de Glenn, pour me reposer, que Rusty accourut se frotter contre mes jambes. La seconde d'après, il était couché sur mes genoux. C'était un gros matou, qui devait bien peser trois fois plus lourd que Dewey, mais il était aussi doux et affectueux que son maître. Cette première rencontre avec Rusty confirma mes intuitions sur l'homme dont j'étais – oserai-je le dire – en train de tomber amoureuse.

Après avoir reçu l'assentiment de Rusty, Glenn me présenta à sa mère. Elle avait dépassé les quatre-vingts ans, mais elle habitait encore sa maison et elle tondait toujours elle-même sa pelouse. La conversation aurait pu s'engager difficilement, mais la chance voulut qu'elle ait lu l'histoire de Dewey dans les journaux. Je lui racontai donc des anecdotes sur Dewey, qu'elle écoutait en souriant. Elle me proposa du café et du gâteau fait maison. Une fois de plus, la Magie Dewey opérait à plein. Et des deux côtés. Comment n'aurais-je pas pu aimer quelqu'un qui aimait Dewey ? Et comment n'aurait-elle pas pu accorder sa confiance à la mère de Dewey ?

Avec le retour des beaux jours, Glenn me fit découvrir Pierce, où il avait passé toutes ses vacances d'été lorsqu'il était enfant. Il me montra la maison de sa grand-mère et le garage où il était tombé amoureux des voitures. Nous nous garâmes sous un grand arbre, à peu près à l'endroit où Glenn accourait voir passer le train à vapeur, et nous nous embrassâmes. Puis nous nous rendîmes au Storm'n Norman's et Glenn annonça à Norman qu'il était désolé, mais qu'il n'avait plus le temps de tenir le bar. Et, après dîner, il me conduisit devant une belle maison sur les hauteurs de Sioux City.

« Qu'est-ce qu'il y a là ? lui demandai-je.

– C'est là que nous habitions, avec ma première femme », m'expliqua-t-il.

Sur le coup, je fus un peu surprise. J'avais failli oublier que je ne voulais pas d'une relation avec un homme – et pour une bonne raison : ils étaient trop compliqués, et surtout imprévisibles.

Mais mon malaise se dissipa rapidement. Parce que j'avais appris à connaître Glenn. Je ne savais pas encore tout de sa vie, mais je connaissais son cœur, et je me sentais plus à l'aise avec lui qu'avec n'importe quel autre homme que j'avais pu rencontrer avant.

C'est à ce moment-là que je reçus les épreuves définitives de *Dewey* et je relus au moins pour la vingtième fois la dernière page, celle où je parle des leçons que m'a léguées Dewey.

« Trouvez votre place. Soyez heureux de ce que vous avez. Traitez tout le monde avec gentillesse. Ayez une bonne vie. Ce ne sont pas les choses matérielles qui comptent, mais l'amour. Et on ne peut jamais prévoir l'amour. »

J'invitai Glenn à Spencer pour le Memorial Day [1]. Chaque fois que nous sortions ensemble, il venait avec une rose rouge – la plus belle qu'il ait pu trouver chez le fleuriste. Mais ce jour-là, il arriva avec deux roses rouges. Nous avions prévu de nous rendre sur la tombe de ma grand-mère, près d'Hartley, dans l'Iowa, et j'en déduisis que la seconde rose était pour elle. Mais Glenn m'annonça qu'il voulait s'arrêter ailleurs avant. Il

1. Le Jour du souvenir, célébré le dernier lundi de mai, et jour férié.

se gara devant la bibliothèque, et s'approcha de la fenêtre sous laquelle une plaque de granit indiquait l'emplacement de la tombe de Dewey. J'avais moi-même creusé le trou, aidé d'une assistante-bibliothécaire, par un froid matin de décembre, avant d'y enterrer les cendres de Dewey. « Tu seras toujours avec nous », avais-je dit, en guise d'épitaphe.

Glenn posa sa deuxième rose sur la tombe de Dewey.

« Je sais ce qu'il a représenté pour toi », me dit-il, en me serrant dans ses bras.

Je vais épouser cet homme, pensai-je alors. Et cela me parut une évidence.

Aujourd'hui, Glenn et moi vivons ensemble, et je n'ai jamais été aussi heureuse de ma vie. Nous sommes si confiants dans notre amour que nous avons même acheté une maison à deux, un ravissant bungalow dans la partie est de Spencer. Mais nous ne sommes toujours pas mariés. Je sais que cela va paraître immoral à certains lecteurs – même si nous avons dépassé l'un et l'autre la soixantaine –, mais j'ai mes raisons. Mon premier mariage, en 1969, n'avait réuni que la famille proche et quelques amis. Ma robe – un modèle bon marché – avait été achetée d'occasion par ma mère, qui avait profité de l'annulation du mariage d'une autre fille du village pour la récupérer. Et la réception avait été organisée dans le restaurant préféré de mon mari, où les deux tiers des invités étaient d'ailleurs les siens. C'était censé être « mon » mariage, mais j'avais l'impression qu'il n'y avait rien à moi dans cette affaire.

Il n'est pas question que cela se reproduise. Cette fois, je veux un vrai mariage. Et j'entends superviser personnellement tous les détails, depuis les arrangements floraux pour la cérémonie à l'église catholique de Milford jusqu'à la couleur des cartons d'invitation, en passant bien sûr par le choix de la robe blanche que j'ai toujours rêvé de porter. Quant à Glenn, il faudra qu'il renonce à ses jeans noirs pour un smoking. Et je me fais fort de convaincre les Embers de venir jouer à notre réception, qui se tiendrait naturellement au Storm'n Norman's si ce n'était pas si loin pour tout le monde.

Malheureusement, j'ai été trop occupée, jusqu'ici, pour organiser le mariage idéal. Mon livre, *Dewey*, écrit en hommage à mon fidèle ami, parut en librairie le mois de notre emménagement dans notre nouvelle maison. Il se hissa presque tout de suite en tête de liste des meilleures ventes, et il y resta plus de six mois. J'ai parfois l'impression d'avoir passé mon temps, depuis, sur les routes. Mais ne vous méprenez pas : je ne cherche pas à me plaindre. Au cours de ces deux dernières années, j'ai eu la chance de faire ce qui me plaisait le plus : parler de Dewey. Ma santé me cause encore quelques soucis, et je dois faire attention à ne pas me surmener, mais je tiens aussi à connaître de nouvelles expériences, de nouveaux univers. Et j'ai le désir de rencontrer tous ces gens merveilleux qui aiment Dewey autant que moi, même s'ils ne l'ont jamais connu en chair et en os.

Glenn ne se plaint pas d'avoir à me partager. Je lui ai d'ailleurs dit très vite que j'étais « un lot à prendre » : s'il me voulait, il devait prendre aussi ma famille et mes amis. Et il ne tarda pas à découvrir que Dewey faisait également partie du lot. Mais il le comprend parfaitement. Parce que lui-même a beaucoup de tendresse envers les animaux. Et j'en ai souvent la preuve. Quand je sors dans notre jardin, les oiseaux s'éparpillent aussitôt. Quand Glenn sort, ils restent à leurs places. En Floride, j'ai même vu un écureuil manger des céréales dans sa main.

Cela ne veut pas dire que notre nouvelle existence est toujours facile. Surtout pour Glenn. S'il n'a pas eu de problème pour lâcher la maison qu'il louait et laisser sa Studebaker Commander, modèle 1953, au garage pour une Buick plus confortable (et plus sûre), en revanche il a eu du mal à abandonner ceux qu'il aimait. Depuis la mort de son père, il avait pris l'habitude de rendre visite pratiquement tous les jours à sa mère. Mais à présent, avec les deux heures de route qui les séparent, il ne la voit plus que de temps en temps. Et il y eut beaucoup de larmes, de part et d'autre, quand il annonça à ses amis de Nouvelles Perspectives – Bobby, Ross et tous les autres –, qu'ils ne le reverraient plus.

Le plus difficile fut de s'éloigner de sa fille, Jenny, qui venait d'entrer au lycée de Sioux City.

Glenn avait perdu tous ses autres enfants, et il craignait de la perdre à son tour. Comme il savait que Jenny et Rusty s'aimaient beaucoup, il consentit au sacrifice ultime, afin d'être sûr de garder un lien avec sa fille : il lui donna Rusty. Jenny avait déjà deux animaux de compagnie, mais Rusty a eu vite fait de les mettre à sa botte. Le chien est une poule mouillée et la chatte, Mama Kitty, vieille et aveugle, suit Rusty comme son ombre. Ce bon vieux Rusty a toujours aimé dominer son monde. Et maintenant que Jenny est grande, elle ne lui inflige plus ses « exercices ».

Je savais que Rusty manquait beaucoup à Glenn. Je le voyais à son regard quand nous sortions de chez Jenny. Et je l'entendais à sa voix chaque fois qu'il me répétait : « Tu sais, quand toute cette promotion pour *Dewey* sera terminée, nous devrions nous inscrire comme bénévoles au refuge animalier. » J'avais compris qu'il désirait un autre chat.

Et c'était bien tout le problème. Car, moi, je n'en voulais pas. Je m'étais souvent répété *Un jour, je serai prête*. Mais plus le temps passait, et plus ce jour me semblait reculer dans un avenir très lointain. J'avais vécu dix-neuf ans avec Dewey, et il me manquait toujours terriblement. J'avais pourtant possédé d'autres chats, auparavant, et eux aussi étaient morts, mais Dewey, c'était différent. Il était unique. Je l'avais tellement aimé que j'avais consacré toute une année à écrire un livre qui parlerait de lui. Et à présent, je passai une grande partie de mon temps dans des foires aux livres, ou d'autres événements du même genre, pour parler encore de lui. Nos destins étaient indissolublement liés et il ne me semblait pas convenable, eu égard à sa mémoire, d'adopter un autre chat. Le pauvre serait toujours comparé à Dewey, alors précisément que rien ni personne ne pouvait se comparer à Dewey.

Et puis, un matin de décembre, deux ans exactement après la mort de Dewey, une équipe de tournage japonaise débarqua à Spencer. Dewey était devenu célèbre au Japon quelques années plus tôt, après qu'une équipe de la télévision japonaise lui eut consacré un reportage. Cette nouvelle équipe voulait filmer mon retour à la bibliothèque, et que je leur parle de l'empreinte de Dewey dans les lieux. Mais à peine avais-je poussé la porte de l'établissement que tout le personnel m'entraîna de force dans mon ancien bureau. Ils semblaient très excités, et je me demandais bien pourquoi. Jusqu'à ce que je découvre un petit chaton lové dans un recoin de la pièce.

C'était une petite chatte, et elle était ravissante, avec sa fourrure cuivrée. Elle pesait moins d'un kilo, dont plus de la moitié en fourrure. Je ne voulais toujours pas d'un autre chat. Et encore moins d'un chat qui ressemblât à Dewey. Si un jour je devais en adopter un, il faudrait qu'il soit différent, pour qu'il ne réveille pas mes souvenirs d'un simple regard. Je prendrais un chat noir, par exemple. Ou un gris et blanc. Mais quand je vis ce chaton pelotonné dans un coin de mon bureau, mon cœur s'emballa. Elle avait des yeux verts, alors que ceux de Dewey étaient ambrés, et la queue courtaude, mais pour le reste…

Je la pris dans mes bras. Elle me regarda et se mit à ronronner. Comme Dewey, le matin de notre rencontre. Là, je me sentis fondre.

Puis les collègues me racontèrent son histoire – si proche de celle de Dewey, d'une certaine manière, que j'en fus bouleversée. Nous étions encore en hiver, et il faisait si froid que la neige tombée quelques jours plus tôt n'avait toujours pas fondu. Sue Seltzer, une technicienne informatique qui travaillait occasionnellement pour la bibliothèque, roulait dans le centre de Spencer quand elle vit un camion faire un écart de côté, comme s'il cherchait à éviter quelque chose. Pensant à une plaque de verglas, Sue ralentit. Mais la plaque de verglas était vivante. C'était un petit chat frigorifié, avec des glaçons dans son pelage. Sue s'arrêta, prit le chaton dans ses bras et pensa aussitôt à Dewey.

Elle l'emmena à son bureau et lui donna un bain. Comme Dewey, le chaton se mit à ronronner au contact de l'eau tiède. Sue possédait déjà cinq chats et, son mari refusant l'idée d'en adopter un sixième, elle décida de l'amener à la bibliothèque. Si un chat devait succéder à Dewey, elle considérait que c'était bien celui-là. Il faut savoir que depuis la publication de *Dewey* la bibliothèque de Spencer avait été inondée de chats. Deux pauvres chatons avaient même été jetés dans la boîte des retours, et il avait fallu apposer un écriteau « Pas de chats, s'il vous plaît ». Mais quand j'en eus fini avec les Japonais, la petite chatte attendait sagement sur les genoux de Glenn.

Ils me regardèrent tous les deux. Puis Glenn haussa les épaules et sourit. Je me sentis encore fondre. Et voilà comment la petite chatte, qui ressemblait tellement à Dewey, me suivit à la maison.

Ce soir-là, je parlais d'elle sur le site Internet consacré à Dewey. Un garçon, Cody, me suggéra de l'appeler Page. Sachant que je m'apprêtais à tourner une nouvelle page de ma vie, il avait trouvé ce nom tout approprié.

Le lendemain, Page fit quelque chose de parfaitement digne de Dewey : elle apparut dans le *Spencer Daily Reporter*, notre journal local. Puis l'histoire fut reprise par le *Sioux City Journal*, et j'appris qu'un photographe de l'Associated Press viendrait nous voir depuis Des Moines, la capitale de l'Iowa. Rien que ça ! Bientôt, on parla de Page et de moi dans des dizaines de journaux à travers le pays. La bibliothécaire de Spencer a adopté un nouveau chat ! C'était assurément une nouvelle d'importance nationale !

« Et ensuite ? ironisa Glenn. Ils vont raconter ce que tu manges à ton petit déjeuner ? »

Cette histoire de journaux, heureusement, fut le seul point commun entre Page et Dewey. Pour le reste, Page avait sa propre personnalité, et elle ne ressemblait pas du tout à son grand frère.

Enfin… si, au moins sur un point. Car, quand nous l'apportâmes au vétérinaire – le même qui avait soigné Dewey, puis découvert sa tumeur –, quelle ne fut pas notre surprise d'apprendre que c'était un mâle.

Nous la rebaptisâmes « *Page Turner* » (tourneur de page). C'était donc un garçon, comme Dewey. Mais à part ça, ils n'avaient vraiment rien de commun entre eux.

Page était maladroit, par exemple. Le premier soir qu'il passa chez moi, il cassa un petit ange en céramique en voulant sauter sur la table basse. Le premier soir ! Alors que Dewey était si gracieux dans ses mouvements. En dix-neuf ans, il ne m'avait jamais rien cassé. Et Page Turner n'avait rien de gracieux non plus lorsqu'il s'allongeait : au lieu de se laisser glisser doucement sur le côté, comme tous les chats, il s'affalait littéralement par terre. Et il est faux de prétendre que les chats retombent toujours sur leurs pattes. Page Turner pouvait tomber du canapé et se retrouver les pattes en l'air. Il lui arrivait même de tomber du lit pendant son sommeil – boum ! sur le dos – sans pour autant se réveiller.

Dewey aimait la chaleur. Il était capable de passer des heures devant les radiateurs de la bibliothèque, au point que vous ne pouviez même plus toucher sa fourrure. Page Turner détestait la chaleur. Même en hiver, je le trouvai couché dans l'endroit le plus froid de la maison : l'escalier du sous-sol. Il détestait aussi le soleil. Il était ombrageux avec les inconnus et il ne grimpait jamais sur mes genoux – l'endroit préféré de Dewey : il préférait s'installer sur mes pieds.

Il était également réfractaire aux règlements. J'avais beau le mettre par terre des dizaines de fois, il remontait toujours sur la table du dîner. Et il choisissait mes plus beaux meubles pour se faire les griffes. Il regardait la télé avec la mine béate d'un adolescent. Si je mettais des glaçons dans son eau, pour la rafraîchir, il les repêchait et courait après à travers toute la maison. Dewey détestait tellement l'eau qu'il n'en buvait jamais. Page ne se souciait pas d'être trempé comme une soupe. Et peu lui importait qu'il en devienne risible. Alors que Dewey était toujours si digne…

Dieu merci, me disais-je. *Ils n'ont pas insisté pour le garder dans la bibliothèque.* Page Turner n'avait pas l'étoffe de l'emploi. Il était trop réservé et trop timoré. Mais s'il ne ressemblait pas à Dewey, il ne ressemblait pas davantage à Rusty. Il ne manifestait pas la même empathie que lui. Mais bon, personne n'est parfait, n'est-ce pas ?

Trouve ta place. C'était l'une des grandes leçons que m'avait enseignées Dewey. Nous avons tous un endroit où nous pouvons briller. Durant l'été 2009, alors que les tournées de promotion de Dewey se faisaient plus rares et que je commençais à réfléchir à ce livre-ci, il devint clair que Page Turner avait trouvé sa place. Sa nervosité des premiers mois s'expliquait parce qu'il avait dû vivre dans la rue. Le moindre bruit l'effrayait. Il engloutissait la nourriture parce qu'il avait eu faim. Et, à l'époque où je l'avais adopté, il n'était pas encore prêt à faire totalement confiance à quelqu'un. Mais il avait fait confiance à Glenn. Comme Rusty. Page Turner avait senti sa bonté d'âme.

Aujourd'hui, c'est un chat trop gâté. Il interrompt notre dîner jusqu'à ce que nous lui donnions des morceaux de nos assiettes. Il lèche les boîtes de fromage. Il s'attaque à mes pieds quand j'essaie de dormir ou s'allonge sur mon clavier d'ordinateur si je veux écrire. Le samedi, il regarde les courses de stock-car à la télévision avec Glenn. Certains penseront sans doute que ce n'est pas raisonnable de le chouchouter ainsi, mais je sais que Page Turner est heureux, et c'est l'essentiel. À six semaines, il grelottait de froid au milieu d'une rue de Spencer, des glaçons dans sa fourrure. Désormais, il vit dans une maison confortable, avec deux humains qui l'adorent. Il mange autant qu'il veut. Il dort dans un lit douillet. Et il a des jouets pour s'amuser – y compris ces insupportables jouets à grelots ! Comme il n'aime pas les inconnus – il se terra pendant quatre jours la première fois que ma petite-fille vint me rendre visite –, nous lui avons aménagé une petite cachette, derrière un placard, où il peut se réfugier quand il a peur. Il n'aime pas non plus aller dehors, mais l'été nous lui ouvrons une fenêtre pour qu'il puisse écouter les oiseaux.

Mes amis estiment que Page Turner ressemble à Dewey. Je ne suis pas de cet avis. Certes, ils ont la même couleur de fourrure, mais une silhouette différente (définitivement ronde, pour ce qui concerne Page Turner). Il est plus gros que Dewey. Et il n'a pas sa sagesse. J'avoue qu'il est parfois exaspérant. Mais il me fait rire aussi, même si je me surprends souvent à me demander ce qu'il va encore inventer ? Et puis il est affectueux, et il est quelque chose que nous pouvons partager, Glenn et moi. Il est à nous.

Je n'essaie pas de dire que Page Turner est l'enfant que Glenn aimerait avoir auprès de lui. Il n'est pas non plus une autre version de Rusty. Rusty fut le compagnon de Glenn à une époque où il ne recherchait plus la compagnie. Et, pendant un temps, c'est lui qui retint Glenn à la vie. Mais ils ont beaucoup évolué, tous les deux. À présent, lorsque Glenn lui rend visite, Rusty le dévisage, comme s'il cherchait à s'assurer de son bon état. Puis ils miaulent mutuellement – mais oui, Glenn miaule ! – et Rusty saute dans les bras de Glenn pour frotter ses moustaches à sa barbe. Après quoi, il se replonge dans sa nouvelle existence. C'est un chat facile à vivre, capable d'être heureux n'importe où, et il a trouvé sa place chez Jenny.

Et Glenn ? Il s'est entiché de Page Turner. Si nous ne couchons pas à la maison, c'est toujours lui qui demande : « As-tu appelé pour t'assurer que Page allait bien ? » C'est lui qui lui achète des cadeaux ou qui lui donne des morceaux de notre dîner. Et, par pitié, ne demandez pas à voir des photos de Page Turner ! Glenn en a au moins cinq cents stockées dans son appareil, et il se fera un plaisir de vous les montrer une par une. C'est d'ailleurs une photo de Page qui s'affiche sur l'écran de son téléphone portable, et je parierais qu'il en change tous les jours.

Rusty fut l'ami et le confident de Glenn. Page Turner… j'ai envie de dire qu'il est un peu son petit-fils, mais ce n'est pas exact. En tout cas, Page ne remplace pas quelque chose qui pourrait manquer à Glenn. C'est plus complexe que cela. De toute façon, la vie, l'amour et le désir n'ont jamais été des choses simples. Et le bonheur ne se programme pas. Il vous surprend toujours au moment où vous l'attendez le moins.

En fait, pour me résumer, Dewey fut le chat qui m'aida – moi, mais aussi toute la ville de Spencer – à traverser des temps difficiles. Rusty fut le bon copain, qui se présenta au bon moment. Et Page Turner restera un perpétuel enfant. Il est drôle. Il est fou. Il est dépendant. Mais je ne voudrais surtout pas qu'il change.

Alors, non, Page Turner ne m'a pas fait oublier Dewey. Seul le temps me permettra de surmonter le chagrin de sa disparition. Mais Page Turner apporte un peu de joie supplémentaire à ma nou-

velle existence. Avec Glenn, nous avons acheté une maison, mais c'est Page Turner qui a fait de cette maison notre chez nous, et de notre trio une famille.

Que pourrait-on demander de plus à un chat ?

Remerciements

Mes plus vifs remerciements vont d'abord à tous ceux et à toutes celles qui ont accepté de me raconter leur histoire pour qu'elle figure dans ce livre. Ainsi qu'aux témoins qui m'ont aidée à compléter ces histoires en les enrichissant de détails supplémentaires : Adrienna (Sweetie) Case, le Dr Nicki Kimling et Harris Riggs. Et, bien sûr, je remercie tout spécialement les merveilleux chats qui sont au cœur de ces histoires. Sans eux, ce livre n'aurait pas existé. Il est dédié à tous les chats, de par le monde, qui contribuent à illuminer nos existences.

Mais je voudrais aussi remercier Peter McGuigan, mon agent et ami, et tout le personnel de ses bureaux, en particulier Hannah Brown-Gordon, Stephanie Abou et Dan McGillivray.

Je remercie également Carrie Thornton, mon éditrice, pour avoir cru dès le début à ce projet, et Brian Tart, pour son soutien enthousiaste. Ainsi que Lily Cosner, Christine Ball (à la publicité), Carrie Swetonic (au marketing), Monica Benalcazar (le studio), Susan Schwarz et Rachael Hicks (le secrétariat de rédaction).

Merci aussi, bien sûr, à mon coauteur et ami, Bret Witter, ainsi qu'à sa famille – Beth, Lydia et Isaac – et à ses chats – Blackie et Ally. Je sais que Bret aimerait de son côté remercier Kayla Voskuhl, qu'il a rencontrée lors d'une réunion à l'École pour jeunes aveugles du Kentucky. Son rire, son optimisme et l'amour qu'elle porte à son chat, Ralph, l'ont beaucoup inspiré. Je suis désolée que nous n'ayons pas disposé d'assez de place pour inclure son histoire dans ce livre.

Je ne voudrais pas oublier ma nouvelle petite famille, Glenn Albertson et Page Turner. Je n'aurais pas pu aller au bout de ce projet sans votre amour et votre soutien indéfectible.

Je n'oublie pas non plus tous les fans de Dewey qui m'ont écrit, et qui ne figurent pas dans ce livre. Sachez que vos histoires m'ont beaucoup touchée. Elles m'ont prouvé que la Magie Dewey continuait d'opérer à travers le monde. Merci de vos témoignages chaleureux.

Enfin, je ne peux pas ne pas remercier une nouvelle fois Dewey Readmore Books. Le souvenir de son amour et de sa compassion demeure pour moi, tous les jours, une grande leçon de vie. Tu me manques, mon ami.

Adresses utiles

La plupart des histoires de ce livre ont été rendues possibles grâce à l'action d'associations dévouées à la cause animale. Vous trouverez ci-dessous quelques adresses. Si ces histoires vous ont émus, j'espère que vous éprouverez le désir d'accorder un peu de votre temps ou de votre argent à ces associations, ou à d'autres semblables à travers le monde.

Société protectrice des animaux (SPA)
39, boulevard Berthier
75847 Paris Cedex 17
www.spa.asso.fr

Association 30 millions d'amis
40, cours Albert Ier
75008 Paris
www.30millionsdamis.fr

Fondation Brigitte Bardot
28, rue Vineuse
75116 Paris
www.fondationbrigittebardot.fr

Association protectrice des animaux abandonnés (APAA)
Refuge APAA, La Garenne
22420 Trégrom
www.apaa.asso.fr

Association française de défense animale (AFDA)
28, rue de la Part-Dieu
69003 Lyon
afda.free.fr

Ligue protectrice des animaux (LPA)
BP 80157
59053 Roubaix Cedex 1
www.protection-des-animaux.org

Association solidarité animaux abandonnés
Association Solana
22, rue des Moulins
89100 Sens
www.solana-asso.com

Dépôt légal : novembre 2010

Composition et mise en page

NORD COMPO
multimédia

Achevé d'imprimer par Corlet Imprimeur S.A.
14110 Condé-sur-Noireau
en octobre 2010
N° d'imprimeur : 133226

Imprimé en France